高职高专"十二五"电子商务创新创业系列规划教材
工业和信息产业职业教育教学指导委员会"十二五"规划教材
浙江省高校"十一五"重点教材建设项目

移 动 商 务

主　编　周建良

副主编　张定俊　陈苏勇　雷　鸣

电子工业出版社.

Publishing House of Electronics Industry

北京·BEIJING

内 容 简 介

本书是浙江省高校"十一五"重点教材建设项目——电子商务创新创业系列教材之一。书中根据当前国内外移动商务发展和应用状况安排内容，主要讲述了移动商务的基础知识，包括移动商务基本概念介绍、移动商务技术基础、移动商务产业价值链和应用模式和移动电子支付、移动商务营销、移动商务安全和法律等方面的内容。在知识组织上以项目为载体，包括项目目标、项目导入、项目实施、项目总结4个部分。每个项目设有1～2个工作任务，每个工作任务由任务描述、知识准备、任务实施、任务拓展4部分组成。在任务拓展部分中，特别安排了案例阅读、思考与练习等内容，便于读者在学习之余加强实践拓展和练习。

本书可作为高等职业教育移动商务及相关专业的教材，也可作为移动商务、电子商务从业人员、管理人员及相关教师岗位培训的自学参考书。

图书在版编目（CIP）数据

移动商务 / 周建良主编. —北京：电子工业出版社，2014.4
高职高专"十二五"电子商务创新创业系列规划教材

ISBN 978-7-121-19806-9

Ⅰ. ①移… Ⅱ. ①周… Ⅲ. ①电子商务—高等职业教育—教材 Ⅳ. ①F713.36

中国版本图书馆 CIP 数据核字（2013）第 048279 号

策划编辑：张云怡
责任编辑：张云怡　　　特约编辑：尹杰康
印　　刷：北京京师印务有限公司
装　　订：北京京师印务有限公司
出版发行：电子工业出版社
　　　　　北京市海淀区万寿路 173 信箱　邮编：100036
开　　本：787×1 092　1/16　印张：14.5　字数：371 千字
版　　次：2014 年 4 月第 1 版
印　　次：2017 年 8 月第 5 次印刷
定　　价：33.90 元

凡所购买电子工业出版社图书有缺损问题，请向购买书店调换。若书店售缺，请与本社发行部联系，联系及邮购电话：（010）88254888，88258888。

质量投诉请发邮件至zlts@phei.com.cn，盗版侵权举报请发邮件至dbqq@phei.com.cn。

本书咨询联系方式：（010）88254573，zyy@phei.com.cn。

序　言

今天，人们在任何时间、任何地点，使用任何终端都可以便捷的进行信息检索、商务谈判、视频会议、在线购物和支付，电子商务与我们的生活已经密不可分。电子商务在给人们的生活带来无比便捷的同时，也深刻地影响了人们的行为习惯和生活方式，给各行各业的生产模式、管理模式和商业模式带来了巨大的创新空间。

近十年来，我国电子商务政策环境不断完善。自 2005 年国务院办公厅印发《关于加快电子商务发展的若干意见》(国办发〔2005〕2 号)以来，相关部门都出台了相应的鼓励和扶持政策。"十一五"以来，各地相继开始编制电子商务发展五年规划，各类电子商务产业园区如雨后春笋般在中国大地上发展起来。

与此同时，电子商务人才培养工作得到了教育部和相关部门的高度重视。教育部先后组建了高等学校电子商务专业教学指导委员会和全国电子商务职业教育教学指导委员会；陆续编制了《普通高等学校电子商务本科专业知识体系》、《高等职业学校电子商务专业教学标准》、《中等职业学校电子商务专业教学标准》。教育部与商务部联合印发了《关于推动有关高等学校进一步加强电子商务理论与实践研究的通知》。

随着电子商务在各行业、领域的深入应用，也对电子商务人才培养提出了新的挑战。首先，要求电子商务人才培养要有明确培养目标，特别是注重与区域经济特点相融合；其次，要求电子商务人才培养要"宽"、"专"结合，根据实际情况，可以进行适当细分化培养；第三，传统产业电子商务的深度应用，特别是对财经类相关专业提出了增加电子商务技能的要求。

浙江省电子商务发展起步早、基础好、影响大，集聚了大量电子商务平台企业、电子商务服务商和网商，带动长三角地区形成了独特的电子商务产业生态。为更好地支撑产业集聚发展，浙江省教育厅将"电子商务创新创业系列规划教材"列为"浙江省'十一五'重点教材建设"项目。旨在进一步推动高职院校电子商务专业教学改革和课程改革，实现电子商务职业教育与电子商务产业的融合发展。

该系列教材共五本，分别为《电子商务基础与实践》、《电子商务创业（C2C）》、《移动商务》、《网络创业》、《电子商务综合实训》。由浙江商业职业技术学院、浙江经贸职业技术学院、义务工商职业技术学院、浙江工商职业技术学院、丽水职业技术学院与相关企业共同编写而成。这套教材充分结合当地产业特点，在满足现有人才需求的基础上，适度前瞻的加入了代表电子商务未来发展的关键技术和模式。

该套教材体例新颖、内容实用、特色鲜明，在编写过程中始终秉承"创新、创业"的理念，这也是本系列教材的一个显著特点。希望这套教材的出版能为高职高专电子商务专业的发展注入一股新鲜的力量。

全国电子商务职业教育教学指导委员会
2014 年 4 月

前　　言

　　随着移动通信在全球范围的迅猛发展，数字化与网络化的快速发展也不可阻挡。据国内三大运营商披露的数字，截至 2013 年 12 月末，中国的手机用户数已突破 10 亿，3G 用户在移动用户中的渗透率已达 32.7%。另据 CNNIC 发布的报告显示，截至 2013 年 12 月底，我国手机网民规模达到 5 亿，在总体网民中的比例占 80.9%。在电子商务与移动互联网迅速发展的双重支撑下，移动商务尽管刚刚起步，却呈现了爆发式增长态势，成为具有极大发展潜力的新兴产业。

　　移动商务作为电子商务的一个分支，利用移动信息终端参与各种商业经营活动，是新技术条件与新市场环境下的新电子商务形态，其发展已经经历了 3 代。它使用户摆脱了固定设备和网络环境的束缚，最大限度地驰骋于自由的商务空间，可以通过移动通信在第一时间准确地与对象进行沟通，与商务信息数据中心进行交互，真正消除了信息获取的时空限制，使得移动商务活动体现得更为便捷、自由和个性化。特别是随着我国 3G 网络的推广与应用，移动商务应用的范围越来越广，比如移动广告业务、移动库存管理、移动金融服务、移动拍卖和招标、无线娱乐服务、移动办公、移动远程教育、无线数据中心、移动黄页、紧急救援、定位服务，甚至包括电子订票、自动售货机支付等方面的应用。可以预见，随着移动商务成本更低、定位更精准、更具个性化和更注重沟通的营销模式，以及其他各项业务的逐步实现，移动商务将会催生出新的产业链，并将引发一场较之传统电子商务出现时所带来的更深层次的商业变革。

　　本书是浙江省高校"十一五"重点教材建设项目——电子商务创新创业系列教材之一。根据国内外当前的移动商务发展和应用状况，结合学校教育的实际需求，本书以移动商务基本知识介绍为主，主要包括移动商务基本概念介绍、移动商务技术基础、移动商务产业价值链和应用模式、移动电子支付、移动商务营销、移动商务安全和法律等方面的内容。在知识组织上以项目为载体，包括项目目标、项目导入、项目实施、项目总结 4 个部分。每个项目设有 1～2 个工作任务，每个工作任务由任务描述、知识准备、任务实施、任务拓展 4 部分组成。在任务拓展部分中，特别安排了案例阅读、思考与练习等内容，以便于读者在学习之余加强实践拓展和练习。

　　全书分为 6 个项目，由丽水职业技术学院移动商务及相关专业具有丰富教学经验的一线教师编写而成。项目一由周建良编写，项目二由周建良和张定俊共同编写，项目三由张定俊编写，项目四和项目五由雷鸣编写，项目六由陈苏勇编写。周建良负责全书的组织策划和统稿工作。胡德华负责审阅全书。

　　全书内容务实，注重理论与实践相结合，具有较强的实用性，可作为高等职业院校移动商务相关专业的教材和参考用书，也可作为移动商务、电子商务从业人员、管理人员及相关教师岗位培训的自学参考书。

　　本书的编辑出版，得到了电子工业出版社的大力支持，我们对编辑的辛勤工作表示衷心的感谢。同时在本书的编写过程中，借鉴和引　用了大量同行移动商务方面的相关著作、教材、案例以及互联网上的资料，在此对这些文献资料的作者们表示真诚的感谢。

　　由于编写时间仓促，加之编者水平有限，书中难免存在错误和不足，敬请专家、读者批评指正。

周建良
2014 年 1 月

目　　录

项目一

移动商务发展状况调查

项目目标

1. 知识目标：通过本项目的学习，理解移动商务概念；熟悉移动商务的基本特征、移动商务与传统电子商务的区别、移动商务涉及的主要技术；了解移动商务的发展状况、应用状况，典型行业和企业的解决方案，以及移动商务相关技术的应用状况。

2. 能力目标：根据给定的任务和行业（或运营商），能够独立（或团队）完成移动商务总体发展状况、移动商务技术应用状况等方面的调查，并撰写调研报告。

项目导入

据 CNNIC 于 2014 年 1 月发布的《第 33 次中国互联网络发展状况统计报告》显示，截至 2013 年 12 月，我国手机网民规模达到 5 亿，较 2012 年底增长了约 8009 万人，网民中用手机接入互联网的用户占比由 2012 年年底的 74.5% 提升至 81.0%。另据 CNNIC 于 2012 年 3 月发布的《中国移动互联网发展状况调查报告》显示，截至 2011 年 12 月底，中国智能手机网民规模达到 1.9 亿，渗透率达到 53.4%，这个数据也在逐年上升。

《淘宝无线 2012 年电子商务数据报告》显示，移动电子商务成为移动互联网增幅最大的板块。2012 年无线淘宝累计访问用户突破 3 亿，无线淘宝支付宝交易额同比增长率达 600%。2012 年的"双十一"，无线淘宝创造了日交易额 9.4 亿元的年度峰值。

从 PC 互联网的电子商务到移动电子商务，不仅仅是生意从传统互联网过渡到移动互联网那么简单。在手机智能化、移动带宽迅速提高的大背景下，用户消费行为将变得随时

随地、无处不在。广告营销、电子商务、游戏和社交网络、生活与时尚、硬件与软件、传统互联网等领域纷纷向移动互联网渗透，为移动互联网平台增添了巨大的发展空间和新鲜力量。由此经过PC互联网电商们在移动互联网上的摸索，终于找到了一条新的捷径：跨界整合。因此，从2011年开始，各大传统品牌纷纷推出作为移动电商入口的手机客户端，利用手机应用抓住新的契机，占领市场份额。

工信部发布的《电子商务"十二五"发展规划》中要求推动移动支付国家标准的制定和普及，同时加快推动移动支付、公交购票、公共事业缴费和超市购物等移动电子商务应用的示范和普及推广。

EnfoDesk易观智库分析认为，未来移动电子商务市场将呈现三大趋势。

趋势一：智能手机用户规模强势增长，手机网购用户体验逐步提升。随着近两年移动互联网的飞速发展，中国手机网民规模已突破3亿大关，其中，智能手机网民用户规模已占到了整体手机网民规模的一半。与传统互联网购物相比，通过智能手机进行网购交易具有时间自由、位置不限、操作简便等特点。由于人们生活节奏的加快，消费者可以通过智能手机利用碎片化的时间随时随地进行购物。同时，智能手机丰富的功能也为消费者带来了更好的购物体验，消费者可以通过触屏的方式浏览商品并轻松地完成下单。

趋势二：各大商家在移动端展开布局，手机淘宝领跑移动电子商务市场。从2010年年底开始，随着电信网络条件和移动支付环境的逐步改善，各大电商巨头及零售商为了抢占移动互联网市场，相继推出了各种类型的应用。在众多手机应用中，淘宝及相关应用从移动端产生的交易额遥遥领跑于其他厂商，主要源于淘宝对消费者的长期教育，并同时将大量线上用户资源逐步导入移动端的结果。

趋势三：团购、限时抢购、比价搜索、旅游相关应用成为主流功能。各大商家为了从移动端吸引更多的应用，在应用中主推打折促销的模式，包括基于位置的团购和限时抢购活动。另外，有大量消费者会利用手机应用去搜索商品并进行价格对比，因此商家也推出了针对不同细分人群的垂直搜索应用。最后，各大网络旅游厂商相继推出了不同类型的应用，包括机票、酒店的预订应用，景点查询类，旅游度假攻略类等，此类应用正成为网购类之外，第二大移动电子商务细分领域之一。

项目实施 ••

任务一　移动商务总体状况调查

任务描述

采用间接调查法，通过互联网等信息途径，调查我国移动商务发展的总体状况，并撰写调查报告。

一、移动商务的内涵

（一）移动商务的概念

移动商务MB（Mobile Business）或MC（Mobile Commerce），是在网络信息技术和移动通信技术的支撑下，在手机等移动通信终端之间，或移动终端与PC等网络信息终端之间，通过移动商务解决方案，在移动状态下进行的、便捷的、大众化的、具有快速管理能力和整合增值能力的商务实现活动。

移动商务从本质上属于电子商务的一个新的分支，但是从应用角度来看，它的发展是对互联网电子商务的整合与发展，是电子商务发展的新形态。移动商务将传统的商务和已经发展起来的但是分散的电子商务整合起来，将各种业务流程从有线向无线转移和完善，是一种新的突破。

移动设备通常隶属于个人，可以为其所有者随时随地提供信息，商家可以通过移动商务将市场目标定位到个人，而传统的基于互联网连接的电子商务只能将市场细分到一个小群体，如一个家庭或一台计算机。从这一点来说，移动商务是电子商务发展的高级形式。

（二）移动商务的分类

（1）按照实现的技术不同进行分类，可以将移动商务分为：移动通信网络（GSM/CDMA）的移动商务、无线网络（WLAN）的移动商务、其他技术（如超短距通信、卫星通信、集群通信等）的移动商务。

（2）按照服务的内涵不同进行分类，可以将移动商务分为：内容提供型移动商务（包括下载和定制服务两种类型）、信息消费型移动商务（如手机报）、企业管理型移动商务（如"移动商宝"具有进、销、存、网上支付等多种管理职能）、资源整合型移动商务、快速决策型移动商务、公益宣传型移动商务、定位跟踪型移动商务、信息转移型移动商务、集成管理型移动商务、扫描收费型移动商务（如手机二维码入场券）等。

（3）按照确认方式不同进行分类，可以将移动商务分为：密码确认型移动商务、短信回复确认型移动商务。

（4）按照用户需求的不同进行分类，可以将移动商务分为：搜索查询型移动商务、需求对接型移动商务、按需定制型移动商务、预约接受型移动商务。

（5）按照移动商务的难易程度进行分类，可以将移动商务分为：浅层应用移动商务、深层应用移动商务、移动转移对接型移动商务。

（三）移动商务的应用模式

根据与商业活动相关的通信主体进行分类，移动商务的应用模式包括B2M（Business to Mobile User）、M2M（Machine to Machine）两大类。前者强调企业等商业组织与手机用户消费者之间的沟通及其在商业活动中的应用，是人与组织或人与人之间的通信。后者强调在商业活动中通过移动通信技术和设备而产生的应用变革，包括既有商务模式或创造出的新商务模式，是机器设备间的自动通信。

B2M商务模式是在移动商务中以移动终端用户（手机用户、具有通信功能的PDA用户等）为商务参与者，通过移动通信解决方案实现企业与最终用户以及企业内部人员之间

的实时信息沟通，进而提高效率、降低成本的新商务模式。B2M 以最终消费者为中心，将消费者中的手机用户细分为营销和服务的主要目标，以适时、随地的沟通创造没有疆界、不停顿的商务机会。B2M 目前已有着广泛的应用，如移动营销（M-marketing）、移动客户服务（M-customer service）、移动办公自动化（M-OA）、移动客户关系管理（M-CRM）等。

M2M 商务模式是通过移动通信对设备进行有效控制，从而将商务的边界大幅度扩展或创造出较传统方式更高效率的经营方式亦或创造出完全不同于传统方式的全新服务。M2M 以设备通信控制为核心，将原来低效率或甚至不可能的信息传输应用于商业中，以获得更强的竞争力。M2M 的商务模式目前应用方兴未艾，主要有移动物流管理（M-logistic management）、移动支付（M-payment）、移动监控（M-monitoring）等。

（四）移动商务的特点

（1）移动性。移动商务的出现意味着当用户执行某些商务活动时（如使用电子银行、网络购物等），或者下载音乐、玩游戏时，不再需要枯坐在计算机前，而仅仅需要一些移动手持设备，如 PDA、手机等即可实现。

（2）即时性。消费者不仅可以在移动的状态下工作、开会、旅行、社交，以及进行购物等活动，而且可以在移动状态下满足其及时产生的需求，获得视听信息、图文信息、定制信息和相关服务。

（3）连通性。具有相同位置或者兴趣的用户，可以方便地通过文本消息和移动聊天的方式连接到一起，广告商可以通过这种途径促销商品，并能作出特别的提议，以期望订阅者能回答和接受他们的信息。

（4）便携性。便携式的手持设备，大部分可以个人携带，不再受时间和空间的限制，并且可能省去一些生活上的麻烦，如在等电话、堵车时可以通过移动商务应用浏览喜欢的网页以及处理一些事务。

（5）位置的相关性。可以根据用户的位置来提供服务，移动通信技术可以方便地对使用者进行定位。基于位置的服务（Location Based Service，LBS）是移动商务的杀手锏应用，如紧急医疗事故服务、汽车驾驶导航服务、旅游向导服务等。

（6）可识别性。移动设备一般由一个单独的个体使用，用户的个人配置能被内置在移动设备中，而每个终端都有一个唯一的标识（Identification），因此用户身份不但容易分辨，而且容易收集和处理。

（7）个性化。移动设备与使用主体的统一性，可以实现使用主体的个性化。手机比 PC 有更强的渗透力，生产者可根据使用主体的喜好、习惯等特点，生产更多个性化生活方式的工具。移动商务手机号码与移动商务主体之间存在着对应关系，每个手机号码都代表着一个确定的移动商务主体，移动通信终端的号码事实上成为了移动商务主体的商业符号。

（8）成本效益。一方面，电子交易比一个人工出纳员 / 会计员的成本少 7 倍，这也为移动商务提供了巨大的市场潜力，而且移动商务能增加几十亿的收入；另一方面，手机等手持设备的成本要低于 PC。

（五）移动商务与传统电子商务的区别

（1）不受时空限制的移动性。同传统的电子商务相比，移动商务的一个最大优势就是移动用户可随时随地获取所需的服务、应用、信息和娱乐。他们可以在自己方便的时候，使用智能手机或 PDA 查找、选择及购买商品，获取服务。虽然当前移动通信网的接入速率还不很高，费用也比固定网昂贵，但随着 3G 移动通信系统完善、推广和移动通信市场竞争的加剧，这些因素的影响将逐渐淡化。

（2）提供更好的私密性和个性化服务。移动终端一般都属于个人使用，不会是公用的，移动商务使用的安全技术也比传统电子商务更先进，因此可以更好地保护用户的私人信息。移动商务能更好地实现移动用户的个性化服务，移动计算环境能提供更多移动用户的动态信息（如各类位置信息、手机信息），这为提供个性化服务创造了更好的条件。移动用户能更加灵活地根据自己的需求和喜好来定制服务与信息。发展与私人身份认证相结合的业务是移动商务一个很有前途的方向。

（3）信息的获取将更为及时。移动商务中移动用户可实现信息的随时随地访问，这本身就意味着信息获取的及时性。但需要强调的是，同传统的电子商务系统相比，用户终端更加具有专用性。从运营商的角度看，用户终端本身就可以作为用户身份的代表，因此，商务信息可以直接发送给用户终端，从而进一步增强了移动用户获取信息的及时性。

（4）基于位置的服务。移动通信网能获取和提供移动终端的位置信息，与位置相关的商务应用成为移动商务领域中的一个重要组成部分，如 GPS 卫星定位服务。

（5）使网上支付更加方便快捷。在移动商务中，用户可以通过移动终端访问网站，从事商务活动，服务付费可通过多种方式进行，以满足不同需求。从移动商务的特点来看，移动商务应用大众化，它不仅能提供在移动互联网上的直接购物，还是一种全新的营销渠道。不仅如此，移动商务还不同于目前的销售方式，它能完全根据消费者的个性化需求和喜好定制，用户随时随地都可使用这些服务。

二、我国移动商务的应用

（一）我国移动商务的应用态势

1. 我国移动商务的应用概况

我国移动电信发展，大致经历了 3 个阶段：第一阶段（1987－1993 年）为起步阶段，主要是满足用户急需；第二阶段（1994－1995 年上半年）为发展阶段，我国 90MHz 模拟蜂窝移动电话成为世界上联网区最大、覆盖面最广的一个移动电话网；第三阶段（1995年下半年至今）为迅速提高阶段。我国引进世界上技术先进的 GSM 数字移动电话系统后，标志着我国移动通信由单一的模拟制进入模拟数字并存时代，可以称得上是一步到位、后来居上。我国的移动电话也经历了一个由东到西、由城市到农村的发展过程，移动电话使用率与经济发展程度呈正相关关系。由于国家的支持和人们生活水平的提高，我国移动电话发展速度非常快。

2008 年，电信运营商重组完成，国内形成了中国移动、中国电信、中国联通三家运营商三足鼎立之势。3G 牌照也已根据重组之后的格局于 2009 年 1 月发放：中国移动获得了中国自有知识产权 TD-SCDMA 的运营牌照，中国电信获得了 CDMA2000 的运营牌照，中国联通获得了 WCDMA 的运营牌照。

电信重组及 3G 牌照发放后，三家运营商进入了全业务竞争阶段。中国移动基于移动网络的语音业务产品线非常丰富，较好地覆盖了高、中、低三档移动通信用户群的需求，

在移动商务领域，无线音乐、手机报、飞信、手机邮箱、手机游戏及手机社区等业务分别在营业收入、用户数和品牌建设方面取得了较好的效果，为 3G 运营环境下的业务推广积累了丰富的经验。

中国电信强势发布"天翼"品牌，在全新升级的 CDMA 网络基础上为用户量身定制移动互联网服务。"天翼"品牌定位高，中国电信的 CDMA 手机集采规模赢得了终端巨头力挺，以三星、华为、中兴等为代表的国内外终端厂商无不摩拳擦掌，争夺终端集采大单。电信业内人士认为，CDMA 手机很可能异军突起，迎来爆发性增长。中国电信在渠道资源、品牌建设以及服务等方面还存在不足。

重组之后的中国联通在北方固网市场具备相当大的竞争力，具备比较全面的固网和移动两个网络的运营经验，可以成为未来融合业务发展的基础，而中国电信和中国移动分别缺少在移动和固网市场的运营经验。WCDMA 技术的高成熟度和广泛的全球使用率，使得中国联通具备了更好的全球漫游基础，同时能够学习和借鉴更多的国外运营经验。但是，中国联通面临着严重的问题：其总体用户规模和赢利能力弱于竞争对手；C 网的出售使得一部分高端客户被分流，需要重新构建高端客户品牌。

国内三大运营商披露的数字显示，截至 2013 年 3 月末，中国的手机用户数已达 12.274 亿。最大的移动运营商中国移动 2013 年 11 月份的移动用户数增至 7.633 亿，其中包括 1.811 亿 3G 用户；第二大移动运营商中国联通的移动用户数升至 2.786 亿，其中 3G 用户数为 1.19 亿；中国电信的移动用户数 1.855 亿，其中 3G 用户为 1.024 亿。按照这样的数据计算，3G 用户在移动用户中渗透率已达 32.80%。

由于手机接入互联网不受地点的限制，手机实际上已经成为居民上网的有效补充设备。手机作为上网终端迅速崛起，中国互联网络信息中心(CNNIC)2014 年 1 月发布的《第 33 次中国互联网络发展状况统计报告》（以下简称《报告》）显示，截至 2013 年 12 月底，我国手机网民规模为 5 亿，较 2012 年底增加了 8009 万人，手机网民在总体网民中的比例占 81%，成为中国网民的重要组成部分。目前我国移动增值新业务、新应用层出不穷，短信、彩信 WAP 服务、交互式语音应答系统（IVR）、Java 应用、BREW 应用等移动增值业务都得到了较好的发展。《报告》显示，截至 2013 年 12 月，我国整体网民规模增速持续放缓，互联网发展正在从"数量"向"质量"转换。伴随 4G 业务的推出，手机网民继续保持良好的增长态势，手机继续保持第一大上网终端的地位。

任何通过无线网络（如 GSM 网络）进行金融交易的用户，对安全和隐私问题无疑是其转为关注的，尤其对于有线电子商务用户来说，通常认为物理线缆能带来更好的安全性，从而排斥使用移动商务。移动商务是一个系统工程，技术、安全、隐私和法制等方面问题的有效解决是建设健康、安全的移动商务的重要保证。

电子商务使人们在交易活动中无须事必躬亲，移动商务可以使人们在必须移动工作时更加方便，便捷性是移动商务的价值所在。因特网、移动通信技术和其他技术的完善组合创造了移动商务，但真正推动市场发展的却是多样的应用服务。移动商务的应用领域非常广阔，目前移动商务还处于初级发展阶段，我们相信未来将有更多新的应用内容被不断地开发出来。移动增值服务产业方兴未艾，成为各方关注和争相进入的领域，也让广大个人消费者享受到了移动的便利和乐趣。由于技术不断更新，并且产业链尚未成型，所以在移动增值服务市场上新机会不断涌现。在过去的短短几年中，一旦企业把握住新机会，其业务便会得到飞速发展，在短信业务创造出的增长拯救了互联网产业之后，WAP 业务、Java 业务和定位服务等细分市场还有巨大的发展潜力。而随着移动通信、消费电子和计算机的融合，信息产业和传统行业的融合以及随之而来的整个移动通信产业链的调整，更多的市场机将会应运而生。

2. 我国移动商务的典型应用

截至 2011 年 6 月，在网民手机上网应用中，手机即时通信仍然是使用率最高的，达到 83.0%；手机搜索排名第二，为 66.7%；手机上网浏览新闻排名第三，为 58.30%；如图 1-1 所示。

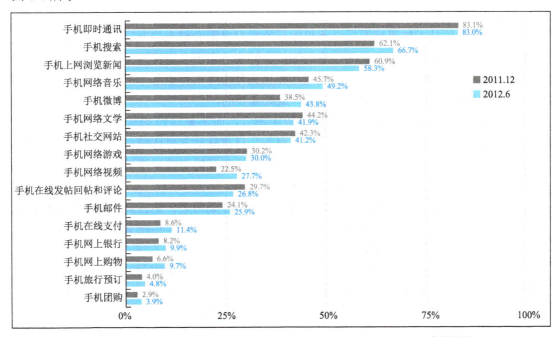

数据来源：CNNIC，2012.11

图1-1　手机上网应用行为

（1）移动银行。"移动银行"又称"手机银行"，是利用移动电话办理银行有关业务的简称，它是移动运营商与银行部门合作，联合向社会推出的一个新服务项目，也是移动通信网络上的一项电子商务。手机银行业务的开通大大加强了移动通信公司和银行的竞争实力。

手机银行通过移动网络将客户手机连接至银行，成为利用手机界面直接完成各种金融理财业务的服务系统，其主要功能有账务查询（通过手机查询用户的账户余额）、自助缴费（可直接在手机上查询及缴纳手机话费和其他费用）、银行转账（通过手机可以进行信用卡、存折之间的资金转账），另外，进入短消息平台后，可查询股市行情、外汇牌价、航班信息、天气预报等。它具有使用方便、安全保密、快捷可靠等特点。

这种货币电子化与移动通信相结合的崭新服务，丰富了银行服务内涵，意味着人们不仅可以在固定场所享受银行服务，更可以在旅游、出差中高效、便利地处理各种金融理财业务。通过移动银行服务，消费者能够在任何时间、任何地点，通过移动电话以安全的方式访问银行，而无须亲自光临或向银行打电话。现有的可选服务包括查询账户结余、审核最新交易情况，在账户间进行转账、支付账单。

手机银行使用方便，用户持有的手机同时又是一个移动的 POS 机、移动的银行 ATM 机，可以在移动和漫游中随时随地办理银行业务。手机银行安全保密，用户可以更换更大容量的 SIM 卡，使用银行可靠的密钥，对信息源加密，传输过程采用密文，以确保安全。银行采用专用服务器处理有关信息，一项业务在发送后几秒内即可完成。

手机银行是由手机、GSM/CDMA 短信中心和银行系统构成的。手机与 GSM/CDMA 短信中心通过 GSM/CDMA 网络连接，而 GSM/CDMA 短信中心与银行之间的通信可以通过网络来完成。在某些情况下，短信中心通过一个业务增值平台与银行业务前置机相连，业务增值平台便于以后增加多种业务，同时减轻短信中心的负担。在具体实施时，远程用户可以与短信中心的增值服务平台直接相连，而不用通过短信中心。

随着手机通信技术的迅速发展，手机银行的客户界面会越来越友好，交易速度也会越来越快，交易的安全性将逐渐提高。手机银行的解决方案不一定拘泥于某种技术、某个设备供应商，应具备高通用性和高可扩展性，并且充分考虑银行业务本身的特性，因为无论接入技术如何变化，银行业务本身才是用户最终需要的。

（2）移动支付。移动支付通过手机以数字形式，而不是传统的货币现金形式，在移动通信网络上提供订货、购物、转账等交易服务。目前移动支付比较可行的资金管理实现方式是以银行为主体的方案，即银行通过移动通信运营商提供的通道处理用户的银行卡账户，用户通过手机捆绑的银行卡进行交易支付。

从大的方面看，移动用户使用手机支付费用可以分成两类：运营商的服务性收费和存在实物交易的移动支付。与现金支付、银行转账、信用卡支付等传统支付方式相比，目前移动运营商可以提供以下 3 种形式的移动支付服务。

① 移动运营商的代收费业务。其特点是代收费的数额较小且支付时间、数额固定，用户所缴纳的费用在移动通信费用的账单中统一结算。如个人用户的 E-mail 邮箱服务费代收、SP 业务费用等。但该方式存在安全隐患，比如因手机遗失或被盗所可能发生的恶意使用等。

② 移动运营商的小额支付业务。即移动运营商与银行合作，建立预存费用的账户，用户通过移动通信的平台发出划账指令代缴费用。这种方式既可以保证银行划账受户主控制，避免传统自动划账业务可能带来的纠纷，又可以减少人工处理的时间和手续，降低成本。如通过短信确认的方式购买彩票、通过短信或电话的方式缴付水电费用等。小额的概念一般是指单次支付 100 元以下总金额 1000 元以下的业务，在实际操作中对金额的控制可以相对灵活些。

③ 移动信用平台。特点是运营商和信用卡发行单位合作，将用户手机中的 SIM 卡等身份认证技术与信用卡身份认证技术结合，实现一卡多用的功能。例如，在某些场合可以用接触式或非接触式的 SIM 卡来代替信用卡，用户提供密码，进行信用消费。

通过与传统支付方式的比较，可以看出移动支付最主要的特点是支付灵活便捷、交易时间短，可以减少往返银行的交通时间和支付处理时间。随着生活和工作节奏的加快，时间的价值也越来越高，这是科技进步和时代变迁的必然趋势。手机使用和手机支付服务渐趋普遍和易操作，将使用户在邮局、银行和手机支付三者中最终选择手机，在资金支付环节基本可以不受时间和地点的限制，做到"一机在手，走遍天下"。

（3）移动销售终端服务。移动销售终端服务（M-POS）业务是有线 POS 业务的延伸，它利用 SMS 或 GPRS 制式作为传递交易数据的通信载体，摆脱了营业场地和通信线路的限制，随时随地进行刷卡交易。基于 GPRS 的移动 POS 系统的出现，使得各类消费活动不再受到场地和通信线路的限制，使得各种户外收费场所与移动商务交易做到真正的"边走边卖"，为商户带来了无限的商机。POS 业务的出现充分体现了技术在金融领域竞争中的地位。现阶段，银行业间的竞争方兴未艾，竞争主要有两个方面，一是管理和服务，二是技术。技术的竞争需要加大科技投入，利用先进的科技手段，不断推出新的金融服务品种。无线 POS 应用系统的开发，使银行能够抢先推出新的金融服务品种，占领新的金融服务领域，极大地提高银行的自身形象；其次，无线 POS 应用系统的开发，可以使银行摆脱场地和线路的限制，拓展银行的金融服务和空间，可以为银行带来大笔新增存款业务，增加自身的竞争实力；最后，无线 POS 应用系统的开发，为社会提供了一种崭新的结算方式，有利于促进电子商务活动的健康发展。

（4）移动订票。这种服务可以通过定位技术将距离用户最近的餐馆、电影院或者戏院的消息发送到移动手机上，用户通过手机订电影票或者就餐消费。在欧洲和日本，多数手机订票用于火车或公共汽车票、电影票或戏票，以及汽车泊车票据。手机订票具有成为大规模市场的潜力，将在商品及票据销售中获得广泛应用，由于成本十分低廉，风险很小，估计有不少消费者愿意尝试。

（二）移动商务的应用环境

美国市场分析和咨询商扬基集团（Yankee Group）分析师扎瓦尔（Zawel）预测，完全实现移动商务需历经 3 个阶段。第 1 个阶段为交流（communication）阶段，目前我国已拥有大量的手机并用其进行语音及信息的交流，所以这个阶段已经跨越；第 2 个阶段为内容（content）阶段，指消费者通过移动设备购买软件、游戏、图片、新闻等，目前正在进入这个阶段；第 3 个阶段为商务（commerce）阶段，指消费者使用移动设备在实体世界里购买一些实体物品，只有进入这个阶段，才能说明消费者开始完全接受移动商务。

目前中国移动已推出手机银行、手机炒股、手机彩票、GPS 位置服务、移动 OA、UM（统一消息服务）、PIM（个人信息管理）、WAD（无线广告）等移动商务服务，它比传统的以计算机为终端的电子商务具有更广泛、更深厚的用户基础。移动商务虽然在我国已经有了长足的发展，但是运营环境却显露出很多问题，需引起高度重视并在实践中加以解决。图 1-2 所示为用户不使用手机上网的原因。

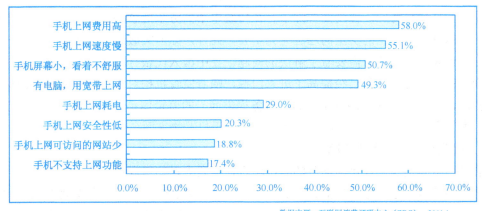

数据来源：互联网消费调研中心（ZDC），2011.1

图1-2　用户不使用手机上网的原因

1. 建立安全的运营环境

与传统的电子商务模式相比，移动商务的安全性更加脆弱，如何保护用户的合法信息（账户、密码等）不受侵犯是一项迫切需要解决的问题，除此之外，目前中国还应解决好电子支付系统、商品配送系统等的安全问题。可以采取的方法是吸收传统电子商务的安全防范措施，并根据移动商务的特点，开发轻便高效的安全协议，如面向应用层的加密（如电子签名）和简化的 IPSEC（Internet 协议安全性，Internet Protocol Security）协议等，移动商务必须解决身份识别和隐私保护等问题。无线信道是一个开放性的信道，它带来了诸多不安全因素，如通信内容被窃听、通信双方的身份容易被假冒以及通信内容被篡改等，无线网络中的攻击者不需要寻找攻击目标，攻击目标会漫游到攻击者所在的小区，在终端用户不知情的情况下，信息可能被窃取和篡改。

2. 拓宽无线资源环境

与有线系统相比，无线频谱和功率的限制使无线系统的带宽较小，带宽成本较高；分组交换的发展使得信道变为共享，时延较大；无线连接可靠性较低，超出覆盖区服务则被拒绝接入。所以服务提供商应优化网络带宽，同时增加网络容量，以提供更加可靠的服务。

3. 开创面向用户的业务环境

就目前的应用情况来看，移动商务主要集中于获取信息、订票、炒股等个人应用，缺乏更多、更具吸引力的应用，这无疑将制约移动商务的发展，其主要原因还是没有找准突破口，没有把移动商务无可替代的特性突显出来。无线互联的移动化特性肯定会在不久的将来给企业带来巨大的利润和翻天覆地的变化，一旦有真正实用和有价值的无线网络应用服务商出现，将会形成一个比目前互联网用户发展更为迅速的用户市场，这些用户的潜在商业价值将是难以估量的。企业要想从中受益，就要把移动商务看成产生新利润、创造新价值和维系更多客户的有效手段。

4. 完善社会信用与法制环境

当前国内市场机制还不规范，移动商务的商业运作环境还不够完善，缺乏必要的信用保障体系，从而影响了人们利用移动商务的积极性，因而移动商务要展现辉煌还需要经历一段过渡时期；其次，网络支付、安全认证、线下配送等系统和电子商务的立法有待完善。中国的环境很特殊，移动商务除了存在传统电子商务未能解决的障碍以外，由于移动商务的特殊性，其存在的安全问题也尤为重要，此外，如何突破政策的限制、如何与金融企业合作也是移动运营商需要着手解决的问题。在中国人民银行以牌照制来规范支付市场后，现有的手机支付业务已经提高了进入门槛，随着监管机构对参与者在金融方面资质要求的提高，针对 SP（Service Provider，服务提供商）的监管体系和运营模式也有了相应的改变，尤其在突破小额支付的限制、实现真正的手机购物方面。

5. 优化移动商务人才环境

移动商务是信息现代化与商务的有机结合，需要大量的掌握现代信息技术的现代商贸理论与实务的复合型人才。目前，企业信息化进程日趋加快，移动商务必将成为企业经营信息化的又一重要手段。然而，如果不重视人才的培养或人才培养滞后，那么，人才短缺就会成为制约我国移动商务发展的诸多问题中最根本、最紧迫的一个。

6. 创新移动服务的技术环境

移动商务以移动通信技术为基础，它必然受到移动通信技术发展水平的限制。首先，移动终端设备性能低下。随着终端设备功能的增强，支持业务的增多，需要处理的数据必然增加，这样对移动终端的处理能力就有很高的要求，很多用户抱怨他们的手机或 PDA 响应速度比较慢，操作时常常有迟滞的感觉。更加严重的问题是，移动设备的功能越强大，意味着能量消耗越大，其电池供电时间就会缩短，因此降低了移动终端的便携性。其次，移动通信网络数据传输安全性不高，基于 WAP 的机制没有端到端的加密，因此只要用户关心安全问题，就不会将钱花在移动商务上。移动通信的安全性应该通过各种方式进一步增强，如电子签名、认证和数据完整性等，技术上还有待突破。其他问题还有：当移动设备丢失或被盗后，如何在最短的时间内以最简单的方法完成挂失操作；获得信息的成本过高、效率过低；相对于计算机来说，手机的显示屏幕太小，这使得用户在单位时间获得单位信息所需的支付达到了令人难以接受的程度。另外，各电信运营商与相关部门业务的整合还有待进一步加强。

7. 加速企业信息化环境

对企业而言，发展移动商务，首要的是实现企业信息化，最起码管理要信息化。企业信息化，就是企业利用现代信息技术，通过信息资源的深入开发和广泛利用，实现企业生产过程的自动化、管理方式的网络化、决策支持的智能化和商务运营的电子化，不断提高生产、经营、管理、决策的效率和水平，进而提高企业经济效益和企业竞争力。除此之外，企业应加强对客户信息的收集和研究，建立以客户需求为主导的营销模式。在信息化的基础上利用移动商务平台提高企业的核心竞争力，为企业的进一步发展打下坚实的基础。

（三）移动商务应用的对策

从目前发展态势看，我国移动商务要取得大发展，还要解决以下瓶颈问题。

1. 我国移动商务服务模式应尽快确定

国内目前现有的和即将推广的移动商务服务主要以推式（Push）服务和拉式（Pull）服务为主。推式服务主要用于发布公共信息，包括时事新闻、天气预报、股市行情、旅游、招聘等信息，属于一种个性化的信息服务。拉式服务主要用于信息的个人定制和接收，包括航班信息、影院安排、火车时刻表、娱乐信息（音乐、图片下载）等，移动商务提供的最常用的交互式服务目前没有得到很好的发展。建立移动商务的商业模式涉及移动运营商、网络设备提供商、手机制造商、内容 / 服务提供商等，在移动商务商业模型的确定中，移动运营商理所当然地应处于主导地位。目前我国虽已形成了以运营商为主导的商业模式，但内容 / 服务提供商和手机提供商的实力较弱；内容 / 服务提供商也仅限于几家门户网站或运营商本身的业务开发部门，广大中小型企业没有足够的热情参与其中，还没有形成良好的公平竞争局面。

2. 我国应尽快建立网络支付、安全认证、线下配送等系统

在这一方面，可以自主推出一些解决方案，也可以采用国际上的已经比较成熟的解决方案。如 Ericsson 公司的移动商务解决方案（Mobile e-Pay），它将移动通信网络、互联网、在线支付和安全技术有机地结合起来，为移动商务提供了一个完整的解决方案。惠普公司为企业提供了全系列的移动 e-services 解决方案，HP WAP Server 基于工业标准 WAP1.1，提供无线接入 Internet/Intranet 服务，HP Virtual Vault 提供端到端的加密数据传送、基于

证书的认证、军用级的安全性；HP e-speak 和 OpenMail 提供代理和沟通平台功能等。还有 IBM 公司的 WebSphere Transcoding Publisher，无线设备厂商 Mobilize 的 Mobilize Commerce 商品，Dallas-based JP Systems 推出的 SureWave 平台等。

3. 规范我国移动商务交易中的诚信机制

解决我国移动商务交易中的诚信问题可以借鉴传统电子商务的一些做法。为了保证交易过程中的安全性和不可抵赖性，可以在移动商务的交易过程中采取强化主体资格的身份认证管理方式。比如，可以通过第三方认证或者数字签名的技术手段来确保交易双方身份的真实性和准确性；还可以采取交易实名制的做法，这在移动商务中也是切实可行的。在移动商务中，终端号码是唯一的，可以和真实的身份一一对应，因此可以通过对终端的有效管理，降低移动商务交易的诚信风险。

4. 我国移动商务立法有待完善

（1）移动商务结合了传统电子商务与先进的移动通信技术，是电子商务发展的最新形态，在电子合同的订立、小额电子资金的划拨、移动证券委托等许多方面都有其独特之处，目前还没有出台专门的关于移动商务的法律，相关问题只能参照《民法通则》、《合同法》、《商业银行法》、《证券法》及其相关法规来解决。明确移动商务的特点，区分其与传统商业贸易的不同之处，就可以正确运用民商法基本理论，运用相关法律法规解决出现的问题，即首先运用现行法律解决移动商务的纠纷。

（2）建立和完善专门的移动商务法律、法规，如移动商务特别法、网络融合法、移动服务法及其相关行政法规和规章。目前，尽管没有移动商务方面的法律、法规，但传统的商务和电子商务的法律、法规仍可应用于移动商务，如移动设备的实体认证、签名确认、账单、发票等。

（3）加强对移动商务知识产权的保护力，打击 SP 抄袭业务软件和服务模式的违法行为，阻止 SP 同质化发展的趋势，扭转移动增值业务"畸形繁荣"的现状，引导 SP 挖掘消费者尚未满足的需求，开发新业务，创造新的收入来源，使 SP 发展步入良性循环的正轨。

（4）出台相应的市场准入制度，对移动商务主体和 SP 的资质和运营能力进行评估，提高进入移动商务市场的门槛，将以短期欺骗和投机为目的的经营者隔离在市场以外。

（5）政府监管部门全面加大对移动商务运营企业和 SP 的清理整顿，对提供不健康内容的 SP 要严惩，对造成严重危害的 SP 更要追究刑事责任。

（6）倡导移动商务行业自律，加大对移动运营商和 SP 的教育工作力度，使其以用户需求为导向，以服务大众为目标，以长远利益为出发点，从思想上树立正确的经营理念。

三、移动商务解决方案概述

（一）移动商务系统架构

移动商务系统的基本结构从下到上分别为移动网络设施、移动中间件、移动用户设施和移动商务应用四个功能层。

（1）移动网络设施。是支持移动商务的网络和设备，其主体是蜂窝移动通信网，还包括无线局域网和蓝牙、卫星通信网络等网络通信技术。

（2）移动中间件。是连接电子商务与不同的移动网络和操作系统的软件实现层，包括服务器和客户端软件，如 ExpressQ 和 WAP 等。ExpressQ 是一种移动消息接发中间件，可将非 IP 应用程序提供给移动用户，完成用户脱离服务区时的信息存储和用户处于服务区时的信息转发功能。WAP（Wireless Application Protocol，无线应用协议）用以将互联网上的应用和服务引入移动终端，它采用 WML（Wireless Markup Language，无线标记语言）作为信息标记语言。

（3）移动用户设施。是指支持电子商务的移动终端，包括手机、PDA 等。

（4）移动商务应用。移动商务不仅提供电子购物环境，还提供一种全新的销售和信息发布渠道。从信息流向的角度来看，移动商务提供的业务可分为以下三个方面：

①"推（Push）"业务：主要用于公共信息发布。应用领域包括时事新闻、天气预报、股票行情、彩票中奖公布、交通路况信息、招聘信息和广告等。

②"拉（Pull）"业务：主要用于信息的个人定制接收。应用领域包括服务账单、电话号码、旅游信息、航班信息、影院节目安排、列车时刻表和行业产品信息等。

③"交互式（Interactive）"业务：包括电子购物、博彩、游戏、证券交易和在线竞拍等。

（二）移动商务解决方案的应用技术

面向企业的移动商务应用的目标是将企业的信息与应用扩展到企业所需的任何地方，它所要求的移动数据库技术、同步技术等正成为新的核心技术。与移动商务系统的基本结构相适应，移动商务解决方案中采用的相关技术主要有以下几个方面：

（1）嵌入式（移动和工作组级）数据库。是第三方公司嵌入数据库功能，作为解决方案的一部分，例如在财务软件或自动销售解决方案中，或在硬件如网络路由器、移动终端中实施嵌入。此技术市场的增长是由移动数据库解决方案不断增长的需求来驱动的。

（2）移动中间件。是指服务器或客户端软件，通过它可将企业应用扩展到移动目标用户。这个市场的技术包括无线应用服务器、移动应用组件、消息技术，以及与企业内部应用如 CRM、ERP 和企业原有业务系统的集成。

（3）移动商务应用软件。除了一些针对不同企业开发的特定移动商务应用之外，许多"打开即用"的新的移动商务应用应运而生，如将邮件信息扩展到移动设备。另外，随着移动终端成为企业工作设备的一部分，对于这些设备的管理和维护也将成为一个新的应用领域。将一些已有的通用应用软件，通过移动中间件扩展到移动终端，可产生新的移动商务应用。

四、移动商务的未来发展趋势

随着移动通信技术的快速发展及移动商务市场的不断成熟，移动商务的发展遇到了前所未有的良机。移动商务的发展有如下几大趋势。

（一）移动安全将引起社会重视

随着我国 3G 手机应用的迅速推广，手机所面临的安全威胁很快将超越办公计算机，成为移动商务的第一大隐患。盗取、窃听、吸费等攻击手段将给移动商务应用和企业信息安全带来极大威胁。

对移动商务的个人用户而言，当手机感染了病毒或木马后，手机会自动拨打声讯台、

发送信息、订购增值业务等，造成用户的话费损失，而对企业用户来说，商业机密信息的泄露是最大的安全隐患。商业对手或恶意攻击者可以控制用户的手机，调用信息、监听通话、自动联网等，造成企业用户的机密信息外泄。

企业业务拓展到手机等移动终端，需传输大量敏感的商业信息数据，这就带来了权限管理和信息安全性的诸多问题，如何更好地保护移动商务的安全，已成为软硬件厂商在无线商务上获取商机的一个关键。

（二）终端技术将得到改善

手机狭小的显示屏和烦琐的数据输入方法依然是限制移动商务易用性和功能性的主要障碍，所以未来移动商务终端的屏幕将拓宽，并且加入语音网络导航。比如，屏幕输出可以用语音输出作为辅助，键盘输入可以用语音输入进行补充，其他更新的沟通模式也有可能，如视频模式。在日常生活中，人们喜欢面对面的交流，原因是多信道的沟通方式具有更强的沟通能力，人们在有限的时间里可以交流更多的信息。

（三）手机二维码及 RFID 技术将在大范围内得到应用

通过手机的拍照功能对二维条形码进行扫描，快速获取到二维条形码中存储的信息，在手机二维码的应用中，手机既可作为二维条形码的信息载体，被专用二维条形码识读，也可以在手机中内置识读软件，使手机成为一个二维条形码识读器，获得其包含的信息。二维条形码目前主要应用于电子票务与物流领域，随着移动商务的快速发展，手机二维码将被应用到更多的行业及领域中，如手机广告、手机阅读等。

作为条形码的无线版本，RFID（Radio Frequency Identification，又称电子标签、无线射频识别）技术具有防水、防磁、耐高温、使用寿命长、读取距离大、标签上数据可加密、存储数据容量大、存储数据更加自如等优点，目前，RFID 已开始应用于零售和物流产业。随着移动商务的快速发展，更多的产业应用了 RFID 技术，如射频自动识别不停车收费系统（ETC）是目前世界上最先进的路桥收费方式，通过安装在车辆挡风玻璃上的电子标签与在收费站 ETC 车道上的微波天线之间的专用短程通信，利用计算机联网技术与银行进行后台结算处理，从而达到车辆通过路桥无须停车就能交纳费用的目的。这就是移动商务和射频自动识别技术的应用。

（四）场景服务将被关注

目前，基于位置的服务已受到人们的关注。比如，一个到异地旅游的游客，想找一家附近的餐馆就餐，基于位置的服务可以判断其所处的位置，从而推荐附近的餐厅。可是，如果其身处闹市，周围的餐馆星罗棋布，过多的信息会使用户眼花缭乱，如何提供有效并且符合用户个性的信息就显得尤为重要，所以未来场景服务将被人们关注。场景包括较丰富的内容：用户的身份、用户的位置和访问的时间。用户的身份对于一项服务来说通常是最有价值的信息，因为由此可以知道用户的背景、爱好及其他重要的属性。用户的位置信息也就是用户的空间场景，即通常人们所说的基于位置的服务。访问的时间也是重要的场景，如果和用户的日程表结合起来，就可以推测出用户在使用移动服务时所处的环境和扮演的社会角色。有了身份、位置、时间等场景信息之后，就可以根据用户的需求和环境信息为用户配置个性化的服务内容。

（五）移动商务将与管理软件融合

随着市场竞争的日益深化，社会各行各业对办公自动化、电子政务等信息化的需求与日俱增，对客户关系管理（CRM）、供应链管理（SCM）、生产控制、物流管理等方面的信息化需求也日益迫切，在信息化建设方面的投入不断加大。

虽然目前移动通信网络在带宽资源和网络的稳定性方面，与有线通信网络相比存在一定的差距，但移动通信所拥有的移动性、广域覆盖和部署快速、灵活等特性却是有线通信无法比拟的，这使得移动通信网络和技术能够有效满足一些特定行业随时随地传递和处理信息的需求。随着移动通信的日益普及，越来越多的管理人员和企业经营者希望能摆脱有线网络和终端的约束，或随时随地收发邮件、签发文件、处理公务；或随时随地了解库存、查询市场行情、完成商业交易；或随时随地了解外出人员的工作情况，对车辆进行监控……人们对移动行业应用的需求日益高涨。对于交通、民航、金融等行业而言，随着信息化的全面推进，其原有的专网覆盖面狭窄等局限性日益显露出来，它们希望将自身的专网与公众移动通信网络实现对接，有效拓展原有通信专网的覆盖范围和功能，借助移动终端为普通大众提供信息服务。

任务实施

1. 确定调查主题：我国移动商务总体发展状况。
2. 初步确定所需的基本资料：我国移动用户总体规模、移动业务应用状况、移动商务在互联网商务中所占的比例、近年移动商务的市场规模、移动商务市场存在的问题、基本对策等。
3. 初步确定收集资料的方式和途径：主要通过互联网等途径，以收集二手资料为主。
4. 资料收集。
5. 资料筛选、整理：筛选有用信息，并对信息按问题进行归类、整理。
6. 资料分析：根据收集到的信息，分析我国移动商务市场的基本发展状况、所呈现的基本特征、存在的问题、主要对策等。
7. 撰写市场调查报告。

任务拓展

一、移动商务系统的主要功能

随着移动通信技术和计算机的发展，移动商务的发展已经历了三代。第一代移动商务系统是以短信为基础的访问技术，这种技术存在着许多严重的缺陷，其中最严重的问题是实时性较差，查询请求不会立即得到回答。此外，由于短信信息长度的限制使得一些查询无法得到一个完整的答案。这些令用户无法忍受的严重问题导致了一些早期使用基于短信的移动商务系统的部门纷纷要求升级和改造现有的系统。

第二代移动商务系统采用基于 WAP 技术的方式，手机主要通过浏览器的方式来访问 WAP 网页，以实现信息的查询，部分地解决了第一代移动访问技术的问题。第二代移动访问技术的缺陷主要表现在 WAP 网页访问的交互能力极差，因此极大地限制了移动商务系统的灵活性和方便性。此外，由于 WAP 使用加密认证的 WTLS 协议建立的安全通道必须在 WAP 网关上终止，形成了安全隐患，所以 WAP 网页访问的安全问题对于安全性要求极为严格的政务系统来说也是一个严重的问题。这些问题使得第二代技术难以满足用户

的要求。

新一代的移动商务系统采用了基于 SOA 架构的 Web Service、智能移动终端和移动 VPN 技术相结合的第三代移动访问和处理技术，使得系统的安全性和交互能力有了极大的提高。第三代移动商务系统同时融合了 3G 移动技术、智能移动终端、VPN、数据库同步、身份认证及 Web Service 等多种移动通信、信息处理、网络安全和计算机网络的最新的前沿技术，以专网和无线通信技术为依托，为电子商务人员提供了一种安全、快速的现代化移动商务办公机制。

（一）移动商务短信平台功能

（1）来访信息查询。可按时间、地域和访问栏目查询来访手机号及留言，此功能的运用可为企业自动锁定目标受众，便于企业促销、宣传活动的高效开展，为企业省钱省力。

（2）通信簿功能。具备用户分组、号码添加、号码查询、通信信息导出功能，用户可随时随身进行通信簿管理，方便、快捷。

（3）短信功能。短信群发与移动实名功能联合使用，移动实名能为企业锁定需求目标，而短信发送功能能为需求用户发送需求信息，实施精确营销，花费少、效果好。

（4）抽奖功能。企业在某一时间和地域进行宣传活动时，可按时间、地域、中奖人数、奖项等条件设置抽奖活动，给中奖者送出大礼，有效地留住老客户，有力地吸引新客户。

（5）留言功能。用户发送"移动实名＋留言栏目号＋内容"进行留言，让用户和企业进行亲密接触及有效的交流，使企业第一时间获得用户的反馈和建议。

（二）移动商务 WAP 平台功能

（1）展示功能。在企业 WAP 上展示图文并茂的信息，向客户传播企业的形象、实力等，可让客户有全方位的了解。

（2）陈列功能。通过企业 WAP 上完善的产品介绍，可以让企业产品突破时间、空间的限制走进客户生活。

（3）导购功能。为用户提供在线咨询和帮助，让企业和客户亲密交流，用户可以直接在线订单。

（4）移动办公功能。通过企业 WAP 上的移动邮局收发电子邮件，具有"迅捷、安全、高效"的特点，可提高办公效率。

（5）营销功能。企业 WAP 上的短信群发、准告（准确、准时、准许的告知）的服务优势，使得企业的品牌快速、精确定位地传播，这是企业开展"移动定向营销"的最佳选择。

（6）支付功能。使手机变成新的金融及身份辨识工具，通过 WAP 上的无线支付功能，为企业、个人提供更安全、更可靠的个性化的服务。

（7）掌上娱乐。WAP 上更多的游戏、动漫、时尚、生活等休闲娱乐世界，更便捷的操作方式，让用户随时随地畅想移动所带来的无限生活的乐趣。

（三）基于 Web Service 的移动商务平台

采用目前最先进的 SOA 和 Web Service 技术，不仅可以提供上述第一代、第二代移动商务平台所有的功能，而且可以支持工作流、地图定位、商业智能等最先进的商务理念。

在英国的贝德福德地区，警察手中的黑莓手机可以完成议案讨论、任务分派、传递信息，还可以在执勤时，实时进入警察局的数据库，随时查看调用资料，如身份 ID、车牌、疑犯信息等内容。我国杭州市的城管执法局也有类似的运用。城管人员在外执法过程中，通过数字魔方的移动办公平台登录系统，便可以实时立案，查询案件的处理状态、处理方式以及结果。

二、移动商务的发展状况

（一）移动商务在美国

与其他发达国家相比，美国在 3G 领域的起步较晚，但近年来加快了追赶的脚步，并已经超过了西欧国家。与此同时，美国的 Verizon Wireless、AT&T、Sprint Nextel 和 T-Mobile USA 4 大移动运营商在进一步扩充 3G 网络的同时，都已经将眼光投向 4G。Sprint Nextel 公司于 2008 年 10 月率先在美国巴尔的摩地区提供基于 WiMAX 标准的 4G 服务，并于 12 月推出兼容 3G 和 4G 的双模调制解调器，其余 3 家公司也都表示采用 LTE 作为自己的 4G 网络标准，并已在 2010 年陆续开始提供 4G 服务。

美国移动运营商提供的应用服务主要有：

（1）用手机收发电子邮件。目前，用手机收发电子邮件在美国很盛行，特别是在企业的主管层中。如 RIM 公司的黑莓手机，可进行 Excel、PowerPoint、PDF 等文件的阅读以及 XHTML 页面浏览，其他如摩托罗拉、诺基亚等公司也都推出具有电子邮件功能的智能手机。智能手机在用户市场上占有较高的比例。

（2）手机音乐。美国主要的移动运营商都在推销手机音乐服务，手机制造商也开发了多款能存储和播放音乐的手机，主要支持 MP3 和 Windows Media 格式。手机通过 USB 接口与计算机连接，可将计算机上的音乐复制到手机中。

（3）专为学生开发的手机。目前美国大专院校学生的手机普及率已达 90% 以上，移动通信公司非常重视这个特殊的用户群体，以整合学校活动信息、安全侦测与紧急呼救于一身的校园手机应运而生。校园手机除了通话功能以外，还可以随时获得校方的即时信息通报，可查看课程安排，可获得校园餐厅的特价优惠，可借助于 GPS 的功能，查看学校公车的位置，启动保护服务，可获得校方保护。校园手机的应用对固定电话在大专院校中的使用构成严重的威胁，使固定电话有逐渐淡出校园的趋势。手机在中小学生中的使用也很活跃，LG 公司在美国为 Verizon Wireless 公司推出的 Migo 手机，专为中小学生服务。该手机仅有 4 个数字键，以及通话、挂断及一个备用键，通话时间可长达 200 分钟，待机时间达 226 小时。每个数字键可事先设定一个电话号码，学生只能用这 4 个数字键对外通话，如果要改变每个键中的号码，必须通过密码进行操作，这样一来，父母就可完全操控孩子的通话对象。LG 还与 Verizon Wireless 公司合作，推出月租费为 9.9 美元的儿童跟踪服务，父母利用 GPS 可以从计算机或 Verizon 的手机屏幕上监看小孩的行踪，若再加 10 美元，可使用儿童活动区域服务功能，让学生的父母设定几个特定区域，这样若学生进入或离开这些区域，就都能显示出来。中国电信推出的天翼守护宝就属于该类服务。

（4）手机电视。美国大型移动通信公司都已经推出通过手机看电视，用户不仅能看现场直播的电视节目，也能观看电视节目录像，还可以利用手机操作使家中的计算机与电视机互动，用手机观赏专为小屏幕设计的新闻剪辑、电视节目精华和 MTV 越来越受欢迎。

（5）用手机查看实时路况和行车路线。Verizon Wireless 和 Sprint Nextel 等移动运营商，与 MapQuest 网络地图网站合作，在可处理文字资料的手机上，提供手机出行路线查询服务。Yahoo、Google 和微软等公司也推出了类似的软件，只要手机上装有相应软件，即可

进行出行路线查询，进行路线查询时仅输入查询路线的起止点即可。

（6）手机定位。手机定位技术就是在手机上安装 GPS 软件，根据手机位置和基站之间的距离，自动计算出手机所在的地理位置，精度一般在 100m 之内。

美国的移动商务，有下述许多成功经验值得其他国家和地区借鉴：

（1）移动设备普及率较高。美国的移动通信话费不分本地与国内长途，都是一种价格，并提供较长的免费通话时段。免费时段大多数从晚上 9 点开始一直到次日早晨的 6 点为止，周六、周日全天免费，因此手机在美国受到普遍欢迎，发展速度比较快，手机普及率很高。

（2）及时改变移动营销策略。美国是最早的 3G 标准开发国与拥有国，但由于一直未能为消费者提供与固网价格相当的无线服务，3G 发展比较缓慢，走过了很长一段弯路。Verizon、Sprint、AT&T 等公司都曾经过分强调 3G 的革命性，从高端市场开始培育用户，结果导致应用服务匮乏、用户兴趣不高的尴尬局面。到 2007 年时，美国还没有一个比较成功的商业 3G 网络。可近年来，美国手机运营商彻底改变了策略：保证普通手机用户费用在固话范围之内，凡是配置不高的手机，一律免费赠送。手机补贴是美国运营商营销策略的重要一环，用户一般可以免费或者以很低的价格买到满意的手机，手机购置费用实际上由运营商进行补贴，补贴率为 1：2～1：2.5，也就是说，市场价格为 2～2.5 元的手机，运营商以 1 元钱就卖给用户了，前提是要捆绑 2 年合约。终端的影响力日益重要，像 iPhone 的用户有 40% 来自转网，在新增用户市场逐步萎缩的情况下，这对运营商无疑是利器，并且手机号码可以跟随运营商转号，3G 项目都是定制服务，不以套餐"套"住用户。

（3）完善移动网络建设。美国 3G 运营商不断完善 3G 网络建设，保证 3G 速度，这是整个应用的关键。Verizon、Sprint、AT&T 等知名运营商都在不断改造 3G 网络，引入新的技术，以保证网络的速度和稳定性。

（4）终端厂家与运营商密切配合。在美国，终端厂家必须与运营商密切配合，进行深度的定制开发，才能达到双赢。有影响力的运营商可以签订独家供货协议，比如 AT&T 与 iPhone、T-Mobile 与 G1，而其他运营商由于无法吸引大的终端厂家进行深度合作，在终端方面较为吃亏。面向未来，数据业务的发展将会更加倚重终端。

（5）手机应用趋向多样化。广大运营商积极联合下游厂商推出各种终端设备和移动服务，并积极改变原有的高端策略，向广大手机用户提供更为廉价的数据服务，包括手机收发电子邮件、手机音乐、GPS 定位等。

（二）移动商务在芬兰

2008 年 4 月初，芬兰 TeliaSonera、Elisa 和 DNA 公司三大电信运营商达成一致，准备放弃 GSM 网络，因同时运营 GSM 和 3G 网络的成本过高，且 3G 网络有能力覆盖全国。

芬兰是世界上移动电话普及率最高的国家之一。芬兰通信管理局 2009 年 9 月 8 日公布的数据显示，在拥有 530 万人口的芬兰，手机用户已经达到 730 万，人均拥有手机 1.4 部，7～9 岁的儿童手机拥有率也已达到 85%，对他们而言，手机已经变成像书包一样的必备品。芬兰 3G 手机用户已达 250 万，与此同时，移动宽带在芬兰迅速普及，截至 2008 年上半年，芬兰全国移动宽带上网用户达到 66.4 万，同比增加 35%。芬兰的手机网络数据传输量也呈爆炸式增长，2008 年上半年同比增加 70%。

2002 年 1 月，芬兰首都赫尔辛基开始向人们提供通过手机支付停车费的服务。从 2002 年 2 月起，在赫尔辛基乘地铁等公交工具出行的乘客，只需用手机发出短信代码给指定服务商，即会得到购票信息反馈。2002 年 3 月，芬兰最大电信运营商 Sonera 公司向首都居民提供用手机支付购物款的服务。从 2004 年 5 月开始，芬兰国家铁路局在全国推广电子火车票。

短短几年来，移动商务活动已成为许多芬兰人日常生活的一部分，它提供的服务越来越广泛，越来越周到。这种不受时间地点限制，省时高效且能满足个性需求的服务方式已经成为一种时尚。难怪当地有人说，未来的发展趋势是"你需要的只是一部手机"。

芬兰移动商务取得成功的经验有：

（1）致力于信息化建设。芬兰在高科技产业取得的巨大成就，让许多老牌欧洲强国羡慕不已。这些惊人的成就源于芬兰抓住了新技术发展的机遇——积极发展信息产业。早在 20 世纪 90 年代初，芬兰政府就将建成信息化社会作为其首要发展目标，并于 1995 年制定了信息社会发展战略。为此，芬兰政府还制定和修订了电信法、数据法、商务电子通信法、电子签名法和信息社会保护法等一系列法律，完全开放了电信市场，在信息和通信基础设施建设方面投入了巨资，为信息与通信产业的发展创造了有利环境。此外，芬兰政府还制定了创新计划，加大了对高新技术的投入。以芬兰最著名的手机巨头诺基亚为例，在政府的大力支持下，诺基亚公司只经过 10 年的打拼就成长为世界上最大的手机制造商，成为芬兰经济的"火车头"。2007 年，诺基亚销售收入超过 745 亿美元，净利润达 105 亿美元，在全球 IT 和通信设备制造企业中利润仅次于微软。

（2）重视信息化教育。在芬兰，有 21 所大学和众多的高等技术学院、国际研究机构。在建设信息化社会的过程中，芬兰政府始终重视培养企业急需的信息、电子等领域的高科技人才，与此同时，政府努力为每一位芬兰公民提供培训机会，使其掌握必要的技能以便获得信息服务。教育的普及与提高使得芬兰的劳动力成为世界上受教育程度最高的群体之一。

（3）改造传统工业。过去的 20 年，芬兰在大力发展信息与通信产业的同时，利用以信息技术为主的高新技术对传统工业进行了改造。这不仅提高了芬兰工业的生产能力和企业的生产效率，而且加速了产业结构的升级。芬兰在 20 世纪 90 年代初曾陷入战后最严重的经济危机。为了改变这种局面，芬兰利用自身优势以发展信息与通信技术为突破口，大力发展高科技产业，调整、提升了产业结构，较快地实现了跨越式发展。20 世纪 90 年代以来，芬兰国家技术开发中心先后协调、资助相关企业和研究机构实施了智能系统应用计划、中小企业信息化等规划。通过信息技术改造，芬兰森林工业、金属及机械制造业的技术密集程度得到了加强，生产效率明显提高，形成了信息技术、人工智能技术和自动化技术相结合的综合体。

2001 年 10 月，世界经济论坛将芬兰评为世界上最具竞争力的国家。目前，以信息技术为主的高新技术已经成为推动芬兰经济增长的主要动力，传统的森林工业、金属工业、信息与通信技术产业，已成为芬兰国民经济中并驾齐驱的三大支柱产业，为移动商务的发展铺平了道路。

（三）移动商务在英国

自 1985 年英国开始推广移动电话以来，移动电话的数量迅速增加，到 2009 年一季度，

总用户数为 7559 万，移动通信普及率为 123.8%。

在英国移动通信市场上，沃达丰、奥朗捷（Orange）、T-Mobile、MmO2 是几家主要的运营商。在当前的英国移动市场，西班牙电信旗下的 MmO2 公司以 27.7% 的市场份额位居第一，英国沃达丰占 24.7%，法国电信旗下的奥朗捷占 21.5%，德国电信旗下的 T-Mobile 占 14.9%，香港和记黄埔旗下的"3"公司占 8%，其他移动运营商共占 3.2%。英国移动市场已很成熟，五家移动运营商占据了近 97% 的市场份额。

市场研究公司 Nielsen 指出，英国目前移动 Web 业务的增长速率已经是固定 Web 业务的 8 倍。英国目前是世界上第二大移动互联网市场，移动互联网目前在英国的渗透率达到 12.9%，低于美国的 15.6%，高于意大利的 11.9%。Nielsen 的数据显示，在英国的移动 Web 用户中，年龄位于 15 ～ 24 岁的年轻人占到了总用户数的 25%，而在固定 Web 用户中，这一比例为 16%。此外，23% 的固定 Web 用户年龄在 55 岁以上，而 55 岁以上的移动 Web 用户所占比例仅为 12%。最受用户欢迎的 Web 站点，也因为移动和固定这两种接入方式的不同而各不相同。最受固定 Web 用户欢迎的互联网站点，是实时的 Google 搜索，然而移动 Web 用户却最喜欢登录 BBC 新闻网站，平均每个月对它的访问量为 170 万，占到了移动 Web 用户总数的 24%。

英国的移动商务具有以下特点：

（1）移动通信公司资助用户购买手机。在英国购买手机，其价格往往远远低于手机的实际价值，还经常免费送手机。英国的移动通信公司通过资助用户购买手机的方式获得用户。在低价出售或赠送手机的同时，要求用户签 12 ～ 18 个月的合同。用合同方式得到的手机，移动通信公司往往会锁定手机，规定只能使用该公司的网络。

（2）手机品牌较少，质量较高。由于移动通信公司资助用户购买手机，每部手机都有通信公司的标志，通信公司非常重视手机的质量，因为这关系到通信公司的声誉，公司往往对手机做全面的测试后才将其推出。另外，由于公司要花很大功夫测试手机，因此只有较少的手机制造商能够为英国的移动通信公司提供手机。

（3）同在欧洲一个赛区竞技，运营商们却采取了两种迥异的销售渠道。

① 沃达丰、Orange：直销，向高端用户靠近。Single Point 此前是英国最大的独立移动服务提供商，另一家 Project Telecom 公司主导着英国集团移动用户转售市场，这两家企业同时被沃达丰收购。通过收购这两家英国移动服务转售市场上的重量级企业，沃达丰在用户基数上并没有显著的增长，公司是希望加强对英国市场服务分销渠道的控制。这两笔收购成功之后，沃达丰对旗下英国用户的直接控制比例达到了 90%。向高端用户靠近，以便发展良好的用户忠诚度，并提高 ARPU——这是沃达丰的直销战略。通过直接面向用户的方式，借助强大的品牌和完善的用户服务系统，能保证服务和产品供应的连续性，使直销战略取得更佳的效果。在间接销售渠道中，即使最出色的转售商也不及沃达丰的品牌影响力，这一点不容忽视。作为同样具有强大品牌影响力的移动通信运营商，Orange 似乎一直采用间接方式面向高端集团用户，一般由系统集成商为这些用户提供同固定或其他业务绑定的服务。相似的是，沃达丰和 Orange 都在提防分销方式会吸引过多低端用户，因为那样会稀释相对较高的 ARPU。通过提供有价值的个性化服务，运营商可以有效提高用户的忠诚度，同样也能使收入最大化。在这一点上，沃达丰和 Orange 都认为只有尽力而为才可以取得最佳效果，而不是寄希望于间接渠道。

② T-Mobile、MmO2：转售，节约成本。T-Mobile 青睐一个新的转售渠道——由英国电信转售的"BT 家庭计划"服务。2004 年，T-Mobile 已经在向 Carphone Warehouse、维珍移动和 Ryanair 等提供批发服务。MmO2 在英国的发展策略也大体相同——同大型超市 Tesco 与 Sainsbury 等合作积极开展批发业务。由于这两家运营商的知名度相对不是很高，因此同具有强大品牌的分销商合作便成了一条捷径。目前，这两家公司的合作伙伴包括英国电信公司、Ryanair、Tesco 和维珍移动，这些公司都在英国拥有很高的知名度。通过将服务批发给这些合作伙伴，T-Mobile 和 MmO2 不必增加过多的开支就能获得许多用户。利用这样的间接渠道，运营商只投入很少的资金就可以开辟新的收入来源，不过，间接渠道有可能抢走运营商通过直接渠道发展的用户，由此降低运营商的收入。对此，运营商制定了防守战略，那就是只选择那些注重发展新用户的分销商。采用转售方式时，运营商要给予间接渠道一定的支持，以便为目标用户提供合适的服务。这意味着要对不同分销渠道的产品和服务进行细化，同时还要对分销商的员工进行培训，以便帮助终端用户使用服务。

（四）移动商务在日本

在日本通信市场排名前三位的是移动运营商 NTT DoCoMo、KDDI 和 Softbank Mobile。NTT DoCoMo 在日本移动通信市场份额最大，KDDI 市场份额排名第二，第三是 Softbank Mobile。

日本移动商务已经完全进入了 3G 时代。三家公司采用了不同的 3G 业务品牌，分别是 NTT DoCoMo 公司的 FOMA、KDDI 的 au 和 Softbank Mobile 的 VGS，并且各自以自己的特色占据了一定的市场份额，概括地说，FOMA 代表的 WCDMA 具有高速率网络的优势，au 靠的是网络升级简单和业务的设计优势，VGS 的优势则在于漫游。它们开展的业务都具有自己的特点，以此来满足不同的需求。

日本是全球最早提供 3G 业务的国家之一。在日本，3G 手机近几年提供的数字服务已包括下载音乐、收看电视、实时导航、网上购物、在线游戏、手机钱包等，这比 2001 年日本颁发 3G 牌照时 3G 手机提供的服务多得多。对日本人来说，3G 已经是他们生活的一部分。据公开报道，目前日本 3G 手机用户数约有 1 亿。目前日本在 3G 上采用两个标准，NTT DoCoMo、Softbank Mobile 公司采用的是 WCDMA，KDDI 采用了 CDMA2000。

日本移动商务的成功经验如下：

（1）3G 技术发展成熟。日本作为全球最早提供 3G 业务的国家之一，既有 WCDMA 网络也有 CDMA2000 网络。随着日本 3G 用户的增加，日本 3G 手机的服务覆盖区域已接近 2G。日本的 3G 业务丰富多彩，用户认知度和使用率都很高，终端也很丰富。目前，3G 在日本已成为主流。

（2）应用为王。日本注重移动商务的业务种类及服务内容开发。日本移动商务应用的业务种类可以概括为娱乐、生活信息、交易信息以及数据库等几个方面。研究数据显示，娱乐内容是日本移动商务业务中最主要的业务形式，占据整体业务内容的一半以上，此外，生活信息类占 20%，交易类占 15%，数据库类占 10%。

（3）广告形式。日本手机是单向收费的，用户无须为手机广告增加经济负担。手机广告形式多样，如通过手机送虚拟优惠券、有奖应征等。i-MODE 是 NTT DoCoMo 于 1999 年推出的行动上网服务，其广告的具体做法有：在适当的时机发送手机电子邮件，吸引顾

客；通过网络游戏吸引用户；在网络游戏中打出企业 LOGO 等。

（4）运营商与终端厂商的配合。运营商与终端手机厂商密切配合，深入了解本土消费者的使用习惯和兴趣所在，致力于为用户提供最好的服务。如 WCDMA 的终端导航功能会为用户推荐很多线路，并且按照不同的地点配有相应的额外服务，例如车辆选择不同的线路产生多少二氧化碳的排量，选择餐厅会有匹配的打折券等，为用户生活带来便捷。

（5）运营商的控制力度。日本 NTT DoCoMo 不仅控制了通信网络、网站内容，而且还成立了 i-MODE 研发中心指导和控制手机生产企业，既控制软件又控制硬件。换言之，NTT DoCoMo 能够实现四大控制，即对手机制造者工艺和发展的完全控制，对销售的控制，对标准的定义和控制，对网站内容的管理和控制。这些因素在其他国家不都是完全具备的。没有人再走 NTT DoCoMo 的老路，而是借鉴它所提供的为大众服务的商业模式。

（五）移动商务在韩国

1. 移动商务在韩国的发展与应用

SKT、KTF 和 LGT 是目前占据韩国移动商务领导地位的三家公司。韩国的网络覆盖率高，运营商地位强势，其无线技术主要采用 CDMA2000 制式，业务主要在 CDMA2000 1X 和 CDMA2000 EV-DO 上开展。为了配合业务的发展，韩国普遍采取定制手机的策略，三星、3COM、LG、SK Teletech 等终端厂商，按照运营商的要求，提供各种功能强大、针对性强的终端设备。

（1）SKT。SKT（SK Telecom）是韩国最大的移动通信运营商，占据了 50% 以上的市场份额，拥有 2000 多万用户。

SKT 于 2001 年 11 月推出无线和有线融合的互联网品牌 NATE，2002 年 11 月推出基于 CDMA2000 1X EV-DO 业务的多媒体品牌 June，此外，还有 MONETA、"T 3G" 等业务类型。

NATE 提供的服务分为两大类：NATE.com 和无线 NATE。NATE.com 是有线无线综合门户，提供的服务包括 "NATE ON"（有线无线整合通信）、购物商场、检索、新闻、俱乐部、动漫、Avatar 服务等；无线 NATE 是无线综合门户服务，用户使用 NATE 移动终端可以通过 NATE 访问各种无线网络上的信息和内容。NATE 提供的服务涉及信息、通信、娱乐、社区等多种有线无线内容。

① June 业务。SKT 的 June 业务是真正的多媒体业务，目前 SKT 在 June 品牌下提供音乐、电视、电影 /Cizle/ 动画、体育 / 娱乐、游戏、成人、手机装饰等几大类内容的业务。通过 June 业务，用户可以采用下载或流媒体的方式欣赏 VOD/MOD 内容，可以获得国内新闻、游戏、有线电视、实时广播等服务。SKT 基于 EV-DO 的 VOD 和实时电视业务质量较好，基本没有停顿和跳帧。

② MONETA 业务。SKT 的 MONETA 可提供大量移动商务业务，如移动银行、移动股票交易、移动交通卡、移动认证卡交易等。MONETA 中的移动银行 M-bank 业务，可让用户完成大量资金交易，如通过手机转账和账务咨询等，M-bank 业务可在 17 个商业银行间使用，该业务在 2006 年的用户数已经超过了 1000 万。

③ "T 3G ＋" 业务。2006 年 8 月，SKT 推出了基于 HSDPA 的业务 "T 3G ＋"，比已有 3G 业务更高一个等级的 "3G ＋" 业务主要包括高品质的视频通话、高速数据服务

和便利的全球漫游等。另外，SKT 的"3G ＋"还开发了在入网认证卡（USIM Card）中载入交通卡、会员卡、优惠卡的生活基本服务以及一些移动金融服务。

（2）KTF。通过为用户提供互联网接入方面的服务，把 ADSL、VDSL 业务与无线移动上网业务捆绑起来进行销售，提供给用户一张账单，这种独特的服务模式使 KTF 公司稳居韩国 3G 和行业前列。2002 年推出的 3G 多媒体移动服务"Fimm"，是全球第一个基于 WCDMA 标准的 3G 服务。

K-merce 是 KTF 为移动商务所建立的专门服务子品牌，主要为 25 岁以上的用户提供保险、彩票、电子钱包等服务。

（3）LGT。LGT 是韩国第三个推出 CDMA2000 1X 服务的运营商，也是全球最早推出 Java 移动电话的企业，主要针对低端用户和老人，为他们提供低廉的业务。在业务方面，LGT 也与其他运营商一样推出了电视会议、视频点播、在线游戏、移动定位等服务，但在用户数量及规模方面要低。

2. 韩国移动商务的成功经验

韩国移动商务经过不断探索，不断开拓创新，推出了一系列适合韩国的移动商务的发展模式。

（1）移动支付的成功。移动支付是决定移动商务成败的一个关键性因素。就韩国移动支付的产业模式而言，它们主要采用运营商、商业银行为主导以及运营商、银行等多方合作的模式。韩国移动支付的成功，在于韩国政府在政策上的支持与鼓励，由政府主导的大型信息化项目及相关鼓励政策的出台，以及良好的市场环境都成为移动支付发展的沃土。韩国的三大移动运营商（SKT、KTF、LGT）牢牢控制着移动支付产业链，占据产业链的主导地位。目前三大移动运营商都提供具有信用卡和基于 Felica 标准的预付费智能卡手机，其中韩国移动支付发展最好的运营商 SKT 从一开始就控制着整个产业链，与产业链其他环节进行密切的合作，推出 MONETA 移动支付品牌；KTF 也推出自己的移动支付品牌 K-merce，而 LGT 早在 2003 年就推出了手机银行的业务。韩国移动支付业务的成功领域主要在移动小额支付上，这种成功是与韩国移动支付标准的统一、市场定位的准确把握、产业链的合理发展分不开的。

（2）信用和法律。诚信问题是移动商务发展的最大障碍，韩国的信用体制比较完善，最著名的是韩国的网络实名制和手机电话实名制。为了维护网络的健康和安全，保护公民的隐私权、名誉权和经济权益，韩国政府从 2002 年起推动和实施网络实名制，迄今，韩国已通过立法、监督、管理和教育等措施，对网络邮箱、网络论坛、博客乃至网络视频实行实名制，成为全球贯彻实名制最彻底的国家之一，这也使得韩国成为网络安全程度最高的国家之一。

（3）二维码技术的广泛应用。韩国的移动广告业务在手机二维码的推动下发展很快。在韩国，二维码已经被广泛印制在杂志、报纸、名片、户外广告牌、优惠券和产品包装等介质之上。用户用手机拍下二维码，就能登录相关的企业移动网站，浏览产品和服务信息，下载店内当天的所有打折信息和优惠券。这种条形码还可以提供定位服务，告诉用户附近的消费场所的分布信息。

此外，韩国的《中央日报》、《朝鲜日报》、《体育日报》以及 Focus 等几家主流媒体，都普遍采用了二维码技术，读者扫码后即可获得新闻事件的最新进展，大大提高了信息的

实效性。报纸上的手机二维码还能用于舆论调查，比如通过扫码的方式来调查下一届总统候选人的支持度等。

（4）产业链打造。运营商以共赢的心态与产业链上的其他企业共谋发展。在3G业务运营上面，韩国的移动通信市场基本是由运营商主导的，运营商作为价值链的核心，领导并控制着市场的发展。运营商为了保证信息服务提供商的积极性，采取灵活的方式对其管理，扶持并鼓励其壮大发展。例如SKT规定，信息使用费由信息服务提供商自己决定，SKT还对那些访问量高的或者开发出独特内容的优秀信息服务提供商进行奖励。信息服务提供商的积极性与相对公平的竞争密不可分，加上市场完全开放，政策透明公开，韩国运营商对于自己以外的信息服务商，能够做到一视同仁。韩国运营商和政府的做法是首先鼓励信息服务提供商提供业务，如果出现问题再着手解决，因此并不影响信息服务业务的推广进度。

三、各行业移动商务的应用状况

（一）旅游业移动商务的应用

1. 旅游移动商务提供服务的主要形式

旅游信息手机上网查询服务的主要提供形式分为手机网站和手机软件，前者通过手机安装的浏览器软件（如UCWEB等）访问特定网站进行信息查询，浏览器能登录所有的WWW及WAP网站，类似于计算机通过浏览器访问网站查询信息；后者是通过安装在手机上的客户端软件浏览和下载相关信息，软件所提供的信息类别固定，具体信息内容随时联网更新。目前旅游信息手机上网查询服务的主要提供者有旅游在线零售商、第三方软件开发公司、地方旅游局等。

（1）旅游在线零售商手机网站。许多旅游在线零售商推出了自己的手机网站，将其作为自身网站的一个延伸，希望吸引手机用户在使用其查询旅游信息的同时，通过自己的网站进行相关旅游产品的预订。携程网推出了掌上携程（pdactrip.com），手机用户可以使用手机浏览器登录掌上携程网并查询酒店和机票信息。

（2）第三方软件公司开发的手机旅游信息查询软件。手机旅游信息查询软件最具有标志性的就是搜吃搜玩和旅行通。品味公司的搜吃搜玩被称作"手机版的大众点评网"，2008年8月正式推出后不到半年时间就位列中国手机客户端软件第22名，发展之快令人侧目。作为一款以吃喝玩乐搜索服务为主打项目的免费服务软件，它集成了搜索、推荐、预订、指路、呼朋唤友、积分、优惠等各种延伸服务，通过该软件能迅速地找到自己喜欢的餐馆或娱乐项目，不仅有简单的介绍和网友的评价，还可以直接进行电话预订或下载电子优惠券。上海新动信息技术有限公司的旅行通软件具有乐游天下（景点等信息查询）、航班查询、列车时刻、餐馆指南、休闲娱乐、酒店预订、天气信息、新闻资讯共8项主要功能，其中，航班与酒店的信息由携程网提供，在查询界面会出现携程网标志，在查询结果页面会提示详情致电携程网并附有携程网的免费电话。

（3）旅游网站的手机版。旅游网站为了迎合手机上网用户的需要，纷纷推出了网站的手机版。不同的网站选择了不同的形式，有的网站直接推出了原有网站的WAP版，如大众点评网推出的大众点评网WAP版（wap.dianping.com），依然以"找餐馆、下优惠券、写点评"为宣传口号，提供同原网站基本一致的功能；有的旅游网站推出自己的手机旅游信息查询软件，如旅游掌中宝软件是"e 游天下"网站开发的手机客户端，它以"e 游天下"旅游网站为依托，向用户提供各种旅游信息，包括景点大全、游记攻略、机票预订、列车时刻，还提供国内各城市的天气等信息。

（4）地方旅游局投资开发的旅游信息手机查询平台。2007 年 4 月，江苏省旅游局联合江苏移动共同推出"旅游通"平台，全方位、多手段地为旅游者提供服务，将小区短信、手机全景、流媒体等功能嵌入到客户端，通过短信、彩信、WAP 等发送到旅游者手机上。旅游者可以用手机通过"旅游通"平台，享受上网查询、预订等多项服务，同时旅游通还提供大量的优惠及促销信息。"旅游通"是地方政府一次成功的尝试，使江苏境内游客实现了"一机在手，旅游无忧"，政府也借助这个平台对本省的旅游产品进行了旅游手机网络营销。

（5）其他提供者。3G 时代伊始，传统的门户网站纷纷推出自己的手机网站，依然延续了原来大而全的特点，如手机搜狐网（wap.sohu.com），含有旅游频道和一些实用信息查询；又如 3G 门户（wap.3g.cn）提供了电子地图、天气等一些与旅游相关信息的查询，两个手机网站提供的信息及服务并不是直接针对旅游者的。此外，还有一些综合类手机软件也提供手机上网查询旅游信息的服务，如 e 兜，集成了百度、新浪新闻、携程和Mapabc（中国最大的数字地图及本地搜索服务提供商）。

2. 移动商务在旅游业中的应用范围

移动商务应用于旅游业中，不仅为旅游企业和旅游管理者降低成本、提高管理效率提供了机会，而且为旅行者提供个性化、快捷、周到的服务，这些服务项目大致可分为以下几类。

（1）信息服务。旅游网站可以为用户提供 WAP 浏览和查询服务，这些网站通常具有旅游信息的汇集、传播、检索和导航功能，提供的信息内容一般涉及航班、列车、景点、饭店、交通旅游线路等方面的介绍和查询，以及旅游常识、旅游注意事项、旅游新闻、货币兑换、旅游目的地天气、环境、人文等信息介绍。

（2）旅游订票服务。网上预订票可能发展成为移动商务的一项主要业务，移动商务使用户能在票价优惠或航班取消时立即得到通知，也可支付票费或在旅行途中临时更改航班或车次。

（3）基于位置的服务（LBS）。通过对移动终端的定位，运营商可为用户提供基于位置的服务，如导航服务为旅游者和外地车辆提供基于地图的导航；当旅游者在城市观光游览时，为其提供到达目的地的最佳路径指示；基于位置的信息发布和基于位置的移动黄页等。一般可以分为以下两个方面。

①安全救援服务。可以通过对用户位置的确定，为用户提供在紧急状态下的救援活动。例如在郊外无人区汽车抛锚、旅游时迷失方向、发生紧急事件需要医疗急救而事主并不清楚自己所在的位置等情况，安全救援部门能够通过移动网络对持有手机的用户进行准确的定位，然后予以援助。

②移动导游服务。移动导游服务指在旅游的过程中，通过电子化的手段进行景点介绍、行程安排等。它可以把景点的地理、文化、历史、典故、神话、故事、传说、人文等内容集成，通过电子导游以高质量、大篇幅、有情趣的多种语言向游客进行讲解，使游客真正

感受到生态旅游是一种增长知识、拓展视野、陶冶情操的高品质精神享受，在游客了解景点的人文历史和风土人情的同时，大大提高景区导游品质，维护景区的良好形象。此外，随着我国入境旅游的快速增长，境外旅客越来越多，移动导游服务还充当了导游和语言翻译的角色。

（二）移动商务在票务系统中的应用

2000 年 3 月 28 日，中国南方航空股份有限公司率先推出国内第一张电子客票，当年实现销售收入 30 万元人民币。2001 年南航电子客票销售达到 1.45 亿元，中国的电子客票业务开始起步和逐步发展。在 2005 年 6 月的一个月内，南航电子机票销售额为 3.5 亿元。2006 年，南航电子商务机场售后服务网络已经覆盖到全国所有通航的 91 个机场，其他航空公司也不示弱，2005 年 11 月，中国国际航空股份有限公司电子客票已开通国航通航点的所有 62 个国内城市及香港地区，国际线已开通了美国、加拿大及韩国的首尔，2006 年陆续开通其余的国际航线，覆盖所有国航通航点。特别是 2006 年 2 月，海南航空股份有限公司出港航班电子客票实现"无票联乘机"。此外，一些网络服务商如携程、e 龙等也加入进来。2004 年中国电子机票占有率为 6.7%，到 2005 年无纸化程度达 17%。2006 年 10 月 16 日，纸质机票开始退出市场，由电子客票取代，中国航协正式停止向机票代理人发放 BSP（Billing and Settlement Plan）纸票。

由于移动通信在中国的迅猛发展和 3G 时代的到来，以计算机网络、二维条形码等为代表的现代科学技术为移动电子票务的实现提供了成熟的技术环境。市场需求、技术进步和国外市场的示范作用共同催生了中国移动电子票务市场，国内的票务业务开始市场化，并呈现出快速发展的强劲势头。2005 年 8 月，中国票务在线已形成北京、上海、广州及辐射华北、华东、华南（包括香港地区）多个区域运作中心。我国自行研发的多终端、多渠道、地域联网和领域对接的高扩展性电子票务系统，获得了第 9 届国际软件博览会创新奖，还研发了适合国人消费的票务系统平台以及 Maitix 票务信息管理系统，可以自由地查找演出信息，自主选择坐席区域，查看交通路线，操作简单方便。增添的手机购票新模式，使得消费者通过无所不在的无线网络，就能轻轻松松拥有精彩演出的"通行证"。Okticket 华夏满天星城市票务网在 2005 年 11 月 8 日帮助上海永华电影城成为国内首家正式推出手机电子票商用化的五星级电影院。摩票网、网票网、广维电子票务、Ticket V 极速票务、环球旅讯（Travel Daily）9588 手机短信订票服务等，一批专业的移动电子票务公司如雨后春笋般不断涌现。

移动电子票务的核心是商务和应用，技术是移动电子票务的基础和保障。移动通信所具有的灵活、便捷和个性化的特点，决定了移动电子票务应当定位于大众化的个人消费领域，更适合提供大众化的商务应用。移动电子票务可以提高社会服务效率，改善人们的生活品位，因此，移动电子票务市场具有广阔的发展前景并将取得良好的社会效益。

（三）移动商务在教育系统中的应用

我国国内具有代表性的移动教育研究主要有以下 3 项。

（1）教育部高教司试点项目——移动教育理论与实践。该项目正式立项于 2001 年，是由国内第一个移动教育实验室北京大学现代教育中心教育实验室承担研究的，项目持续的时间是 4 年，从 2002 年 1 月到 2005 年 12 月。该研究分为四个阶段，分别建立了 4 个平台：一是基于 GSM 网络和移动设备的移动教育平台，该阶段主要利用短信进行，重点是解决信息交换问题，实现基于 SMS 的移动网和互联网共享；二是基于 GPRS 的移动教育平台，该平台主要针对 GPRS 数据服务，开发适合多种设备的教育资源，如课件、网站等，解决资源共享问题，使得 GPRS 手机、PDA 和 PC 可以浏览同一种资源；三是基于本体的教育资源制作、发布和浏览平台，该平台主要在上述平台的基础上增加了本体技术，目的是提高教育资源和教育服务的开发规范、动态扩充和可定制性，并为教育语义 Web 打下基础；四是教育语义网络平台，它主要利用语义 Web 技术提高教育服务平台的智能性，利用语义 Web 以及本体技术建立多功能的教育服务平台。

（2）教育部"移动教育"项目。参与该项目研究的高校有 3 所，分别是北京大学、清华大学和北京师范大学，该项目的核心内容主要有两个：一是建立"移动教育"信息网，利用中国移动的短信息平台和 GPRS 平台向广大师生提供教育科研、教学管理、生活资讯等方面的信息服务；二是建立移动教育服务站体系，其主持单位为全国高等学校教育技术协作委员会、中国移动通信集团公司和北京京辉热点科技有限公司。

（3）南京大学多媒体移动教学 CALUMET 项目。1999 年 4 月启动的 CALUMET 项目全称是"多媒体移动教学网络系统"。该系统预期通过先进的多媒体教育技术、移动通信技术和互联网技术，在校园网中实现随时随地的教学。它可以被看做校园网的子网，是校园网在 PHS 移动通信网络基础上的延伸。该系统提供移动通信、无线接入、网络多媒体教学等多项功能，其中，网络多媒体教学部分提供了课件浏览、网络信息智能检索、课件服务器访问、智能交互回答、即时测验以及其他一些辅助功能。

2003 年，国内新浪、网易、搜狐等知名网站开始向移动用户提供手机短信息或 WAP 方式的外语学习收费辅导服务。2004 年中国移动推出"家校通"系统，2006 年升级为"校讯通"，该系统是建立在移动通信网络和互联网基础上，为学校和家庭间提供一种更加先进、及时、便利和有效的教育信息沟通平台，是让学校教师与学生家长之间利用手机或移动电话短信息、网站、语音信箱等多种形式，不受时间和地域的限制，充分交流，广泛联系，配合协作，共同关注未成年人成长的一项业务。

移动商务在教育系统的应用，主要集中在两方面：一是校内的管理，如中国移动的"校讯通"；二是远程教育的支持，如诺基亚的"行学一族"。

1. 中国移动的"校讯通"

2004 年，中国移动立足于自身的网络优势和技术优势，面向教育行业，提供了从学校管理到师生沟通等一系列的教育行业移动信息化解决方案——移动家校通系统，2006 年系统升级为"校讯通"系统。"校讯通"是中国移动公司利用移动通信网、国际互联网资源，集成短信网络平台和现代教育信息技术，拟在教育系统内构建一个学校教育、社会教育、家庭教育三位一体的，不受时间、空间的限制，实时的、交互式的信息沟通平台——校讯通互动教育信息平台，简称"校讯通"。它是一套可以有效解决老师和家长之间沟通，帮助孩子健康成长的，集先进的计算机技术、互联网技术、无线通信技术和考勤信息化技术于一体的现代信息化管理系统。目前"校讯通"业务已覆盖全国绝大多数省市，受到了学校和家长的好评。"校讯通"是中国移动在基础教育领域开展移动信息化的重要成果，也是我国教育行业移动商务应用的首次尝试。

"校讯通"主要有校务管理、家校互动、平安短信、亲情沟通和气象提醒 5 大功能模块，已成功为校园构筑了一个全新的信息生态环境，发挥了其应有的作用。

（1）校务管理。利用"校讯通"系统，学校可以方便地进行课程管理、老师管理、年级管理、班级管理、学生管理，用短信、电邮等方式取代传统的通知、会议、电话等形式，轻松实现校园移动化办公。

（2）家校互动。通过短信的方式实现家校沟通，学生家长与教师通过短信的方式进行互动沟通，教师可以将学生成绩、学生课业情况、学校管理信息、学生在校表现、学生考勤情况、健康状况、德育评价、班主任留言、学校新闻等信息通过"校讯通"系统发送至家长手机；家长也可通过短信形式向老师询问学生情况，保证消息传递及时，确保教育有的放矢。

（3）平安短信。利用现代智能卡技术，通过"校讯通"平台的考勤功能及时向家长手机发送孩子到校、离校时间的平安短信，向家长报安，便于家长及时了解孩子的出行情况，安心于自己的工作。

（4）亲情沟通。学生的"平安卡"中可预设3个移动的亲情号码，拿起话筒后在刷卡区刷卡，通过"上下键"选择预设好的号码即可通话。亲情号的设置可以让孩子在最需要的时候第一时间找到家长。

（5）气象提醒。如遇天气变化，在平安短信的基础上，在每天的到、离校短信中添加简要气象提示信息，提醒家长为孩子及时增减衣物、携带雨具等，关心家长和孩子的健康出行。

"校讯通"的使用为学校的现代化管理提供了有效的平台，使学校的网络化管理提高了一个新的台阶，同时也为教育行业的移动商务应用开了先河。但该平台仅仅局限于沟通和管理环节，还欠缺教育功能，不是完整意义的移动教育。随着移动商务应用模式的发展，"校讯通"还需逐渐成熟和完善。

2. 诺基亚的"行学一族"

2007年5月，作为国际首屈一指的移动电话生产商，诺基亚推出了为中国手机用户服务的基于移动互联网的创新服务：一款在线移动学习系统——"行学一族"。"行学一族"是中国第一个互动在线移动学习服务，由"我的课程"、"英语充电"、"趣学百科"、"风云排行"、"行学社区"和"我的工具"六大部分组成。它整合了众多权威教育和出版机构的学习内容，充分发挥了移动通信和互联网融合的优势，使随时随地学习和交互学习真正成为可能。"行学一族"具有如下特点：

（1）"行学一族"拥有丰富而全面的教学功能，并以文字、图形和声音的方式呈现，其最大特色在于实时、互联和随身性。它可以在任何时间、任何地点满足人们的学习需求。

（2）"行学一族"的软件和内容可以不断更新和扩展，它支持基于课件的学习方式，用户通过手机从"行学一族"官方网站以及互联网上下载最新的学习资料、课件进行移动学习，用户可以更加有效地利用时间和空间。

（3）该项服务还可提供在线测试，根据测试结果为用户提出课程建议等。

（4）它是国内首个支持移动掌上学社区的服务，倡导共同学习的教育理念，可以让用户进行无限交互式沟通。系统提供一个以教育为主体的学习社区，用户通过互动的"行学社区"向名师求教，接受他们资深的学习指导；用户间还可以进行互动交流，自发组织兴趣学习小组，探讨学习之道，分享学习心得以及学习方法，在相互沟通的过程中增添学习的趣味性，提高学习效率。

（5）作为以教育为主要内容的移动学习服务，"行学一族"享有外研社、新东方、戴尔英语、21 世纪报、English Pod 等国内众多权威教育和出版机构的资源支持，并兼容实用性和娱乐性，不仅涵盖炙手可热的商务英语课程、TOEFL、GRE 等各类词汇和考试真题，更汇聚时尚、美容、体育、健康英语等潮流英语。

（6）"行学一族"所有的课程都是与用户的手机号码相联系的，如果用户更换手机终端，在免费安装客户端的情况下并不影响课程学习，但对于不同的手机号码，系统会分别提醒用户相关付费信息。这些措施在保证移动运营商利益的同时，又能够有效地防止盗版现象的发生，维护教育资源提供者的合法权益。

诺基亚的"行学一族"将终端设备制造商、内容／服务提供商、移动运营商有机地整合到了一起，是教育行业的移动商务应用的初次尝试。"行学一族"还将与更多国内和国际知名的内容／服务提供商合作，成为不依附于某一个机型的独立平台，适合所有移动终端，满足所有用户的多方位需求，让所有用户都能体会到教育行业的移动商务应用带来的乐趣与价值。

（四）移动商务在物流业中的应用

1. 运营商对移动物流系统的支持

中国移动以其移动性、随时性和强大的网络优势，利用现代信息技术进行运作和管理，将物流各环节及信息等有机结合，形成完整的供应链，为用户提供多功能的一体化综合性服务。在此前提下推出的"移动巴枪"系统为实现物流信息化起到成功的示范效果，此系统依托中国移动成熟的网络平台，以手机或 PDA 等移动终端作为数据存储载体，结合条形码扫描枪、手持打印终端，形成条形码数据采集打印系统。其具体功能如下：

（1）工单派发。利用 GPRS 在线功能，管理中心把收件单、派件单及时下发到各业务员的 PDA 上，以便业务员跟进。

（2）收件信息管理。业务员依据管理中心发来的收件信息，到客户处收取快件，并在现场将扫描仪采集到的运单号码（条形码）、收件时间以及填写的货物总重量、件数、申报价格等信息通过 GPRS 网络传送到管理中心。

（3）货物中转信息管理。货物在运输途中，每个中转站的人员通过扫描仪采集货物信息，并实时通过 GPRS 网络传到管理中心，使管理中心实时掌握货物的位置等信息，并可将这些信息实时反馈给客户，使客户掌握自己货物的运输状态。

（4）到货检验。业务员将快件送到客户处，可在现场通过扫描采集运单号码（条形码）、派件时间等信息，并通过 GPRS 网络传送到管理中心，管理中心可及时将到货信息反馈给发件人。

（5）签收同步。收货人收到货物后，在手写 PDA 终端上签名确认。客户的电子签名及货物信息等通过移动 GPRS 网络与后台系统实时同步。

"移动巴枪"物流管理系统功能的实现，可以为物流企业提供更优秀的标准化完整服务，优化服务质量，使原本需要大量人力完成的工作只在 1 ～ 2 秒钟内即可解决，大大提高了工作效率，节省运营成本，可以帮助客户降低库存、提高资金周转率，提升企业客户满意度和忠诚度，并实时掌控物流资源信息，为企业决策提供数据支持，同时安全性也大大提高了。

2. 企业对物流系统的应用

借助思科的无线网络，海尔物流信息系统的成功实施和完善，理顺了海尔物流流程，

为海尔集团带来了显著的经济效益：仓储面积减少一半，库存资金周转日期从 30 天缩短到 10 天以内。这顺畅的流程背后是一个先进的信息网络平台体系的支撑，成功的物流链流程改造使海尔提升了企业的核心竞争力。海尔在物流方面所做的探讨与成功（尤其是采用国际先进的思科无线网络）提升了海尔在新经济时代的核心竞争力，提高了海尔的国际竞争力，给国内其他企业带来了新的启示。

物流移动商务管理需要资金的大量投入，这也是国内物流企业信息化所面临的主要问题。事实上，有效货源信息的获取与成交所赚取的利润，以及减少资源浪费所带来的效益，要远远高于移动商务管理上的花费，物流企业实施移动通信技术能实现成本的降低，还能从经济效益、社会效益和提升管理水平等多个方面享受到实实在在的效果，形成"全面开花"的多赢局面。目前，仅深圳就有多达 700 家物流企业选择深圳移动作为其物流信息化的合作伙伴。移动通信技术在物流行业的应用，正在成为一种不可阻挡的趋势，对于传统的物流企业来说，这是一场名副其实的革命。

3. 移动物流服务的分类

移动商务应用于现代物流中，不仅为物流企业和物流管理者降低成本、提高管理效率提供了机会，而且还为客户提供个性化、快捷、周到的服务，这些服务项目大致可分为以下几类：

（1）移动虚拟专网。VPMN（Virtual Private Mobile Network，虚拟专用移动网），是基于智能网技术，面向集团客户的移动语音业务，一组移动用户组成 VPMN 集团，每个用户有专有小号，可以用短号实现网内移动手机用户的互相呼叫，利用移动手机快速、灵活组建企业内部的小交换机网络，为集团内用户提供短号码，便于联络。VPMN 能使同在物流企业内的用户之间实现缩位拨号、短号显示并能获得资费优惠。

（2）集团 IP。物流企业外出车辆很多，因此长途费用较高，使用集团 IP 充值卡绑定可以帮助物流企业降低旅途费用。

（3）电话会议。物流企业人员所处位置不固定，而电话会议不受时间、地点的限制，适用于临时会议或异地会议的召开。电话会议增加了视频，成为移动电视会议，该业务基于流媒体技术，为用户带来随时随地的可视化办公便利，属于为企业用户提供的移动办公业务中的一类。

（4）企业短信和彩信。由于企业短信和彩信既有点对点发送的功能，又有群发的功能，还有个性化通知、定时发送、邮件提醒、图片传送、信息通告和多媒体的功效，这解决了物流企业及时准确地下发调度通知并进行协商沟通的需求问题。企业短信和彩信不仅便于各个工作环节的沟通，而且为物流企业节省了大量通话费用。

（5）设备与设备之间的通信 M2M 移动业务。M2M（Machine to Machine）业务涉及的是机器（设备）之间的通信，M2M 业务在物流企业的应用包括物品（财产）的安全业务、对汽车等设备的监控、自动仪表的测量和数据读取、设备维护业务、贩卖机状态监测、各种公众设施的流量监测业务、车队管理工业处理自动化和远程信息处理、揽收货款等。

（6）GPRS 接入业务——GPS 车辆定位。根据物流企业外运组建灵活的无线指挥调度系统的需求，可以采用 GPRS 网络系统实现物流企业外运调度中心与运输车辆之间的双向信息传输，调度中心利用 GPRS 终端，通过移动的 GPRS 网络与物流企业外运调度中心主机相连。

（五）移动商务在政府工作中的应用

2004 年，北京移动通信为北京市东城区打造了"网络化城市管理信息平台及应用系统"，实施结果表明，该系统对城市管理问题发现率达到 90% 以上，指挥中心的任务派遣准确率达到 98%，问题处理平均时间为 13.5 小时，结案率为 94.18%。

在智能监控方面，深圳移动利用 GPS、MPS 等技术结合 GPRS/SMS 通信，可以实现对所需位置进行实时监控，对远程设备进行数据采集、自动抄表、数据查询，对水、电、气等用量负荷进行自动预警、设备无人化自动管理等，从而有效地降低了维护成本，提高了生产效率。

广州移动为广州市国税局开通"12366"税务信息服务平台。国税局可以通过此短信平台，向纳税人及时传达各种税务信息与政策，便于纳税人对信息的了解，同时，纳税人也可以通过发送短信的方式，查询自己所办业务的进展情况，实现了手机报税、税务信息查询、报税查询等功能。

目前，不少地方政府已经与移动运营企业合作，建立了灾害天气、重大公告等短信发送平台，可及时向市民发布相关信息，以减少灾害损失。移动通信"移动性、个人性、实时性、安全性"的特点，使移动政务做到了传统电子政务系统无法做到的事情，延伸到传统电子政务无法涉及的地方。随着移动通信技术的发展和移动信息化解决方案的成熟，移动政务在政务信息化中扮演了重要角色。

在政府内部，通过移动信息化解决方案与政府机关内部办公信息系统的结合，公务人员可以通过短信、WAP 等方式实现移动办公、公文通知、会议活动通知等，提高了内部办公效率，促进了内部沟通。在政府和大众之间，移动信息化解决方案成功搭建了便捷的沟通桥梁，群众通过短消息、GPRS、WAP、手机定位等移动通信服务，就可以获取电子政务系统中与自身利益相关的信息。移动政务方案的实施和推广，降低了政府整体通信费用以及提高了办公效率，提升了政府的服务水平和服务效率，而政府工作的透明化，也增强了市民对政府工作的认知和认可。目前，不少地区的政府和市民已逐步习惯采用新的信息化手段来解决生活和工作中的问题。

（六）移动商务在餐饮行业中的应用

当把移动商务包含的技术以及其商业模式与餐饮行业结合起来的时候，可以使餐饮业更新它的经营方式，拓展它的大众市场，健全它的"软硬"件设施，使餐饮业更具科学化、集锦化和社会化。在餐饮行业中应用移动商务有以下几种途径。

（1）构建企业站点，丰富企业宣传渠道。

①建设企业站点。对于一些外出旅游的游客来说，来到一个陌生的城市，都想尝一些本地特色的食品，他们往往通过网上来获得这些信息。当企业在网上建设自己的站点之后，客户就可以利用计算机或者手持设备通过有线或者无线网络来获取餐饮企业的信息。

②建设短信服务平台。目前我国餐饮企业在营销推广方面的移动信息化需求已非常迫切，多数企业希望能够在短期内见到实际推广效果，提升店内人气，因此，让企业从最简单的应用入手，使其感受到移动应用能够为自身带来实际利益，认识到移动信息化产品是餐饮行业信息化的突破口。建设短信服务平台对于实现餐饮企业的精准营销具有显著效果，在餐饮企业可以通过自己的短信服务平台在特定时间对特定用户群发送特定短信的增值服务。对于企业来说，建立自己的短信服务平台具有"个性化"的优势，即见效快、应用灵

活、针对性强，能精准直达，锁定目标群体，发送时间地点都可自由定制，精准发送，广告信息投放实效性强。此外，短信服务平台还能创造新型的客户关系管理方式，对企业经营有所帮助，例如，短信现场互动、短信抽奖活动、短信问卷调查、短信投诉建议、客户积分统计、客户来访统计等。

（2）构建客户信息库，加强对客户的管理。对于餐饮行业来说，要做到既能吸引新客户，又能抓住老客户，除了餐饮企业自身要提供饭菜可口、服务周到这些基本的服务之外，还要加强对客户的管理，对客户的关怀。要对客户进行管理需要建立客户信息库，在信息库中为每一位客户建立一张信息表，表中要记录客户的客户代码（每位客户唯一标识）、姓名、生日、联系方式、积分、会员级别、每次用餐时间、用餐餐桌号码以及点菜目录等信息，这些信息为将来管理客户提供帮助。比如可以把企业的最新动态如新菜上市、打折信息等，根据信息库中客户所留的电话号码通过短信服务平台发送给客户，或在客户生日、重要节日等特殊日子给客户发送祝福信息等，通过这些措施可以表示对客户的关怀，增加客户的忠诚度。

（3）引入新型营销理念，激励客户。目前餐饮行业一般只是发放贵宾卡来吸引客户进行长期消费，而缺乏新型的营销理念，这严重阻碍了餐饮企业的发展速度。餐饮企业在营销时可以引入会员制度和直销理念，会员制度是将在餐饮企业消费的客户按照规定严格分为若干等级，每个等级享受不同的优惠措施。建立会员制度的目的是为了配合直销理念来激励客户。

将直销理念、会员制度以及移动商务模式三者融为一体应用于餐饮企业的营销方法，是通过客户转发短信，为饭店招揽新的客户，使用餐客户倍增。具体的操作方法是：餐饮企业每次向客户发送短信时，在短信内容的前面加入一个标识客户的唯一代码，如果客户将这条具有唯一标识代码的短信发送给他的亲朋好友，亲朋好友通过这条短信来到餐饮企业用餐，并且在用餐后出示这条短信，那么这些用餐的客户可以享受一定的优惠，而转发这条短信的客户可以得到相应的积分，当积分达到某个值时可以成为更高级别的会员，而享受到更多的优惠，这样就可以激励这些用过餐的客户向其他的客户宣传的积极性，也为餐饮企业招揽了更多的客户。

（4）引进新技术新设备，为客户提供增值服务。

①无线点菜。餐饮企业可以在其主页下设立名为在线菜单的二级页面，客户在点餐时，可以通过手机等手持设备登录无线网络餐饮企业的主页，在企业主页的在线菜单页面下浏览饭店菜单的具体信息，比如菜的原料、口味、价格以及图片等，没有必要为每位客户都提供一个纸质的菜单，同时客户在访问企业主页的过程中可以了解饭店的一些其他相关信息，为客户留下更加深刻的印象。

②移动支付。当客户在餐饮企业消费后，可以通过手机等手持设备进行支付，而无须随身携带现金或信用卡。客户在餐饮企业用完餐后，可以通过手持设备登录网上银行，通过网上银行将在餐饮企业消费的金额转入餐饮企业的账户，餐饮企业确认之后，就完成了这次支付。

（七）移动商务在农村中的应用

前几年，农村和山区网络设施不是很健全、铺设范围不广，目前我国农村的无线网络基础设施建设已基本完善，这为较偏僻山区的特产，尤其是土特产的供销渠道和信息发布带来了很大的好处。

由于移动信息可以基于用户偏好和用户当前所处的位置，有针对性地进行发送，这为农产品信息发送的个性化提供了一个极好的平台。移动运营商对用户的偏好信息的收集可以是基于早期用户的访问信息，也可以是基于用户购买习惯的积累。农产品信息通常可以采取短信（SMS）或是彩信（MMS）等形式送达用户，移动农产品信息的出现改变了商业农产品信息的传统形态，极大地提高了农产品信息的时效性和针对性。农产品信息可以被商家甚至是用户预先选择发送到某一特定区域，也可以根据商家的要求按照移动用户的兴趣和个性特征来发送。被发送的农产品信息随着无线基础设施带宽的增加，内容将更加丰富，其包括声音、图片和视频片断，运营商可以考虑采用 PUSH 和 PULL 技术基于单个用户或某一类用户进行发送。

移动农产品信息有多种赢利模式，在对农产品信息投放商进行收费时，可以根据农产品信息的字节数收费，也可以根据接收农产品信息的客户群体数量收费，还可以根据待售商品或服务的价值来进行收费。对用户偏好信息的收集与对个人隐私保护的冲突，以及在一个高度多变的环境中对用户进行实时跟踪的频度是影响移动农产品信息业务发展至关重要的问题。

四、典型企业的移动商务解决方案

（一）IBM 无线智能解决方案

IBM 无线电子商务解决方案主要由智能电子商务（E-Business To Smart Machines）、为移动人士提供的解决方案（Solutions for Mobile People）和高级基础设施解决方案（Advanced Infrastructure Solutions）构成。

1. 智能电子商务

智能电子商务模式由 IBM 创立，涵盖智能芯片、无线设备监控、商业与机器设备间的互动联系、无线射频识别（RFID）标签、远程信息传送（Telematics）及以定位为基础的服务。智能电子商务模式并非指现行系统和流程的规律性演进，而是一项崭新的商业模式，对于锐意创新的企业，能透过成本及运作流程的转变，进一步增加竞争优势。例如，智能设备监控系统通过智能销售终端能进一步提升企业品牌与客户间的亲密度，以全新方式为消费者和企业提供新产品和服务。IBM 提供多元化的"智能设备电子商业应用"方案，能依据各行各业的需求而制订。有关方案主要分为四大类。

（1）智能工业。由机械设备进行监控、诊断、管理和报告，取代了人工操作。例如，IBM 与 Chevron/Texaco 石油公司合作建立的无线远距离监控系统，把设置在加油站的计算机中的实际流量数据整合至后端系统，通过该系统，Chevron/Texaco 能迅速存取准确的资料，加快收费过程，充分发挥现有系统设备的效率。

（2）智能车辆。为搭载乘客的车辆及商用车辆提供智能化运输系统。如 IBM 与英国最大的保险公司 Norwich Union 建立创新的"按量收费"（Pay As You Drive）系统，车主按使用模式支付汽车保费，IBM 在用户的车辆内提供远程信息传送技术及服务，以无线方式把使用资料传送至 Norwich Union，保险公司计算相应的保险费用。这个计划让驾驶者根据汽车的实际使用情况，缴付所需的保险费。

（3）智能家庭。通过与公用事业公司及电讯服务供货商合作，为家庭用户提供全新产品和服务。如 IBM 携手 USA Technologies，为多间大学生宿舍提供可接通互联网的智能洗衣 / 干衣机，让学生通过计算机或手提电话遥控，以节省排队等候洗衣的时间，该系统取代传统的投币式操作洗衣设备，学生可通过身份证或手提电话支付相关费用。

（4）智能卡。通过人与智能卡之间的互动联系，提供付款及身份识别功能。例如，为加强温布尔登网球公开赛的保安措施，提供智能卡追踪试验系统，可使主办单位追踪任何入场观众的确实位置，以预防潜在的安全事故，这是一套以 Java 为基础的网上应用系统，接收设于球场内不同角落的阅读器所发送的位置信息。

（5）新应用技术。如无线射频识别标签、智能芯片及新设备。

2. 为移动人士提供的解决方案

IBM 为移动人士提供的解决方案采用先进的无线技术，提高个人与外界沟通及协作的能力，全面提升企业生产上的优势。这些创新方案为全球机构提供以下三大方面的服务：

（1）流动通信。加快识别及读取重要信息，简化通信管理以增加生产力并提升响应客户诉求的能力。

（2）流动商贸。利用数码宽频收费技术，推行灵活的数据服务收费模式，以提升客户服务的灵活性及开拓收入来源。

（3）流动内容。利用不同的宽带网络技术（包括有线和无线），让用户通过新兴的设备，随时随地阅览及享用个性化的内容、互动游戏、娱乐及其他卓越的服务。

以上有关方案是在单一的设备上，通过各类应用程序，为用户提供安全、灵活而可靠的移动功能，此方案有助于企业增加收入及节省成本，同时为员工和客户提供更具个性化的服务，令他们工作和生活更方便，并获得更多的乐趣。

凭借 IBM 为移动人士提供的解决方案，企业能为他们的用户提供全面的无线服务，让他们因个人需要及喜好，灵活设定通信方法，随时随地进行相关活动。

总而言之，上述方案能令终端用户提升生产力，享受个性化服务和内容丰富的娱乐，服务供应商亦可借此开源节流。随着工作与个人生活渐趋融合，市场对新技术的需求不断增加，用户将可随时随地使用任何设备满足工作和个人生活上的需要。

3. IBM 高级基础设施解决方案

Wi-Fi 日渐为人们所熟悉及采用，为了满足用户对更先进的流动方案等新一代服务的要求，IBM 为企业、电信营运商及服务供货商提供各项先进的技术方案，以帮助他们通过新一代增值服务，开拓收入来源、节省成本及扩充市场。IBM 的高级基础设施解决方案提供先进通信、保安及设备管理等方案，以满足电信运营商及服务供货商在建立新一代网络及业务模式上的技术要求。IBM 高级基础设施方案涵盖三大主要范围：

（1）先进的宽频服务供应方案。此方案主要集中在业务整合服务方面，如连接 IBM 及其他供货商的软硬件产品，协助企业及服务提供商降低服务供应成本及提供增值服务。

（2）先进的增值网络方案。此类方案包括 IP 网络、网络扩充及相互联系，协助整合及驱动网络价值链的各个部分，有助于增加收入及提升网络价值。

（3）先进的设备管理方案。协助企业及服务供货商扩展漫游服务，在管理不断增加的设备时节省所需的成本及减少繁杂的重复性工作。

（二）Sybase iAnywhere Solutions 移动商务解决方案

iAnywhere Solutions 是 Sybase 的子公司，是业内顶尖的移动、无线、工作组与嵌入式解决方案供货商。目前，遍布在世界各地的企业用户，利用 iAnywhere Solutions 帮助改善生产力、优化业务运作及拓展收入来源。凭借逾十年的营运经验，iAnywhere Solutions 面向金融服务、医疗保健、政府机构、公用事业、运输与零售业等各大市场，为企业的电子商务需求提供一站式解决方案。2005 年初，Sybase 收购了全球最大的移动和无线应用供应商——AvantGo 公司，强化了 Sybase 的移动商务解决方案的霸主地位。

iAnywhere Solutions 移动商务平台是一个全面集成的软件架构，可以将电子商务应用、企业数据和 Internet 内容扩展到移动、无线、远程和嵌入式设备上。该移动平台作为完整的企业移动商务解决方案的开发、管理、部署的核心基础，提供了从无线 E-mail 到移动或远程的商业应用如自动销售、流动服务和客户关系管理，同时降低风险、成本和开发时间。iAnywhere Solutions 产品包括：

（1）SQL Anywhere Studio。SQL Anywhere Studio 拥有市场上领先的数据管理与企业同步技术，确保快速开发与部署分布式电子商务解决方案。SQL Anywhere 是智能型数据管理系统，无论用户采用的是何种类型的连接或应用，它都能保证用户随时随地访问数据和企业应用，让工作者随时随地获取所需的信息，从而极大地提高了工作效率。

（2）iAnywhere M-Business Studio。它是一个全面集成的软件包，可以将电子商务应用、企业数据和 Internet 内容扩展到移动和无线设备，包括智能电话、PDA 和笔记本电脑。它基于领先的无线应用服务器、消息、数据管理和企业同步技术，为开展移动商务提供了核心基础，可降低成本和部署时间。

（3）Manage Anywhere Studio。是一个安全的应用与硬件中央式管理的完整解决方案，通过单一的管理控制台集中控制管理系统中所有的应用程序和设备（包括桌面 PC、笔记本电脑、服务器和手持设备），提供发布、安装和管理远程客户系统上软件、数据和文件的一套简易和有效的解决方案。

①手持设备支持。Manage Anywhere Studio 采用了多项技术，其独特设计使其能在企业现有的局域网环境中高效运行，大大有别于传统的基于局域网的管理工具。

②实时支持远程控制。Manage Anywhere Studio 拥有一项革命性的技术，它允许 IT 远程接管用户机器，诊断并快速解决用户所遇到的问题。一个远程会话可以由内部控制台或 Web 控制台轻松启动，而无须考虑连接类型或所处位置。

③自动集中式软件分发。Manage Anywhere Studio 提供一种简捷高效的解决方案，用于分发、安装、管理台式机、笔记本电脑和移动设备上的软件、数据和文件。管理员能够对目标设备、存档任务、分发软件、更新和升级进行管理。

④清单及资产管理。随着一个公司设备的增加，对硬件设备及软件的管理难度会加大，Manage Anywhere Studio 提供一种全面的解决方法，来跟踪所有的设备，收集 IT 部门需要的全部信息，查找故障，并通过一个中央点进行关键的资源决策。

⑤保护移动的企业资产。远程和移动计算领域正在进行的革命已经给企业安全带来了新的威胁——成千上万的设备运行在防火墙之外，并且超出了系统管理所及的范围。无论企业员工使用的是联网 PC 机、家庭办公计算机、笔记本电脑，还是移动设备，Manage Anywhere Studio 都能帮助公司确保员工遵守 IT 准则。

（4）Mail Anywhere Studio。它是一个直接可用的解决方案，提供"永远可用"的从移动和无线设备获取 Lotus Notes 和 Microsoft Exchange 企业 E-mail、日历、通信录和任务管理信息。

基于领先的移动商务技术平台，Sybase 推出了面向垂直行业的移动商务应用解决方案。在我国，Sybase 移动商务解决方案已成功应用于保险、能源、物流、教育、电信、医疗和零售等各行各业，客户包括中国石化、北京市教委、全国法院系统、平安保险、光明乳业、三九医药和华润集团等。

（三）HP 移动商务解决方案

惠普的企业移动计算平台可以分解为企业无线基础设施和无线访问渠道两个部分。无线访问渠道包括无线访问设备和无线网络；无线基础设施包括保障无线安全应用的服务器以及无线应用网关（如无线应用表现服务器、移动数据同步服务器和位置服务器等），它们是无线访问渠道和企业后台数据中心之间的桥梁，也是保障无线应用能够安全、可靠、高效运行的平台。

惠普公司的移动方案可以部署在相关的大型企业，或者计划为企业提供移动服务的服务供应商中。惠普公司帮助企业构建移动基础设施，开发无线应用，是要使移动最终成为企业的一种资产，打造现代化的敏捷企业。敏捷企业通过如下手段降低成本、提高效率：降低员工办公室办公的需求；增强对紧迫型数据的快速查询；使交流、沟通以及面对面的会议更有效率；对"无效"时间的充分利用；减少 IT 投资。与固定式 IT 设备相比，移动设备总体成本更低，更能得到充分利用。

目前，惠普公司的企业移动解决方案已经成功应用于电信、金融、政府、医疗、零售、物流仓储以及制造业等诸多领域，成为企业实现快速发展、应对市场挑战的重要手段。建设一个高可靠、安全和紧密集成的服务对企业而言通常费用很昂贵，因此惠普同时也为那些计划提供移动方案服务的供应商设计专门的解决方案。通过提供移动 PIM/E-mail、Web 内容同步，与利用设备集中管理方案，服务供应商允许他们的企业客户，只为他们所用的资源付费，整套系统可以为多个企业所共享。惠普的解决方案帮助服务供应商更快地进入市场，直接回应企业需求，快速引入和更新服务，从而为企业客户提供灵活、强大的服务。

惠普公司的企业移动计算平台与企业无线应用的结合，为各个行业的客户提供了端到端的企业移动解决方案。惠普公司目前是访问设备，包括台式电脑、笔记本电脑、掌上电脑以及平板电脑等领域的领头企业，无论在概念、设计、制造还是在应用方面都领先于其他追随者。在全球，iPAQ 掌上电脑凭借独特的外形设计和功能受到用户首肯，在移动设备市场占据一席之位。在我国，由于其应用无线网络和全面的功能模块支持功能，iPAQ 也已吸引了众多合作伙伴，成为企业移动应用软件和解决方案的选择平台。例如，灵图软件公司的卫星导航与自定位服务解决方案、新迈远望的医疗与健康咨询方案、MIQ 公司的零售业行业解决方案、上海丰通 FinBest 公司的保险代理人信息管理解决方案、时代动力的移动多媒体解决方案都采用了惠普这方面的技术；在应用平台方面，有诸如新迈远望公司的移动商务网上安全认证、雅威公司的无线网络数据压缩等；在个人管理软件方面，有 Mobem 公司的通信联络管理软件、亿书堂的电子图书、电子字典等。惠普公司的目标是通过行业应用、应用平台、个人管理软件三套"马车"，推动移动商务在中国的发展。

（四）摩托罗拉企业的无线解决方案

摩托罗拉电子有限公司目前可提供多方面的无线商务解决方案，包括移动数据采集、移动数据管理、移动办公、移动银行、移动证券及移动保险等。

1. 移动数据采集解决方案

随着社会经济的迅速发展，零售企业、商品制造商、渠道公司、物流公司等类型的企业在社会经济系统中扮演着越来越重要的角色，并开始出现了越来越多的跨城市、跨省份经营的大型企业，即时的物流信息在这些公司的业务管理中占有重要的地位，企业对信息数据采集的准确性、实时性要求也越来越高。摩托罗拉"移动数据采集包"解决方案，是以摩托罗拉手机为平台，结合条形码扫描头而成的条形码数据采集系统。它集汉字显示、数据采集、数据处理、数据通信、语音通信等功能于一体，相当于一台小型的计算机，是电脑技术与条形码技术完美的结合，利用物品上的条形码作为信息快速采集的手段，简单地说，它是兼有掌上电脑、条形码扫描和手机功能的业务系统。摩托罗拉"移动数据采集包"解决方案的应用分为以下三个部分。

（1）信息采集和传送。使用者通过条形码扫描头在现场录入商品信息，并利用手机终端通过 GPRS 无线通信网络连接互联网，从而接入企业网络，在完成用户身份验证、区分用户权限、防止不良信息入侵之后，通过无线终端对数据进行整理、加密并进行无线实时发送。

（2）数据处理。数据中心接收移动梦网和互联网传送过来的数据，生成标准数据库接口，将业务数据进行存储、分析，作为管理和决策的依据。

（3）数据查询。终端的持有者无论身在何处，都可以通过手机查询各种商务数据，如产品基本信息、历史销售数据等，对企业管理中的各种通知进行处理，实现接收与回复，利用无线网络和个人事务管理实现联合办公。

2. 移动商务数据管理解决方案

摩托罗拉智能终端的移动商务数据管理解决方案，由摩托罗拉智能终端、无线增值终端软件、系统后台（后台软件和服务器）和运营商 GPRS 网络构成。客户在各地的分支机构通过开通 GPRS 功能的摩托罗拉智能终端，在摩托罗拉提供的平台上，输入当天的交易金额、各类产品的销售情况、库存情况等数据，系统可以根据要求，对来自全国各地的数据进行收集整理，使总部对分布在全国各地的分部经营情况有实时和全面的了解。

移动商务数据管理系统终端模块包括：①用户身份验证：检测终端用户身份，区分用户权限，防止不良信息入侵；②商务信息查询：及时、便捷查询各种商务数据，如产品基本信息、历史销售数据等；③商务数据上传：上传当前各种商务数据，如产品价格、产品数量、库存信息等；④企业通知管理：对企业管理中的各种通知进行处理，实现接收、回复等功能；⑤联合办公管理：利用无线网络和个人事务管理实现联合办公功能；⑥系统自动升级：系统定期自动下载最新终端程序。

后台功能模块包括：①系统管理：对系统后台和终端系统功能进行管理；②用户管理：对系统使用者和权限实现管理；③数据管理：对通过终端上传的各种数据进行处理；④机构管理：增添、删除、修改下属机构信息；⑤通知管理：将企业各种通知通过系统进行下发，并可对接收情况进行管理。

利用移动销售管理解决方案，可以实现下述服务：跟踪并记录畅销和滞销商品；库存管理和补货管理；及时得到供分析和决策的销售数据；产品价格管理；即时更新销售业绩和库存调整信息；实现简单的联合办公。

3. 移动办公安全（Mobile VPN）解决方案

与世界著名的安全软件供应商 Certicom 合作，摩托罗拉电子有限公司为政府、企事业单位提供了前端到后端整体的移动办公安全解决方案。移动办公安全解决方案通过手机端 Mobile VPN 模块，将无线传输的数据采用 IPSec 隧道加密的方式，与企业内部 VPN server 无缝结合，使得远程访问非常便利，可发挥无线设备的移动性并提供企业级无线通信的强大安全策略。移动办公安全解决方案帮助企业将已有的网络应用安全延伸到智能手机上，帮助员工拓宽工作场所，使得员工可以在家或在旅途中安全便捷地连接到 Internet、Intranet 和 Email Server，访问所需的信息，充分提高工作效率并在激烈的市场竞争中作出正确的决策。

移动办公安全系统包括企业 VPN 系统（VPN 网关服务器、企业内部局域网）、无线网络（GPRS 网）、Mobile VPN 软件、支持 VPN 的手机以及蓝牙适配器。

（1）主要功能。

① 移动办公。运用摩托罗拉无线 VPN 技术，可以帮助企业员工和政府职员方便地利用手机接入内部网络，为进行各种日常业务处理提供帮助。例如，交警在进行交通违章处理时所需要的各种数据，可以通过无线 VPN 通道及时与总部数据库进行通信，提高了工作效率，保障数据安全。

② 移动电子邮件。用户只需使用安装无线 VPN 专用软件的摩托罗拉手机，就可以随时随地连接并进入企业内部业务网络，进行各种作业。例如，用户可以在火车上通过摩托罗拉手机直接进入自己的公司内部邮箱，如同在计算机上一样进行接收、发送邮件等操作。

③ 浏览各种 www 网站，自由驰骋在互联网中，获取各种重要信息。

④ 文档阅读。与 PC 机的文档保持同步，通过手机可直接阅读 Word、Excel、PPT、PDF 等格式的文件。

（2）方案特点及应用范围。

① 与企业现有的网络结构匹配。采用 IPSec 隧道加密方式，可与世界目前流行的 VPN 网关无缝整合。

② 高性能、高安全性。采用 ECC（Elliptic Curve Cryptosystems，椭圆曲线密码体制）技术，节省手机端带宽和硬件资源；支持世界流行的各种加密算法和认证算法。

③ 满足企业级安全性要求。采用 IPSec 标准，保证敏感性数据的安全性、私有性和完整性。

④ 适用范围广。兼容多家 IPSec 主流厂商协议，为移动办公、移动金融、移动警务、移动保险等提供安全解决方案。

⑤ 成本低。采用 GPRS 无线通信方式，实时在线，按实际业务流量计费，企业日常运营成本低。

⑥ 操作简易，管理便捷。只需在手机端设置企业 VPN 参数和员工邮箱，即可轻松办公。

（五）诺基亚移动解决方案

诺基亚安全接入系统（Nokia Secure Access System）是基于诺基亚 SSL VPN 浏览器的解决方案，它使移动员工和合作伙伴能够安全地访问公司电子邮件和企业应用，公司可以控制哪些信息能被访问和进行本地存储，并根据用户身份及其使用的设备来确定将哪些信息上传到网络，更重要的是提高了设备的安全度。该系统为企业开展业务提供了更多的自由，在确保网络完整性的同时，还能随时随地从任何设备接入并进行访问，扩大了员工、合作伙伴和客户的访问范围，使他们能从企业和非企业设备获取公司信息，还能充分安全地利用现有的网络资源。

基于诺基亚安全接入系统的功能：①员工使用企业提供的手提电脑快速、安全地连接员工；②连接没有企业设备的员工，从而提高生产力；③员工可以使用其家庭设备访问企业应用，使远程访问具有广泛的可用性，无须为员工提供笔记本电脑和客户端软件；④使用非企业设备，例如，利用图书馆或机场的公用 PC 连接移动员工；⑤将合作伙伴、供应商和承包人连接到特定的企业应用；⑥为特殊地区或特定语言定制解决方案，单个设备至少可以支持 10 种语言，并为多个地区提供服务。

1. 功能与优点

诺基亚安全接入系统具备了诸多行业首创的功能，在保持网络完整性的同时，使企业能够充分利用 SSL 浏览器广泛普及的优势。这些独特功能可根据用户身份、设备及其安全程度，提供随时随地的访问，其包括：

（1）客户端完整性扫描。在用户设备上，自动执行可定制的漏洞检查，以建立信任和检测级别。

（2）先进的访问控制。将客户端完整性扫描与用户身份结合起来，自动调整访问特权，实现随时访问，同时还确保公司的安全政策得以实施；根据用户设备和设备安全性（公司笔记本电脑、家用电脑、公共终端或手持设备），调整授权级别并记录所有的用户活动。

（3）会话的持续性。如果 SSL 连接超时，它保证用户能够恢复工作，并且不会丢失数据。

（4）多语言支持。单个设备至少可以同时支持 10 种语言，使单个网关能为全球不同位置提供服务。

上述特点可使系统实现下述功能：

（1）端口转发代理。企业可以将客户端/服务器应用安全连接到合作伙伴和员工，拥有笔记本电脑、从远端位置连接的员工可以使用 MS Outlook 客户程序，通过诺基亚安全接入系统阅读电子邮件。运行 ERP 客户端的签约制造商可以安全地连接，以输入最新的生产数据。

（2）认证和审计。一是实现基于证书的认证和授权，根据远程设备的身份，管理员可以为同一个用户设置不同的授权级别；二是直接为用户/组分配资源，配置访问权限，以简化管理，通过 RADIUS 上的 SecureID，部署双重认证；三是支持各种认证方法，包括本地认证、RADIUS、LDAP、NTLM 和 NIS。

2. 业务特色

诺基亚安全接入系统通过企业和非企业提供的设备，连接移动员工和远程办公人员，提供信息交互能力，安全地将合作伙伴、供应商和承包人与特定企业应用连接起来，以

缩短获得利润的时间，提高成本效率；系统还可以保护企业信息资产，在提供连接的同时，保持企业数据、远程设备和网关的安全性和完整性；为特定地区或语言量身定制用户门户，降低总成本，进而提高生产力；在单个网关中支持多种语言的功能，使大量设备无须部署全球解决方案。

五、案例阅读

智能手机用户快速增长　移动商务展现巨大发展前景

经过几年的基础建设、终端研制和应用开发，我国移动互联网的产业链各环节已逐步趋于成熟。据 CNNIC 统计数据显示，截至 2012 年 6 月底，我国手机网民数量已经达到 3.88 亿，在总体网民中的比例为 72.2%。据工业和信息化部的数据统计，截至 2011 年 11 月份，我国 3G 网络已经覆盖了全国县级城市和大部分乡镇，3G 用户达到 1.19 亿。这两个数据显示了庞大的手机上网用户群。据 CNNIC 报告显示，2011 年中国网民登录微博常用的方式中，手机登录比例占 70.9%，中国微博用户超过 3 亿。据了解，2011 年，中国网民基于手机的搜索量已经接近 PC 搜索量，2012 年，移动互联网将迎来前所未有的爆发式增长。

相比前几年的叫好不叫座，2011 年，移动互联网产业已成为炙手可热的投资领域。据了解，2011 年 1 ~ 11 月，已经披露的中国移动互联网投资案例为 109 起，总投资额达到了 6.21 亿美元。

作为移动互联网市场规模持续增长的主要推动者，ICT（Information Communication Technology）行业更是动作频频。三大运营商的千元智能机战略加速了移动互联网的普及，以阿里巴巴、腾讯、百度等为代表的传统互联网企业开始涌入，并打造各种系统平台，就连并不被业界看好的运营商软件商场也开始得到用户认可。以中国移动 MM 为例，到 2012 年 1 月，中移 MM 注册用户达 1.6 亿，累计下载量为 6.5 亿次，应用数超过了 10 万个。

严格意义上讲，移动互联网是伴随着 3G 建网和商用而诞生的，仅仅 2 ~ 3 年的时间，移动互联网就走过了此前互联网 10 年所走的路，即从以娱乐应用为主向以商务应用为主的跨越。这一转型，其实也意味着移动商务时代的到来。

Google 全球副总裁，大中华区总裁刘允认为，在移动互联网高速增长的过程中，游戏视频、整合营销、本地决策、购物伙伴等应用和服务将快速发展。事实上，这四类应用除了游戏视频外，都是十分典型的移动商务应用。与此同时，移动支付、手机营销以及垂直商务这三大类业务都跨越了各种障碍，进入了大发展的前夕。2011 年网民行为研究报告称，移动支付已经成为 2012 年网民最期待使用的支付方式，调查数据显示，2012 年会使用手机上网、手机短信以及手机近端刷卡支付的网民比例增长显著，分别达到 34.3%、28.1% 和 28.3%。2011 年 12 月 31 日，中国人民银行发放了第三批支付牌照，包括天翼电子商务、联通沃易付、中移电子商务在内的 61 家企业获得了非金融支付业务许可证，移动支付的爆发只是时间问题。在移动支付之外，海量应用已经帮助智能手机变成了购物伙伴，手机可以帮用户做很多决策，包括了解相关物品价格、商场打折信息等。一位分析师坦言："大量消费者认为购物时已经离不开智能手机了。"

中国移动互联网基地总经理杭国强认为，移动商务在垂直行业的应用上也有巨大的空间，同时会形成较好的商务模式。据他介绍，香港的一些优秀开发企业，已经开发了非常好的移动医疗应用：医院和用户的交互在 pad 上完成，所有的拍摄 X 光片等资料都可以放大。"目前，1% 用户就占据全球移动流量的 50%。如果有更多的用户觉醒，更多的用户更换智能机，那流量爆发性增长是不可避免的。同时，从另外一个角度，如果我们每一个人平均使用的流量涨到 100M、500M，那我们生活又会变成什么样？"杭国强说，移动商务有着巨大的想象空间。

六、思考与练习

1. 思考题

（1）什么是移动商务？简述移动商务发展经历的 3 个阶段。

（2）试对 B2M 和 M2M 这两种移动商务的应用模式进行比较。

（3）简述移动商务与传统电子商务的区别。

（4）您对移动商务未来的发展趋势怎么看？请简要说明理由。

（5）我国在移动商务发展方面还存在哪些问题？该如何解决？

2. 技能训练

根据自身情况，选取一个行业，调查该行业的移动商务应用基本状况，并撰写调研报告。

任务二　移动商务技术应用调查

任务描述

采用间接调查法，通过互联网等途径获取信息，调查移动商务技术发展和应用的总体状况，并撰写调查报告。

知识准备

一、远距离无线通信

远程数据传输的方式很多，常用的有：利用现有的通信网络（GSM/GPRS、CDMA移动网等）和相应的无线通信产品；通过无线收发设备，比如无线 MODEM、无线网桥等直接建立专门的无线局域网；利用无线数传电台的无线通信。

（一）利用现有的通信网络实现通信

现有的通信网络较多，按业务建网是 3G 以前通信网络的特点，无线网络也不例外。设计无线远程监控系统可以借用的无线网络主要有：全球数字移动电话系统（GSM）、通用分组无线业务（GPRS）、采用码分多址（CDMA）技术的移动网、蜂窝式数字分组数据（CDPD）系统。GSM（Global System for Mobile）是全球最主要的 2G 标准，能够在低服务成本、低终端成本条件下提供较高的通信质量，就其业务而言，GSM 是一个能够提

供多种业务的移动 ISDN（Integrated Services Digital Network，综合业务数字网络）。GPRS（General Packet Radio Service）是在现有的 GSM 网络基础上增加一些硬件设备和升级软件，形成一个新的网络逻辑实体。它以分组交换技术为基础，采用 IP 数据网络协议，提高了现有 GSM 网的数据业务传输速率（最高可达 170kb/s）。GPRS 分组交换技术利用现有 GSM 系统，使得移动通信和数据网络合二为一，具有极速传送、永远在线、价格实惠等特点。CDMA（Code Division Multiple Access）网络采用扩展频谱技术，使用多种分集接收方式，具有容量大、通信质量好、保密性高、抗干扰能力强等特点。CDPD（Cellular Digital Data）无线移动数据通信基于数字分组数据通信技术，以蜂窝移动通信为组网形式，是数据通信与移动通信的结合物。这种通信方式基于 TCP/IP，系统结构为开放式，提供同层网络无缝链接和多协议网络服务。CDPD 网络具有速度快、数据安全性高等特点，可与公用有线数据网络互联互通，非常适合传输实时、突发性和在线的数据。3G 是第三代通信网络，目前国内支持国际电联确定的三个无线接口标准，分别是中国电信的 CDMA2000、中国联通的 WCDMA、中国移动的 TD-SCDMA，业界将 CDMA 技术作为 3G 的主流技术，高功率和话音激活使其至少可提供大于 3 倍 GSM 网络容量，3G 主要特征是可提供移动宽带多媒体业务。

（二）通过专用无线收发设备建立无线局域网

这种实现方式结构简单，且无须向网络运营商付费，利用专网，安全性高。无线传输以微波作传输媒体，根据调制方式的不同，可分为扩展频谱方式和窄带调制方式两种。扩展频谱方式的抗干扰能力和安全性高，对其他电子设备的干扰小；窄带调制方式占用频带少，频带利用率高，通常选择专用频段，需要申请，且相邻频道间影响大，通信质量、通信可靠性无法保障。无线收发设备包括无线 modem 和无线网桥等，无线 modem 与采集点和控制中心之间采用 RS232 通信。若采用网桥为网络组建设备，网络拓扑结构更为灵活，其中在无线网两端的有线网络是可取舍的，可以是以太网、令牌环网或点对点网络等本地局域网，也可以是城域网，甚至是因特网，但使用公网时需考虑安全性和费用问题。

（三）无线数传电台数据传输

无线传输是利用无线信道进行数据传送的方式，在频点上用散射通信方式进行无线电通信，散射通信是利用对流层反射无线电波的远距离通信，其特点是传输频带较宽，通信容量较大，通信距离可达几十千米，安装、调试方便；建网灵活方便、实时性高、费用较低，申请一个专用频点，就拥有一个能覆盖到几千米到几十千米的属于自己的专用无线数据传输网络，而且 223.025 ～ 235MHz/821 ～ 825MHz/2400 ～ 2483.5MHz 是国家无线电管理委员会专门划给各地、各部门、各单位无线数据传输特别是遥控遥测用的，这几个频率在一个地区就有几百甚至上千个频点可选用（25kHz 间隔），频率资源非常丰富，任何单位都可以申请使用。主要缺点是需申请频点使用权。如果频点选择不合理，相邻两个信道会产生相互干扰，无线数传电台的通信速率较低。

二、近距离无线通信

目前使用较广泛的近距离无线通信技术是蓝牙（Bluetooth）、无线局域网 802.11（Wi-Fi）和红外数据传输（IrDA），同时还有一些具有发展潜力的近距离无线技术标准，它们分别是：Zigbee、超宽频（Ultra Wide Band）、短距通信（NFC）、WiMedia、GPS、DECT、无线 1394 和专用无线系统等。它们都有其自己的特点，或基于传输速度、距离、耗电量的特殊要求，或着眼于功能的扩充性，或符合某些单一应用的特别要求，或建立竞争技术的差异化等，但是没有一种技术可以完美到足以满足所有的需求。

（一）蓝牙技术

蓝牙技术是一种无线数据与语音通信的开放性全球规范，其实质是为固定设备或移动设备之间的通信环境建立通用的近距离无线接口，将通信技术与计算机技术进一步结合起来，使各种设备在没有电线或电缆相互连接的情况下，能在近距离范围内实现相互通信或操作。其传输频率为全球公众通用的 2.4GHz，提供 1Mb/s 的传输速率和 10m 的传输距离。

蓝牙技术诞生于 1994 年，Ericsson 公司当时决定开发一种低功耗、低成本的无线接口，以建立手机及其附件间的通信。该技术陆续获得 PC 行业业界巨头的支持。1998 年，Ericsson、IBM、Intel、NOKIA、Toshiba 等 5 家公司达成蓝牙技术协议。

蓝牙协议的标准版本为 802.15.1，由蓝牙小组（SIG）负责开发。802.15.1 的最初标准基于蓝牙 1.1，蓝牙 1.1 已构建到现行很多蓝牙设备中。新版 802.15.1a 基本等同于蓝牙 1.2 标准，具备一定的 QoS 特性，并保持完整的后向兼容性。

蓝牙技术最大的缺点是过于昂贵，突出表现为芯片大小和价格难以下调，抗干扰能力不强，传输距离太短，以及信息安全问题等，使得许多用户不愿意花大价钱来购买这种无线设备，因此，业内专家认为，蓝牙的市场前景取决于蓝牙价格和基于蓝牙的应用是否能达到一定的规模。

（二）Wi-Fi 技术

Wi-Fi（Wireless Fidelity，无线高保真）也是一种无线通信协议，正式名称是 IEEE 802.11b，与蓝牙一样，同属于短距离无线通信技术。Wi-Fi 的速率最高可达 11Mb/s。虽然在数据安全性方面比蓝牙技术要差一些，但在电波的覆盖范围方面却略胜一筹，可达 100m 左右。

Wi-Fi 是以太网的一种无线扩展，理论上只要用户位于一个接入点四周的一定区域内，就能以最高约 11Mb/s 的速度接入 Web，但实际上，如果有多个用户同时通过一个点接入，带宽被多个用户分享，Wi-Fi 的连接速度一般每秒就只有几百千比特。Wi-Fi 的信号不受墙壁阻隔，但在建筑物内的有效传输距离小于户外。

目前这一技术的用户主要来自机场、酒店、商场等公共热点场所。Wi-Fi 技术可将 Wi-Fi 与基于 XML 或 Java 的 Web 服务融合起来，可以大幅度降低企业的成本。例如企业选择在每一层楼或每一个部门配备 802.11b 的接入点，而不是采用电缆线把整幢建筑物连接起来。

最初的 IEEE 802.11 规范是在 1997 年提出的，称为 802.11b，主要目的是提供 WLAN 接入，也是目前 WLAN 的主要技术标准，它的工作频率也是 2.4GHz，与无绳电话、蓝牙等许多不需频率使用许可证的无线设备共享同一频段。随着 Wi-Fi 协议新版本如 802.11a 和 802.11g 的先后推出，Wi-Fi 的应用将越来越广泛。速度更快的 802.11g 使用与 802.11b 相同的正交频分多路复用调制技术。它工作频率为 2.4GHz，速率达 54Mb/s。根据最近国际消费电子产品的发展趋势判断，802.11g 将有可能被大多数无线网络产品制造商选择作为产品标准。

微软的 Windows XP 和嵌入式操作系统 Windows CE 都包含了对 Wi-Fi 的支持，Windows CE 同时还包含对 Wi-Fi 的竞争对手蓝牙等其他无线通信技术的支持。由于投资 802.11b 的费用降低，许多厂商介入了这一领域。Intel 推出了集成 WLAN 技术的笔记本电脑芯片组，不用外接无线网卡，就可实现无线上网。

（三）IrDA 技术

红外线数据协会 IrDA（Infrared Data Association）成立于 1993 年。起初，采用 IrDA 标准的无线设备仅能在 1m 范围内以 115.2kb/s 速率传输数据，很快发展到 4Mb/s、16Mb/s。

IrDA 是一种利用红外线进行点对点通信的技术，是第一个实现无线个人局域网（PAN）的技术。目前它的软硬件技术都很成熟，在小型移动设备，如 PDA、手机上广泛使用。事实上，当今每一个出厂的 PDA 及许多手机、笔记本电脑、打印机等产品都支持 IrDA。

IrDA 的主要优点是无须申请频率的使用权，因而红外通信成本低廉，并且还具有移动通信所需的体积小、功耗低、连接方便、简单易用的特点，此外，红外线发射角度较小，传输上安全性高。

IrDA 的不足之处在于它是一种视距传输，两个相互通信的设备之间必须对准，中间不能被其他物体阻隔，因而该技术只能用于 2 台（非多台）设备之间的连接，而蓝牙没有此限制，且不受墙壁的阻隔。IrDA 目前的研究方向是如何解决视距传输问题及提高数据传输率。

（四）NFC 技术

NFC（Near Field Communication，近距离无线传输）是由 Philips、Nokia 和 Sony 主推的一种类似于 RFID（非接触式射频识别）的短距离无线通信技术标准。和 RFID 不同，NFC 采用了双向的识别和连接，在 20cm 距离内的工作频率为 13.56MHz。

NFC 最初仅仅是遥控识别和网络技术的合并，但现在已发展成无线连接技术，它能自动地快速建立无线网络，为蜂窝设备、蓝牙设备、Wi-Fi 设备提供一个"虚拟连接"，使电子设备可以在短距离范围内进行通信。NFC 的短距离交互大大简化了整个认证识别过程，使电子设备间互相访问更直接、更安全和更清楚，并且还没有任何电子杂音。

通过在单一设备上组合所有的身份识别应用和服务，NFC 解决了记忆多个密码的麻烦，也保证了数据的安全。有了 NFC，多个设备如数码相机、PDA、机顶盒、电脑、手机等之间的无线互连，彼此交换数据或服务都将有可能实现。

此外，NFC 还可以将其他类型的无线通信（如 Wi-Fi 和蓝牙）"加速"，实现更快和更远距离的数据传输。每个电子设备都有自己的专用应用菜单，而 NFC 可以创建快速安全的连接，而无须在众多接口的菜单中进行选择。与知名的蓝牙等短距离无线通信标准不同的是，NFC 的作用距离进一步缩短且不像蓝牙那样需要对应的加密设备。

构建 Wi-Fi 家族无线网络需要多台具有无线网卡的电脑、打印机和其他设备，除此之外，还得有一定技术的专业人员胜任这一工作，而 NFC 被置入接入点之后，只要将其中两个靠近就可以实现交流，比配置 Wi-Fi 连接容易得多。

NFC 有三种应用类型：①设备连接。除了无线局域网，NFC 也可以简化蓝牙连接。比如，手提电脑用户如果想在机场上网，他只需要走近一个 Wi-Fi 热点即可实现；②实时预定。比如，海报或展览信息背后贴有特定芯片，利用含 NFC 协议的手机或 PDA，便能取得详细信息，或是立即联机使用信用卡进行票务购买，而且，这些芯片无须独立的能源；③移动商务。飞利浦 Mifare 技术支持世界上几个大型交通系统及在银行业为客户提供 Visa 卡等各种服务；索尼的 FeliCa 非接触智能卡技术产品在中国香港及深圳、新加坡、日本的市场占有率非常高，主要应用在交通及金融机构中。

（五）ZigBee 技术

ZigBee 主要应用在短距离范围之内并且数据传输速率不高的各种电子设备之间。ZigBee 联盟成立于 2001 年 8 月。2002 年下半年，Invensys、Mitsubishi、Motorola 以及 Philips 半导体公司四大巨头共同宣布加盟 ZigBee 联盟，以研发名为 ZigBee 的下一代无线通信标准。到目前为止，该联盟大约已有 27 家成员，这些公司都参加了开发 ZigBee 物理和媒体控制层技术标准的 IEEE 802.15.4 工作组。

ZigBee 可以说是蓝牙的同族兄弟，它使用 2.4GHz 波段，采用跳频技术。与蓝牙相比，ZigBee 更简单，速率更慢，功率及费用也更低，它的基本速率是 250kb/s，当降低到 28kb/s 时，传输范围可扩大到 134m，并有更高的可靠性，另外，它可与 254 个节点联网，可以比蓝牙更好地支持游戏、电子消费、仪器和家庭自动化应用。人们期望能在工业监控、传感器网络、家庭监控、安全系统和玩具等领域拓展 ZigBee 的应用。

ZigBee 主要包括以下几个部分的技术特点：①数据传输速率低，只有 10kb/s ～ 250kb/s，适合于低传输应用。②功耗低，在低耗电待机模式下，两节普通 5 号干电池可使用 6 个月以上，这也是 ZigBee 的支持者所一直引以为豪的独特优势。③成本低，因为 ZigBee 数据传输速率低，协议简单，所以大大降低了成本；积极投入 ZigBee 开发的 Motorola 以及 Philips 已在 2003 年正式推出芯片，Philips 预估，应用于主机端的芯片成本和其他终端产品的成本比蓝牙更具价格竞争力。④网络容量大，每个 ZigBee 网络最多可支持 255 个设备，也就是说每个 ZigBee 设备可以与另外 254 台设备相连接。⑤有效范围小，有效覆盖范围为 10 ～ 75m 之间，具体依据实际发射功率的大小和各种不同的应用模式而定，基本上能够覆盖普通的家庭或办公室环境。⑥工作频率灵活，使用的频率分别为 2.4GHz、868MHz（欧洲）及 915MHz（美国），均为免执照频段。

根据 ZigBee 联盟目前的设想，ZigBee 的目标市场主要有 PC 外设（鼠标、键盘、游戏操控杆）、消费类电子设备（TV、VCR、CD、VCD、DVD 等设备上的遥控装置）、家庭内智能控制（照明、煤气计量控制及报警等）、玩具（电子宠物）、医护（监视器和传感器）、工控（监视器、传感器和自动控制设备）等非常广阔的领域。

（六）UWB 技术

超宽带技术 UWB（Ultra Wide Band）是一种无线载波通信技术，它不采用正弦载波，而是利用纳秒级的非正弦波窄脉冲传输数据，因此其所占的频谱范围很宽。

UWB 可在非常宽的带宽上传输信号，美国 FCC 对 UWB 的规定为：在 3.1 ～ 10.6GHz 频段中占用 500MHz 以上的带宽。由于 UWB 可以利用低功耗、低复杂度发射 / 接收机实现高速数据传输，因而在近年来得到了迅速的发展。它在非常宽的频谱范围内采用低功率脉冲传送数据而不会对常规窄带无线通信系统造成大的干扰，并可充分利用频谱资源。基于 UWB 技术而构建的高速率数据收发机有着广泛的用途。

UWB 技术具有系统复杂度低、发射信号功率谱密度低、对信道衰落不敏感、低截获能力、定位精度高等优点，尤其适用于室内等密集多径场所的高速无线接入，非常适于建

立一个高效的无线局域网或无线个域网（WPAN）。

UWB 主要应用在小范围、高分辨率，能够穿透墙壁、地面和身体的雷达和图像系统中。除此之外，这种新技术适用于对速率要求非常高（大于 100Mb/s）的 LANs 或 PANs。

UWB 最具特色的应用将是视频消费娱乐方面的无线个人局域网。现有的无线通信方式，802.11b 和蓝牙的速率太慢，不适合传输视频数据，54Mb/s 速率的 802.11a 标准可以处理视频数据，但费用昂贵，而 UWB 有可能在 10m 范围内，支持高达 110Mb/s 的数据传输率，不需要压缩数据，可以快速、简单、经济地完成视频数据处理。

具有一定相容性和高速、低成本、低功耗的优点使得 UWB 较适合家庭无线消费市场的需求。UWB 近距离内高速传送大量多媒体数据以及可以穿透障碍物的突出优点，让很多商业公司将其看作是一种很有前途的无线通信技术，应用于诸如将视频信号从机顶盒无线传送到数字电视等家庭场合。当然，UWB 未来的前途还要取决于各种无线方案的技术发展、成本、用户使用习惯和市场成熟度等多方面的因素。

三、移动 IP

移动 IP 技术是移动节点（计算机 / 服务器 / 网段等）以固定的网络 IP 地址，实现跨越不同网段的漫游功能，并保证了基于网络 IP 的网络权限在漫游过程中不发生任何改变。最简单地说，移动 IP 技术就是让计算机在互联网及局域网中不受任何限制的即时漫游，也称移动计算机技术。

移动 IP 应用于所有基于 TCP/IP 网络环境中，它为人们提供了无限广阔的网络漫游服务。譬如，在用户离开北京总公司，出差到上海分公司时，只要简单地将移动节点（例如笔记本电脑、PDA 设备）连接至上海分公司网络上，用户就可以跟在北京总公司里一样操作，依旧能使用北京总公司的共享打印机，或者访问北京总公司同事电脑里的共享文件及相关数据库资源。诸如此类的种种操作，让用户感觉不到自己身在外地，同事也感觉不到你已经出差到外地了，换句话说，移动 IP 的应用让用户的"家"网络随处可以安"家"，不再忍受移动节点因"出差"带来的所有不便之苦。

（一）基于 IPv4 的移动 IP

基于 IPv4 的移动 IP 定义三种功能实体：移动节点（mobile node）、归属代理（home agent）和外埠代理（foreign agent）。归属代理和外埠代理统称为移动代理。移动 IP 技术的基本通信流程如下：

（1）远程通信实体通过标准 IP 路由机制，向移动节点发出一个 IP 数据包。

（2）移动节点的归属代理截获该数据包，将该包的目标地址与自己移动绑定表中移动节点的归属地址比较，若与其中任一地址相同，继续下一步，否则丢弃。

（3）归属代理用封装机制将该数据包封装，采用隧道操作发给移动节点的转发地址。

（4）移动节点的拜访地代理收到该包后，去其封装，采用空中信道发给移动节点。

（5）移动节点收到数据后，用标准 IP 路由机制与远程通信实体建立连接。

在移动 IP 协议中，每个移动节点在"归属链路"上都有一个唯一的"归属地址"。与移动节点通信的节点称为"通信节点"，通信节点可以是移动的，也可以是静止的。与移动节点通信时，通信节点总是把数据包发送到移动节点的归属地址，而不考虑移动节点的当前位置情况。

在归属链路上，每个移动节点必须有一个"归属代理"，用于维护自己的当前位置信息。这个位置由"转交地址"确定，移动节点的归属地址与当前转交地址的联合称为"移动绑定"（简称"绑定"）。每当移动节点得到新的转交地址时，必须生成新的绑定，向归属代理注册，以使归属代理及时了解移动节点的当前位置信息，一个归属代理可同时为多个移动节点提供服务。当移动节点连接在归属链路上（即链路的网络前缀与移动节点位置地址的网络前缀相等）时，移动节点就和固定节点或路由器一样工作，不必运用任何其他移动 IP 功能；当移动节点连接在外埠链路上时，通常使用"代理发现"协议发现一个"外埠代理"，然后将此外埠代理的 IP 地址作为自己的转交地址，并通过注册规程通知归属代理。当有发往移动节点归属地址的数据包时，归属代理便截取该包，并根据注册的转交地址，通过隧道将数据包传送给移动节点；由移动节点发出的数据包可直接选路到目的节点上，无须隧道技术。

（二）基于 IPv6 的移动 IP

人们对移动通信业务的需求日益迫切，用户的入网注册、路由选择、安全防护以及对移动用户的支持，已使 IPv4 协议的局限性暴露出来，并成为 IPv6 产生和发展的必然趋势。

移动 IPv6 技术是在 IPv4 的基础上发展起来的，它定义了移动节点、通信节点和归属代理三种操作实体。由于 IPv6 地址空间巨大，而且每台路由器都要求实现路由器搜索，所以不再有外埠代理的概念。四种新的 IPv6 目的地选项包括绑定更新、绑定认可、绑定请求和归属地址。为了实现"动态归属代理地址发现"机制，IPv6 定义了两种 ICMP 消息类型：归属代理地址发现请求消息和归属代理地址发现应答消息。另外还定义了两种"邻居发现"选项：宣告消息间隔和归属代理信息。

移动 IPv6 技术中，在与外埠链路连接的移动节点上，可同时采用隧道和源路由技术传送数据包。移动 IPv6 的高层功能包括代理搜索、注册和选路。

移动 IPv6 通过 ICMPv6 路由器进行搜索，确定它的转交地址。移动节点不仅将转交地址告诉归属代理，而且还告诉各通信伙伴，以使它们发出的数据包也可像在移动 IPv6 中一样路由，实现路由优化，而不全是三边路由。移动 IPv6 选路报头以及 AH、ESP 等基于 SKIP 和基于 ISAKMP/Oakley 的穿越防火墙方案，不但简化移动节点的路由选择，还保证路由优化的安全性。

四、无线 Internet 技术

（一）无线广域网

无线广域网（WWAN，Wireless Wide Area Network）是采用无线网络把物理距离极为分散的各局域网（LAN）连接起来的通信方式。其连接地理范围较大，常常是一个国家或是一个洲，目的是让分布较远的各局域网互连，它的结构分为末端系统（两端的用户集合）和通信系统（中间链路）两部分。

IEEE 802.20 是 WWAN 的重要标准，是由 IEEE 802.16 工作组于 2002 年 3 月提出的，802.20 为了实现高速移动环境下的高速率数据传输，以弥补 IEEE 802.1x 协议族在移动性上的劣势。802.20 技术可以有效解决移动性与传输速率之间相互矛盾的问题，它是一种适用于高速移动环境下的宽带无线接入系统空中接口规范。

47

IEEE 802.20 标准在物理层技术上，以正交频分复用技术（OFDM）和多输入多输出技术（MIMO）为核心，充分挖掘时域、频域和空间域的资源，大大提高了系统的频谱效率。在设计理念上，基于分组数据的纯 IP 架构适应突发性数据业务的性能优于 3G 技术，与 3.5G（HSDPA、EV-DO）性能相当，在实现和部署成本上也具有较大的优势。

IEEE 802.20 能够满足无线通信市场高移动性和高吞吐量的需求，具有性能好、效率高、成本低和部署灵活等特点。IEEE 802.20 设计理念符合下一代无线通信技术的发展方向，是一种非常有前途的无线技术。目前，IEEE 802.20 系统技术标准仍有待完善，产品市场还没有成熟，产业链有待完善，所以还很难判定它在未来市场中的位置。

无线网络建设可以不受山川、河流、街道等复杂地形限制，具有灵活机动、周期短和建设成本低的优势，政府机构和各类大型企业可以通过无线网络将分布于两个或多个地区的建筑物或分支机构连接起来。无线网络特别适用于地形复杂、网络布线成本高、分布较分散、施工困难的分支机构的网络连接，可以较短的施工周期和较少的成本建立起可靠的网络连接。

（二）无线城域网

无线城域网（Wireless Metropolitan Area Networks，WMAN）的推出是为了满足日益增长的宽带无线接入（BWA）市场需求。虽然多年来 802.11x 技术一直与许多其他专有技术一起被用于 BWA，并获得很大成功，但是无线局域网（WLAN）的总体设计及其特点并不能很好地适用于室外的 BWA 应用，当其用于室外时，在带宽和用户数方面将受到限制，同时还存在着通信距离等其他一些问题。基于上述情况，IEEE 决定制定一种新的、更复杂的全球标准，这个标准应能同时解决物理层环境（室外射频传输）和 QoS 两方面的问题，以满足 BWA 和"最后一英里"接入市场的需要，这就是 IEEE 802.16 标准。最早的 IEEE 802.16 标准是在 2001 年 12 月获得批准的，是针对 10 ～ 66 GHz 高频段视距（LOS）环境而制定的无线城域网标准。有了这样一个全球标准，就能使通信公司和服务提供商通过建设新的无线城域网来为目前仍然缺少宽带服务的企业与住宅提供服务。

802.16 标准是一种无线城域网技术，它能向固定、携带和移动的设备提供宽带无线连接，还可用来连接 802.11 热点与因特网，提供校园连接，以及在"最后一英里"宽带接入领域作为 Cable Modem 和 DSL 的无线替代品。它的服务区范围高达 50 km，用户与基站之间不要求视距传播，每基站提供的总数据速率最高为 280 Mb/s，这一带宽足以支持数百个采用 T1/E1 型连接的企业和数千个采用 DSL 型连接的家庭。802.16 标准得到了领先设备制造商的广泛支持，许多 WiMAX（世界微波接入互操作性论坛，World Wide Interoperability for Microwave Access）的成员公司同时参与 IEEE 802.16 和 IEEE 802.11 标准的制定，可以预料 802.16 和 802.11 的结合将形成一个完整的无线解决方案，为企业、住宅和 Wi-Fi 热点提供高速因特网接入。

（三）无线局域网

无线局域网（Wireless Local Area Networks，WLAN）是相当便利的数据传输系统，它利用射频（Radio Frequency，RF）的技术，取代旧式碍手碍脚的双绞铜线（Coaxial）所构成的局域网络，使得无线局域网能利用简单的存取架构，让用户透过它，达到"信息随身化、便利走天下"的理想境界。

无线局域网绝不是用来取代有线局域网络的，而是用来弥补有线局域网络之不足，以达到网络延伸之目的，下列情形可能需要无线局域网络：①无固定工作场所的使用者；②有线局域网络架设受环境限制；③作为有线局域网络的备用系统。

无线局域网在组建时需要以下硬件设备：①无线网卡。无线网卡的作用和以太网中的网卡的作用基本相同，它作为无线局域网的接口，能够实现无线局域网各客户机间的连接与通信；②无线AP。无线AP（Access Point）是无线局域网的接入点、无线网关，它的作用类似于有线网络中的集线器；③无线天线。当无线网络中各网络设备相距较远时，随着信号的减弱，传输速率会明显下降以致无法实现无线网络的正常通信，此时就要借助于无线天线增强接收或发送的信号。

厂商在设计无线局域网络产品时，有多种存取方式，大致可分为三大类：窄频微波（Narrowband Microwave）技术、展频（Spread Spectrum）技术、红外线（Infrared）技术。

无线局域网采用的是802.11标准，802.11规范了无线局域网络的介质存取控制（Medium Access Control，MAC）层及实体（Physical，PHY）层，由于无线传输的实际方式不同，IEEE 802.11在统一的MAC层下面规范了各种不同的实体层，以适应目前的情况及未来的技术发展。

（四）无线个域网

无线个域网（Wireless Personal Area Network，WPAN）是为了实现活动半径小、业务类型丰富、面向特定群体、无线无缝的连接而提出的新兴无线通信网络技术。WPAN能够有效地解决"最后的几米电缆"的问题，进而将无线联网进行到底。

WPAN是一种与无线广域网（WWAN）、无线城域网（WMAN）、无线局域网（WLAN）并列但覆盖范围相对较小的无线网络，在网络构成上，WPAN位于整个网络链的末端，用于实现同一地点终端与终端间的连接，如连接手机和蓝牙耳机等。WPAN所覆盖的范围一般在10m半径以内，必须运行于许可的无线频段。WPAN设备具有价格便宜、体积小、易操作和功耗低等优点。

IEEE对WPAN的规范标准主要集中在802.15系列。802.15.1本质上只是蓝牙底层协议的一个正式标准化版本，大多数标准制定工作仍由蓝牙特别兴趣组（SIG）完成，由IEEE批准，原始的802.15.1标准基于Bluetooth1.1，目前大多数蓝牙器件都是采用的这一版本。新的版本802.15.1a对应于Bluetooth1.2，它包括某些QoS增强功能，并完全后向兼容。802.15.2负责建模和解决WPAN与WLAN间的共存问题，目前正在标准化。802.15.3也称WiMedia，旨在实现高速率，原始版本规定的速率高达55Mb/s，使用基于802.11但与之不兼容的物理层，后来多数厂商倾向于使用802.15.3a，它使用超宽带（UWB）的多频段OFDM联盟的物理层，速率高达480Mb/s，生产802.15.3a产品的厂商成立了WiMedia联盟，其任务是对设备进行测试和贴牌，以保证标准的一致性。802.15.4也称ZigBee技术，主要任务是制定低功耗、低复杂度、低速率的WPAN标准，该标准定位于低数据传输速率的应用。

蓝牙是目前WPAN应用的主流技术。

五、RFID技术

（一）自动识别技术

在计算机信息处理系统中，数据的采集是信息系统的基础，这些数据通过数据系统的

分析和过滤，最终成为影响决策的信息。

在信息系统早期，相当大的一部分数据的处理是通过人工手工输入的，不仅劳动强度大，而且数据误码率较高，失去了实时的意义。为了解决这些问题，人们研究和发展了各种各样的自动识别技术，将人们从繁琐、重复却又十分不精确的手工劳动中解放出来，提高了系统信息的实时性和准确性，从而为生产的实时调整、财务的及时总结以及决策的准确制定提供准确的参考依据。

自动识别技术（Auto Identification）是应用一定的识别装置，自动获取被识别物品的相关信息，并提供给后台的计算机处理系统来完成相关后续处理的一种技术。商场的条形码扫描系统就是一种典型的自动识别技术，售货员通过扫描仪扫描商品的条形码，获取商品的名称、价格，输入数量，后台 POS 系统即可计算出该批商品的价格，从而完成结算。当然，顾客也可以采用银行卡进行支付，银行卡支付过程本身也是自动识别技术的一种应用形式。

自动识别技术是以计算机技术和通信技术的发展为基础的综合性科学技术，它是信息数据自动识读、自动输入计算机的重要方法和手段，是一种高度自动化的信息或者数据采集技术。

自动识别技术近几十年在全球范围内得到了迅猛发展，初步形成了一个包括条形码技术、磁卡技术、IC 卡技术、光学字符识别、射频技术、声音识别及视觉识别等集计算机、光、磁、物理、机电、通信技术为一体的高新技术学科。

一般来讲，在一个信息系统中，数据的采集（识别）完成了系统的原始数据的采集工作，解决了人工数据输入的速度慢、误码率高、劳动强度大、工作简单、重复性高等问题，为计算机信息处理提供了快速、准确地进行数据采集、输入的有效手段，因此，自动识别技术作为一种革命性的高新技术，正迅速为人们所接受。自动识别系统通过中间件或者接口（包括软件的和硬件的）将数据传输给后台处理计算机，由计算机对所采集到的数据进行处理或者加工，最终形成对人们有用的信息。在有的场合，中间件本身就具有数据处理的功能，中间件还可以支持单一系统不同协议产品的工作。

完整的自动识别计算机管理系统包括自动识别系统（Auto Identification System，AIDS）、应用程序接口（Application Interface，API）或者中间件（Middleware）、应用系统软件（Application Software）三个部分。自动识别系统完成系统的采集和存储工作，应用系统软件对自动识别系统所采集的数据进行应用处理，而应用程序接口软件则提供自动识别系统和应用系统软件之间的通信接口包括数据格式，将自动识别系统采集的数据信息转换成应用软件系统可以识别和利用的信息并进行数据传递。

（二）RFID 技术的基本工作原理

RFID 技术的基本工作原理并不复杂：标签进入磁场后，接收解读器发出的射频信号，凭借感应电流所获得的能量发送出存储在芯片中的产品信息（Passive Tag，无源标签或被动标签），或者主动发送某一频率的信号（Active Tag，有源标签或主动标签）；解读器读取信息并解码后，送至中央信息系统进行有关数据处理。

一套完整的 RFID 系统，是由阅读器（Reader）与电子标签（Tag）也就是所谓的应答器（Transponder）及应用软件系统三部分组成的，其工作原理是：Reader 发射一特定频率的无线电波能量给 Transponder，用以驱动 Transponder 电路将内部的数据送出，此时

Reader 便依序接收解读数据，送给应用程序做相应的处理。

从 RFID 卡片阅读器及电子标签之间的通信及能量感应方式来看大致上可以分成感应偶合（Inductive Coupling）及后向散射偶合（Backscatter Coupling）两种，一般低频的 RFID 大都采用第一种式，而高频大多采用第二种方式。

阅读器根据使用的结构和技术不同可以是读或读 / 写装置，是 RFID 系统信息控制和处理中心。阅读器通常由耦合模块、收发模块、控制模块和接口单元组成。阅读器和应答器之间一般采用半双工通信方式进行信息交换，同时阅读器通过耦合给无源应答器提供能量和时序，在实际应用中，可进一步通过 Ethernet 或 WLAN 等实现对物体识别信息的采集、处理及远程传送等管理功能。应答器是 RFID 系统的信息载体，大多由耦合元件（线圈、微带天线等）和微芯片组成无源单元。

六、移动中间件技术

（一）移动中间件的技术概况

移动中间件技术是伴随着网络技术、通信技术、嵌入式操作系统和中间件技术的发展和融合而出现的新兴技术，是当前移动数据业务、3G 业务以及广大智能终端增值业务的关键共性技术。移动中间件为包括计算机、笔记本电脑、手机、掌上电脑、电话、家电、汽车等在内的广大终端具有的增值应用能力起到了推动作用，它使广大终端具有越来越强的智能处理能力，在彻底改变传统以计算机为主的计算体系的基础上，全面提升终端价值，创造更多的终端增值应用。移动中间件技术重点研究的内容包括接入管理、多协议接入网关、认证服务、连接管理、同步 / 异步数据传递服务、安全管理、内容服务管理等。

由于中间件需要屏蔽分布环境中异构的操作系统和网络协议，它必须能够提供分布环境下的通信服务，这种通信服务被称为平台。基于目的和实现机制的不同，可以将平台分为以下主要几类：远程过程调用（Remote Procedure Call）、面向消息的中间件（Message-Oriented Middleware）、对象请求代理（Object Request Brokers）和事务处理监控（Transaction Processing Monitors）。

它们可向上提供不同形式的通信服务，包括同步、排队、订阅发布、广播等，在这些基本的通信平台之上，可构筑各种框架，为应用程序提供不同领域内的服务，如事务处理监控器、分布数据访问、对象事务管理器 OTM 等。平台为上层应用屏蔽了异构平台的差异，而其上的框架又定义了相应领域内的应用系统结构、标准的服务组件等，用户只需告诉框架所关心的事件，然后提供处理这些事件的代码，当事件发生时，框架则会调用用户的代码。用户代码不用调用框架，用户程序也不必关心框架结构、执行流程、对系统级 API 的调用等，所有这些都由框架负责完成，因此，基于中间件开发的应用具有良好的可扩充性、易管理性、高可用性和可移植性。

下面，针对几类主要的中间件分别加以简要的介绍。

1. 远程过程调用

远程过程调用（Remote Procedure Call，RPC）是一种广泛使用的分布式应用程序处理方法。一个应用程序使用 RPC 来"远程"执行一个位于不同地址空间里的过程，从效果上看与执行本地调用相同。一个 RPC 应用分为两个部分：server 和 client。server 提供一个或多个远程过程；client 向 server 发出远程调用。server 和 client 可以位于同一台计算机，

也可以位于不同的计算机，甚至运行在不同的操作系统之上，它们通过网络进行通信。相应的 stub 和运行支持提供数据转换和通信服务，从而屏蔽不同的操作系统和网络协议。在这里 RPC 通信是同步的，采用线程可以进行异步调用。

在 RPC 模型中，client 和 server 只要具备了相应的 RPC 接口，并且具有 RPC 运行支持，就可以完成相应的互操作，而不必限制于特定的 server，因此，RPC 为 client/server 分布式计算提供了有力的支持。远程过程调用 RPC 所提供的是基于过程的服务访问，client 与 server 进行直接连接，没有中间机构来处理请求，因此具有一定的局限性。比如，RPC 通常需要一些网络细节以定位 server；在 client 发出请求的同时，要求 server 必须是活动的等。

2. 面向消息的中间件

面向消息的中间件（Message-Oriented Middleware，MOM）指的是利用高效可靠的消息传递机制进行与平台无关的数据交流，并基于数据通信来进行分布式系统的集成。通过提供消息传递和消息排队模型，它可在分布环境下扩展进程间的通信，并支持多通信协议、语言、应用程序、硬件和软件平台。目前流行的 MOM 中间件产品有 IBM 的 MQSeries、BEA 的 MessageQ 等。消息传递和排队技术有以下三个主要特点：

（1）通信程序可在不同的时间运行。程序不在网络上直接相互通话，而是间接地将消息放入消息队列，因为程序间没有直接的联系，所以它们不必同时运行。消息放入适当的队列时，目标程序根本不需要正在运行；即使目标程序在运行，也不意味着要立即处理该消息。

（2）对应用程序的结构没有约束。在复杂的应用场合中，通信程序之间不仅可以是一对一的关系，还可以采用一对多和多对一方式，甚至是上述多种方式的组合。多种通信方式的构造并没有增加应用程序的复杂性。

（3）程序与网络复杂性相隔离。程序将消息放入消息队列或从消息队列中取出消息来进行通信，与此关联的全部活动（比如维护消息队列、维护程序和队列之间的关系、处理网络的重新启动和在网络中移动消息等）是 MOM 的任务，程序不直接与其他程序通话，并且它们不涉及网络通信的复杂性。

3. 对象请求代理

随着对象技术与分布式计算技术的发展，两者相互结合形成了分布对象计算，并发展为当今软件技术的主流方向。1990 年底，对象管理集团 OMG 首次推出对象管理结构 OMA（Object Management Architecture），对象请求代理（Object Request Broker，ORB）是这个模型的核心组件，它的作用在于提供一个通信框架，在异构的分布计算环境中透明地传递对象请求。CORBA 规范包括 ORB 的所有标准接口，1991 年推出的 CORBA 1.1 定义了接口描述语言 OMG IDL 和支持 client/server 对象在具体的 ORB 上进行互操作的 API，CORBA 2.0 规范描述的是不同厂商提供的 ORB 之间的互操作。

对象请求代理是对象总线，它在 CORBA 规范中处于核心地位，定义异构环境下对象透明地发送请求和接收响应的基本机制，是建立对象之间 client/server 关系的中间件。ORB 使得对象可以透明地向其他对象发出请求或接收其他对象的响应，这些对象可以位于本地也可以位于远程机器。ORB 拦截请求调用，并负责找到可以实现请求的对象、传送参数、调用相应的方法、返回结果等。client 对象并不知道同 server 对象通信，激活或存储 server 对象的机制，也不必知道 server 对象位于何处，它是用何种语言实现的，使用什么操作系统或其他不属于对象接口的系统成分。

值得指出的是，client 和 server 角色只是用来协调对象之间的相互作用的，根据相应的场合，ORB 上的对象可以是 client，也可以是 server，甚至兼有两者，当对象发出一个请求时，它是处于 client 角色；当它在接收请求时，处于 server 角色。大部分的对象既扮演 client 角色又扮演 server 角色。由于 ORB 负责对象请求的传送和 server 的管理，client 和 server 之间并不直接连接，因此，与 RPC 所支持的单纯的 client/server 结构相比，ORB 可以支持更加复杂的结构。

4. 事务处理监控

事务处理监控（Transaction processing monitors）最早出现在大型机上，提供支持大规模事务处理的可靠运行环境。随着分布计算技术的发展，分布应用系统对大规模的事务处理提出了需求，比如商业活动中大量的关键事务处理。事务处理监控界于 client 和 server 之间，进行事务管理与协调、负载平衡、失败恢复等，以提高系统的整体性能，它可以被看作是事务处理应用程序的"操作系统"。总体上来说，事务处理监控有以下功能：

（1）进程管理。包括启动 server 进程、为其分配任务、监控其执行并对负载进行平衡。

（2）事务管理。即保证在其监控下的事务处理的原则性、一致性、独立性和持久性。

（3）通信管理。为 client 和 server 之间提供了多种通信机制，包括请求响应、会话、排队、订阅发布和广播等。

事务处理监控能够为大量的 client 提供服务，比如飞机订票系统。如果 server 为每一个 client 都分配其所需要的资源的话，那 server 将不堪重负，实际上，在同一时刻并不是所有的 client 都需要请求服务，而一旦某个 client 请求了服务，它希望得到快速的响应。事务处理监控在操作系统上提供一组服务，对 client 请求进行管理并为其分配相应的服务进程，使 server 在有限的系统资源下能够高效地为大规模的客户提供服务。

（二）移动中间件技术面临的一些问题

中间件能够屏蔽操作系统和网络协议的差异，为应用程序提供多种通信机制，并提供相应的平台以满足不同领域的需要，因此，它为应用程序提供了一个相对稳定的高层应用环境，然而，中间件服务并非"万能药"，它所应遵循的一些原则离实际还有很大距离。多数流行的中间件服务使用专有的 API 和专有的协议，使得应用建立于单一厂家的产品，来自不同厂家很难实现互操作。有些中间件服务只提供一些平台的实现，限制了应用在异构系统之间的移植。应用者在这些中间件服务之上建立自己的应用还要承担相当大的风险，随着技术的发展他们往往还需重写他们的系统。尽管中间件服务提高了分布计算的抽象化程度，但开发者还需面临许多艰难的设计选择，例如，开发者还需决定分布应用在 client 方和 server 方的功能分配。通常将表示服务放在 client 以便于使用显示设备，将数据服务放在 server 以靠近数据库，但也并非总是如此，其他应用功能如何分配也不容易确定。

七、物联网技术

（一）物联网的定义

物联网的英文名称为"The Internet of Things"，简称 IOT，由该名称可见，物联网就是"物物相连的互联网"。这有两层意思：第一，物联网的核心和基础仍然是互联网，是

在互联网基础上延伸和扩展的一种网络；第二，其用户端延伸和扩展到了任何物品与物品之间，进行信息交换和通信。因此，物联网的定义是：通过射频识别（RFID）装置、红外感应器、全球定位系统、激光扫描器等信息传感设备，按约定的协议，把任何物品与互联网相连接，进行信息交换和通信，以实现智能化识别、定位、跟踪、监控和管理的一种网络。

这里的"物"要满足以下条件才能够被纳入"物联网"的范围：①有相应信息的接收器；②有数据传输通路；③有一定的存储功能；④有 CPU；⑤有操作系统；⑥有专门的应用程序；⑦有数据发送器；⑧遵循物联网的通信协议；⑨在世界网络中有可被识别的唯一编号。

2009 年 9 月，在北京举办的物联网与企业环境中欧研讨会上，欧盟委员会信息和社会媒体司 RFID 部门负责人 Lorent Ferderix 博士给出了欧盟对物联网的定义：物联网是一个动态的全球网络基础设施，它具有基于标准和互操作通信协议的自组织能力，其中物理的和虚拟的"物"具有身份标识、物理属性、虚拟的特性和智能的接口，并与信息网络无缝整合。物联网将与媒体互联网、服务互联网和企业互联网一道，构成未来互联网。

物联网用途广泛，遍及智能交通、环境保护、政府工作、公共安全、平安家居、智能消防、工业监测、老人护理、个人健康、花卉栽培、水系监测、食品溯源、敌情侦查和情报收集等多个领域。

（二）物联网的应用原理

物联网是在计算机互联网的基础上，利用 RFID、无线数据通信等技术，构造一个覆盖世界上万事万物的"Internet of Things"。在这个网络中，物品（商品）能够彼此进行"交流"，而无须人的干预，其实质是利用射频自动识别（RFID）技术，通过计算机互联网实现物品（商品）的自动识别和信息的互联与共享。射频识别（RFID）技术是物联网中非常重要的技术，它是能够让物品"开口说话"的一种技术。在"物联网"的构想中，RFID 标签中存储着规范而具有互用性的信息，通过无线数据通信网络把它们自动采集到中央信息系统，实现物品（商品）的识别，进而通过开放性的计算机网络实现信息交换和共享，实现对物品的"透明"管理。以简单 RFID 系统为基础，结合已有的网络技术、数据库技术、中间件技术等，构筑一个由大量联网的阅读器和无数移动的标签组成的，比 Internet 更为庞大的物联网成为 RFID 技术发展的趋势。

"物联网"概念的问世，打破了之前的传统思维。过去的思路一直将物理基础设施和 IT 基础设施分开：一方面是机场、公路、建筑物，而另一方面是数据中心、个人电脑、宽带等。而在"物联网"时代，钢筋混凝土、电缆将与芯片、宽带整合为统一的基础设施，在此意义上，基础设施更像是一块新的地球工地，世界的运转就在它上面进行，其中包括经济管理、生产运行、社会管理乃至个人生活。

一般来讲，物联网的开展步骤主要如下：

（1）对物体属性进行标识，属性包括静态和动态的，静态属性可以直接存储在标签中，动态属性需要由传感器实时探测。

（2）识别设备完成对物体属性的读取，并将信息转换为适合网络传输的数据格式。

（3）将物体的信息通过网络传输到信息处理中心（处理中心可能是分布式的，如家里的电脑或者手机，也可能是集式的，如中国移动的 IDC），由处理中心完成物体通信的相关计算。

（三）物联网认识方面的误区

关于物联网的认识目前还有误区，主要体现在以下四个方面：

（1）把传感网或 RFID 网等同于物联网。事实上传感技术也好，RFID 技术也好，都仅仅是信息采集技术之一，除传感技术和 RFID 技术外，GPS、视频识别、红外、激光、扫描等所有能够实现自动识别与物物通信的技术都可以成为物联网的信息采集技术。传感网或者 RFID 网只是物联网的一种应用，但绝不是物联网的全部。

（2）把物联网当成互联网无边无际的无限延伸，当成所有物的完全开放、全部互连、全部共享的互联网平台。实际上物联网绝不是简单的全球共享互联网的无限延伸，互联网也不仅仅指通常认为的国际共享的计算机网络，互联网也有广域网和局域网之分。物联网既可以是平常意义上的互联网向物的延伸，也可以根据现实需要及产业应用组成局域网、专业网。现实中没必要也不可能使全部物品联网，也没必要使专业网、局域网都必须连接到全球互联网共享平台。今后的物联网与互联网会有很大不同，类似智慧物流、智能交通、智能电网等专业网，智能小区等局域网才是最大的应用空间。

（3）认为物联网就是物物互联的无所不在的网络，因此物联网是空中楼阁，是目前很难实现的技术。事实上物联网是实实在在的，很多初级的物联网早就在为我们服务。物联网理念就是在很多现实应用基础上推出的聚合型集成的创新，是对早就存在的具有物物互联的网络化、智能化、自动化系统的概括与提升，它从更高的角度提升了人们的认识。

（4）把物联网当成个筐，什么都往里装。基于自身认识，把仅仅能够互动、通信的产品都当成物联网应用，如仅仅嵌入了一些传感器，就成为了所谓的物联网家电；把产品贴上了 RFID 标签，就成了物联网应用等。

八、移动终端

移动终端（mobile terminal，MT）或者称为移动通信终端，是指可以在移动中使用的计算机设备，广义的讲，包括手机、笔记本电脑、POS 机甚至车载电脑，大部分情况下是指手机或者具有多种功能的智能手机。

随着网络和技术朝着越来越宽带化方向发展，移动通信产业将走向真正的移动信息时代，另一方面，随着集成电路技术的飞速发展，移动终端已经拥有了强大的处理能力，它正在从简单的通话工具变为一个综合信息处理平台，给移动终端增加了更加宽广的发展空间。

现代的移动终端已经拥有极为强大的处理能力（CPU 主频已经接近 1G）、内存、固化存储介质以及像计算机一样的操作系统，是一个完整的超小型计算机系统，可以完成复杂的处理任务。移动终端也拥有非常丰富的通信方式，即可以通过 GSM、CDMA、EDGE、3G 等无线运营网通信，也可以通过无线局域网、蓝牙或红外进行通信。

移动终端不仅可以通话、拍照、听音乐、玩游戏，而且可以实现包括定位、信息处理、指纹扫描、身份证扫描、条形码扫描、RFID 扫描、IC 卡扫描以及酒精含量检测等丰富的功能，成为移动执法、移动办公和移动商务的重要工具，有的移动终端还将对讲机集成到移动终端上。移动终端已经深深地融入人们的经济和社会生活中，为提高人们的生活水平，提高执法效率，提高生产的管理效率，减少资源消耗和环境污染以及突发事件应急处理增添了新的手段。国外已将这种智能终端用在快递、保险、移动执法等领域，最近几

年，移动终端也越来越广泛地应用在我国的移动执法和移动商务领域中。

任务实施

1. 确定调查主题：我国移动商务的技术发展和应用总体状况。
2. 初步确定所需的基本资料：移动商务涉及的主要技术、有关技术的最新发展及在我国的应用状况。
3. 初步确定收集资料的方式和途径：主要通过互联网等途径，以收集二手资料为主。
4. 资料收集。
5. 资料筛选、整理：筛选有用信息，并对信息按问题进行归类、整理。
6. 资料分析：根据收集到的信息，阐述移动商务所涉及的主要技术及最新发展状况，分析相关技术在我国移动商务中的应用状况、存在的问题，展望未来我国移动商务发展的趋势。
7. 撰写市场调查报告。

任务拓展

一、移动 IP 在 CDMA2000 中的应用

在 3G 移动通信中，CDMA2000 核心网可向移动用户提供基于简单 IP 的公网／专网接入业务和基于移动 IP 的公网／专网接入业务。

当用户采用简单 IP 方式接入时，会从业务接入提供商那里分配到一个动态的 IP 地址，该用户可在一定地理范围内的网络中，保持所分配的 IP 地址；当用户移动出上述地理范围时，不再保持该 IP 地址。

当用户采用移动 IP 方式接入时，可使用静态 IP 地址，也可使用动态 IP 地址，这主要取决于其归属的 IP 网络。在 CDMA2000 网络范围内或其他网络范围内，用户可任意移动，并能保持同一 IP 地址。在 CDMA2000 系统中，移动 IP 应用的关键在于要引入一个支持移动 IP 外埠代理（FA）功能的分组数据服务节点（PDSN）。

（一）基于移动 IP 的网络参考模型

基于移动 IP 的 CDMA2000 分组核心网络包括分组控制功能（PCF）、分组数据服务节点（PDSN）、认证受权和计费（AAA）以及归属代理（HA）。其中，PCF 主要用于建立、维护和终止链路层到 PDSN 的连接，与无线资源控制（RRC）共同请求和管理无线资源，以便在移动台之间转发数据包。PDSN 主要用于建立、维护和终止链路层与移动台的 PPP 会话，执行对移动用户分组数据会话的认证、授权和计费，将移动台的 IP 地址映射成唯一的链路层连接或标识，按照 QoS 要求标记并处理数据包；PDSN 还具有 FA（外埠代理）功能，负责提供隧道出口，并将数据解封装，发往移动台。AAA 负责管理用户，包括用户权限、开通业务等信息；目前 AAA 采用的主要协议为 RADIUS，因此也可称为 RADIUS 服务器。HA 负责将分组数据通过隧道技术发送给移动用户，并实现 PDSN 之间的宏移动管理。PDSN 通过 R-P 接口连至无线网络（RN），移动终端与 PDSN 之间的链路层协议采用 PPP 协议，网络层协议则采用 IP。

（二）CDMA2000 中的移动 IP 技术

移动台通过空中接口连至具有 PCF 的基站。移动台经由 PPP 连至 CDMA 网络后，它与 PDSN 之间的链路层连接宣告建立。PPP 连接初始化后，PDSN 发送一条代理广播消息到移动台，移动台产生移动 IP 注册请求；PDSN 采用 AAA 协议，将该请求消息发往 HA，从归属代理返还的消息中，提取移动 IP 注册应答消息，并将它发至移动台。

在同一 PDSN 内，RN 之间的切换是通过将先存的 R-P 链路转移到新的 RN，并终止与原 RN 的连接来实现的，在不同 PDSN 之间切换时，业务信道被转移到新的 RN，并在新 RN 与新 PDSN 之间，创建一个新的分组业务会话标识，关闭旧的 PDSN 连接，通过会话标识，新 PDSN 识别出这是一个新的 R-P 链路，而不是原链路。若系统支持移动 IP 的路由优化，则附带的更新消息将被发往相关主机，主机便开始向新的 PDSN 传输数据包。

二、无线通信协议

（一）WAP

WAP（Wireless Application Protocol，无线通信协议）是在数字移动电话、互联网或其他个人数字助理机（PDA）、计算机应用乃至未来的信息家电之间进行通信的全球性开放标准。这一标准的诞生是 WAP 论坛成员努力的结果，WAP 论坛是在 1997 年 6 月，由诺基亚、爱立信、摩托罗拉和无线星球（Unwired Planet）共同组成的。

WAP 能够运行于各种无线网络上，如 GSM、GPRS、CDMA 等。WML 是无线标记语言（Wireless Makeup Language）的英文缩写，支持 WAP 技术的手机能浏览由 WML 描述的 Internet 内容。

WML 是以 XML 为基础的标记语言，用以规范窄频设备，如手机、呼叫器等显示内容和使用者接口的语言。因为频窄使得 WML 受到部分限制，如较小型的显示器、有限的使用者输入设备、窄频网络联机、有限的内存和资源等。

WML 支持文字和图片显示，内容组织上，一个页面为一个 Card，而一组 Card 则构成一个 Deck。当使用者向服务器提出浏览要求后，WML 会将整个 Deck 发送至客户端的浏览器，使用者就可以浏览 Deck 里面所有 Card 的内容，而不需要从网络上单独下载每个 Card。

通过 WAP 技术，可以将 Internet 的大量信息及各种各样的业务引入到移动电话、PALM 等无线终端之中。无论在何时、何地只要需要信息，打开 WAP 手机，用户就可以享受无穷无尽的网上信息或者网上资源，如综合新闻、天气预报、股市动态、商业报道、当前汇率等，电子商务、网上银行也将逐一实现。通过 WAP 手机，用户还可以随时随地获得体育比赛结果、娱乐圈趣闻等，为生活增添情趣，也可以利用网上预定功能，把生活安排得有条不紊。所有操作系统都支持 WAP。

WAP 协议栈分为以下几层：

（1）应用层，即无线应用环境（Wireless Application Environment，WAE）；

（2）无线会话协议层（Wireless Session Protocol，WSP）；

（3）无线传输协议层（Wireless Transaction Protocol，WTP）；

（4）无线传输层安全协议（Wireless Transport Layer Security，WTLS）；

（5）无线数据包协议层（Wireless Datagram Protocol，WDP）。

其中，WAE 层有微型浏览器、WML、WMLScript 的解释器等作用。WTLS 层为无线

电子商务及无线加密传输数据时提供安全方面的基本功能。

WAP 论坛的一个很重要的指导思想是让 WAP 尽可能多地与现有的标准一致，以最大限度地保护制造商和应用开发者的投资效益。它在很大程度上利用了现有的 WWW 编程模型，应用和开发人员可以继续使用自己熟悉的编程模型，能够利用现有的工具（如 Web 服务器、XML 工具）等。另外，WAP 编程模型还针对无线环境的通信特点，对原有的 WWW 编程模型进行了优化和扩展。

在带宽方面，WAP 用"轻量级协议栈"优化现在的协议层对话，使无线手机接入 Internet 的带宽需求降到最低，保证了现有无线网络能够符合 WAP 规范。手机通过使用 WAP 协议栈可以为无线网络节省大量的无线带宽，例如完成一个股票指数的查询操作，使用 HTTP 1.0 的台式机浏览器来完成要比通过一个 WAP 浏览器来完成所涉及的包通信量要大 1 倍以上，WAP 协议使用的包数量不到标准的 HTTP /TCP/IP 协议栈使用的一半。

目前，WAP 在很多方面还不够成熟，但是已经开辟一个新的通信领域，为无线网络提供足够的技术标准基础，让互联网能够真正做到无所不在。

目前 WAP 主要使用 1.2 和 2.0 两个版本，后者是趋势，低端手机只能浏览 1.2 版本，主流的手机都已经支持 2.0 版本。有了 2.0 版本使手机浏览的内容更生动，像电脑站一样有背景音乐、背景图片，使原本单调的手机网页变得色彩斑斓。

（二）IPv4

IPv4，是互联网协议（Internet Protocol，IP）的第四版，也是第一个被广泛使用，构成现今互联网技术的基石的协议。1981 年 Jon Postel 在 RFC791 中定义了 IP，IPv4 可以运行在各种各样的底层网络上，比如端对端的串行数据链路（PPP 协议和 SLIP 协议）、卫星链路等。局域网中最常用的是以太网。

IP 是 TCP/IP 协议族中网络层的协议，是 TCP/IP 协议族的核心协议，它的下一个版本是 IPv6。IPv6 正处在不断发展和完善的过程中，不久将取代目前被广泛使用的 IPv4。

（三）IPv6

IPv6 是 "Internet Protocol Version 6" 的缩写，它是 IETF 设计的用于替代现行版本 IP 协议（IPv4）的下一代 IP 协议。

目前使用的第二代互联网 IPv4 技术，核心技术属于美国，它的最大问题是网络地址资源有限，从理论上讲，可编址 1600 万个网络、40 亿台主机，但采用 A、B、C 三类编址方式后，可用的网络地址和主机地址的数目大打折扣，以致目前的 IP 地址近乎枯竭，其中北美占有 3/4，约 30 亿个，而人口最多的亚洲只有不到 4 亿个，中国只有 3 千多万个，只相当于美国麻省理工学院的数量。地址不足，严重地制约了我国及其他国家互联网的应用和发展。

一方面是地址资源数量的限制，另一方面是随着电子技术及网络技术的发展，计算机网络进入人们的日常生活，可能身边的每一样东西都需要连入全球因特网，在这样的环境下，IPv6 应运而生。单从数字上来说，IPv6 所拥有的地址容量是 IPv4 的约 8×10^{28} 倍，达到 $2^{128}-1$ 个，这不但解决了网络地址资源数量的问题，同时也为除计算机外的设备连入互联网在数量限制上扫清了障碍。

但是与 IPv4 一样，IPv6 一样会造成大量的 IP 地址浪费，准确地说，使用 IPv6 的网络并没有 $2^{128}-1$ 个能充分利用的地址。首先，要实现 IP 地址的自动配置，局域网所使用的子网的前缀必须等于 64，但是很少有一个局域网能容纳 2^{64} 个网络终端；其次，由于

IPv6 的地址分配必须遵循聚类的原则，地址的浪费在所难免。

但是，如果说 IPv4 实现的只是人机对话，而 IPv6 则扩展到任意事物之间的对话，它不仅可以为人类服务，还将服务于众多硬件设备，如家用电器、传感器、远程照相机、汽车等，它将是无时不在、无处不在地深入社会每个角落的真正的宽带网，而且它所带来的经济效益将非常巨大。

当然，IPv6 并非十全十美、一劳永逸，它不可能解决所有问题，IPv6 只能在发展中逐步完善，过渡需要时间和成本，但从长远看，IPv6 有利于互联网的持续和长久发展。目前，国际互联网组织已经决定成立两个专门工作组，制定相应的国际标准。

与 IPv4 相比，IPv6 具有以下几个优势：

（1）IPv6 具有更大的地址空间。IPv4 中规定 IP 地址长度为 32，即有 $2^{32}-1$ 个地址，而 IPv6 中 IP 地址的长度为 128，即有 $2^{128}-1$ 个地址。

（2）IPv6 使用更小的路由表。IPv6 的地址分配一开始就遵循聚类（Aggregation）的原则，这使得路由器能在路由表中用一条记录（Entry）表示一片子网，大大减小了路由器中路由表的长度，提高了路由器转发数据包的速度。

（3）IPv6 增加了增强的组播（Multicast）支持以及对流的支持（Flow Control），这使得网络上的多媒体应用有了长足发展的机会，为控制服务质量（QoS，Quality of Service）提供了良好的网络平台。

（4）IPv6 加入了对自动配置（Auto Configuration）的支持，这是对 DHCP 协议的改进和扩展，使得对网络（尤其是局域网）的管理更加方便和快捷。

（5）IPv6 具有更高的安全性，在使用 IPv6 网络的过程中，用户可以对网络层的数据进行加密，并对 IP 报文进行校验，极大地增强了网络的安全性。

三、不同频段的 RFID 产品

不同频段的 RFID 产品会有不同的特性，目前定义 RFID 产品的工作频率有低频、高频和超高频等频率范围内符合不同标准的产品，不同频段的 RFID 产品有不同的特性。其中感应器有无源和有源两种方式，下面介绍无源的感应器在不同工作频率下产品的特性以及主要的应用。

（一）低频（工作频率范围为 125 ～ 134kHz）

RFID 技术首先在低频下得到广泛的应用和推广，该频率主要是通过电感耦合的方式进行工作，也就是在读写器线圈和感应器线圈间存在着变压器耦合作用，通过读写器交变场的作用在感应器天线中感应的电压被整流，可作供电电压使用。磁场区域能够很好地被定义，但是场强下降得太快。

低频产品有以下主要特性：

（1）工作在低频的感应器一般工作频率为 120kHz ～ 134kHz，TI 的工作频率为 134.2kHz。该频段的波长大约为 2500m。

（2）除了金属材料的影响外，一般低频能够穿过任意材料的物品而不降低它的读取距离。

（3）工作在低频的读写器在全球没有任何特殊的许可限制。

（4）低频产品有不同的封装形式，好的封装形式价格昂贵，但是使用寿命在 10 年

以上。

（5）虽然该频率的磁场区域下降很快，但是能够产生相对均匀的读写区域。

（6）相对于其他频段的 RFID 产品，该频段数据传输速率比较慢。

（7）感应器的价格相对于其他频段来说要贵。

其主要应用场合：①畜牧业的管理系统；②汽车防盗和无钥匙开门系统；③马拉松赛跑系统；④自动停车场收费和车辆管理系统；⑤自动加油系统；⑥酒店门锁系统；⑦门禁和安全管理系统。

（二）高频（工作频率为 13.56MHz）

在该频率下的感应器不需要绕制线圈，可以通过制作印刷线路的方式制作天线。感应器一般通过负载调制的方式进行工作，也就是通过感应器上负载电阻的接通和断开促使读写器天线上的电压发生变化，远距离对天线电压进行振幅调制，通过数据控制负载电压的接通和断开，这些数据就能够从感应器传输到读写器。

高频产品有以下主要特性：

（1）工作频率为 13.56MHz，该频率的波长大概为 22m。

（2）除了金属材料外，该频率的波长可以穿过大多数的材料，但是会降低读取距离。因此感应器需要离开金属一段距离。

（3）该频率在全球得到认可，并没有特殊的限制。

（4）感应器一般以电子标签的形式存在。

（5）虽然该频率下的磁场区域下降很快，但是能够产生相对均匀的读写区域。

（6）该系统具有防冲撞的特性，可以同时读取多个电子标签。

（7）可以把某些数据信息写入标签中。

（8）数据传输速率比低频要快，价格不是很贵。

其主要应用场合：①图书管理系统；②瓦斯钢瓶的管理；③服装生产线和物流系统的管理；④三表预收费系统；⑤酒店门锁的管理；⑥大型会议人员通道系统；⑦固定资产的管理系统；⑧医药物流系统的管理；⑨智能货架的管理。

（三）超高频（工作频率范围为 860MHz ～ 960MHz）

超高频系统通过电场来传输能量。电场的能量下降得不是很快，但是读取的区域不能很好地进行定义。该频段读取距离比较远，无源可达 10m 左右，主要是通过电容耦合的方式来实现的。

超高频产品有以下主要特性：

（1）在该频段，全球的定义不同——欧洲和亚洲部分地区定义的频率为 868MHz，北美定义的频段为 902 ～ 905MHz，在日本建议的频段为 950 ～ 956MHz 之间。该频段的波长大概为 30cm 左右。

（2）目前，该频段功率输出：美国定义为 4W，欧洲定义为 500mW。欧洲可能会上升到 2W。

（3）超高频段的电波不能通过许多材料，特别是水、灰尘、雾等悬浮颗粒物质。相对于高频的电子标签来说，该频段的电子标签不需要与金属隔离。

（4）电子标签的天线一般是长条和标签状，有线性和圆极化两种设计，以满足不同应用的需求。

（5）该频段有较好的读取距离，但是对读取区域很难进行定义。

（6）有很高的数据传输速率，在很短的时间内可以读取大量的电子标签。

其主要应用场合：①供应链上的管理；②生产线自动化的管理；③航空包裹的管理；④集装箱的管理；⑤铁路包裹的管理；⑥后勤管理系统。

四、无线通信技术的应用

总体来看，无线通信技术的应用从实现的技术路线来讲可划分为两种，一种采用WAP（无线应用协议，Wireless Application Protocol）架构，一种采用非 WAP 架构。

（一）WAP 架构简介

WWW（World Wide Web，万维网）的协议架构是单纯的两层式架构，是由 client 与 server 端单纯的要求与回应构成整体的网络信息传递架构。WAP 的架构与 WWW 非常类似，只是将客户端延伸到了移动电话，同时在移动电话与 WAP 内容服务器之间，要通过 WAP 网关（WAP Gateway）的协助，将原始的 WAP 内容转换成二进制的数据之后，传递到移动电话上面，如图 1-3 所示。

图1-3　WAP的构架

WAP 的传输过程如图 1-3 所示，由于 WAP 网关的加入，将原本 WWW 的架构分为两个部分，同时，使用者最终使用的装置，从电脑上的浏览器移到了手机或 PDA 上的微浏览器（Micro-Browser），这些装有微浏览器的设备被统称为 WAP 设备。

在 WAP 的环境中，增加了一个 WAP Gateway 的角色，WAP Gateway 的目的是弥补手机计算能力的不足，WAP 手机或装置的计算能力比较差，微浏览器无法对复杂的网页文件进行处理，不像电脑中的浏览器可以对所有网页中的内容作出处理，定义出文件中的哪些部分要在哪里显示。手机必须依靠 Gateway 将所有的文件编译成二进制码，才能将之显示在手机屏幕上。

此外，WAP Gateway 也以 HTTP 协议取回手机所要求的模式，并确认这些数据中的语法正确性，将之编译成二进制码之后，以 UDP 模式，配合 WAP 协议将之传到手机上。

WAP 服务器基本就是 WWW 服务器，只是在文件类型对应表新增了 WAP 所需的几种 MIME type，包含 WML、WBMP、WMLScript 等。此外，还必须将原有输出的 HTML 文件改成输出 WML（Wireless Markup Language，无线标记语言）格式的文件。

采用 WAP 架构在手机上实现企业已有的应用时，必须设置 WAP Gateway 和 WAP 服

务器，并且需要重新对原有应用进行专门的处理，把输出格式从 HTML 文件改成 WML 格式。

（二）非 WAP 架构简介

非 WAP 架构需要在智能手持设备上安装客户端程序，用户通过客户端程序访问和应用信息资源，采用的是客户端 / 服务器（C/S）架构，如图 1-4 所示。

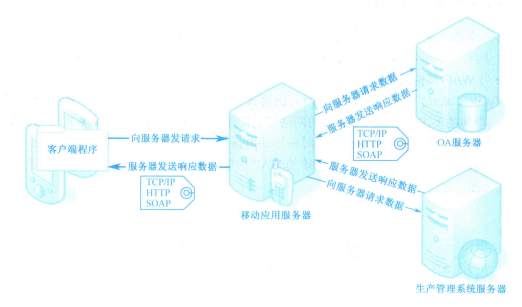

图1-4　非WAP的架构

非 WAP 架构与传统应用的三层体系结构非常类似，只是将客户端延伸到了移动电话，客户端程序通过 TCP/IP 或 HTTP 或 SOAP，由移动应用服务器和企业应用服务器通信，获取数据并进行处理后把响应返回给客户端，客户端程序负责把数据呈现给用户。与传统应用的三层体系结构一样，客户端程序仅负责界面逻辑。

采用 WAP 架构在手机上实现企业已有的应用时，必须设置移动应用服务器，需要扩展应用，添加对移动应用请求的访问接口。

类似计算机客户端程序，移动客户端程序也必须在移动操作系统的支持下运行，在智能手持设备上可选择的操作系统包括：Android（Google 开发的基于 Linux 的开源手机操作系统）、Symbian（由摩托罗拉、西门子、诺基亚等几家大型移动通信设备商共同出资组建的公司开发）、微软的 Windows Mobile（是 Windows 操作系统在智能手机上的扩展，现已改名为 Windows Phone）、IOS、Linux OS（与计算机上的一样，免费开源）、Palm OS 和 BlackBerry 等。

五、物联网发展和应用过程中面临的问题

（1）国家安全问题。中国大型企业、政府机构如果与国外机构进行项目合作，如何确保企业商业机密、国家机密不被泄露，这不仅是一个技术问题，而且还涉及国家安全问题，必须引起高度重视。

（2）隐私问题。在物联网中，射频识别技术是一个很重要的技术。在射频识别系统中，

标签有可能预先被嵌入到任何物品中，比如人们的日常生活物品中，但由于该物品（比如衣物）的拥有者，不一定能够觉察该物品预先已嵌有电子标签，自身可能不受控制地被扫描、定位和追踪，使个人的隐私问题受到侵犯。如何确保标签物的拥有者个人隐私不受侵犯便成为射频识别技术以及物联网推广的关键问题，而且，这不仅仅是一个技术问题，还涉及政治和法律。这个问题必须引起高度重视并从技术上和法律上予以解决。射频识别标签的基本功能为：任意一个标签的标识（ID）或识别码都能在远程被任意扫描，且标签自动地、不加区别地回应阅读器的指令并将其所存储的信息传输给阅读器。这一特性可用来追踪和定位某个特定用户或物品，从而获得相关的隐私信息，也带来了嵌入有标签的物品的持有者个人隐私受侵犯的问题。

（3）商业模式。物联网目前处于起步阶段，其商用模式有待完善。

（4）物联网的政策和法规。物联网不是一个小产品，也不只是一个小企业可以做出来的，它不仅需要技术，更牵涉到各个行业、各个产业，需要多种力量的整合。这就需要国家在产业政策和立法上走在前面，制定出适合这个行业发展的政策和法规，保证行业的正常发展。政府必须要有专人和专门的机构来研究和协调，物联网才能有真正意义的发展。

（5）技术标准的统一与协调。物联网在发展过程中，传感、传输、应用等各个层面会有大量的技术出现，可能产生不同的技术方案，如果各行其是，那结果是灾难性的：大量的小而破的专用网，相互无法连通，不能进行联网，不能形成规模经济，不能形成整合的商业模式，也不能降低研发成本。因此，尽快统一技术标准，形成一个管理机制，这是物联网应尽快解决的问题。这个问题开头解决得好，以后就很容易；开头解决不好，则积重难返，以后的问题就很难解决。

（6）管理平台的形成。物联网的价值在什么地方？在于网，而不在于物。传感是容易的，但是感知的信息，如果没有一个庞大的网络体系，不能进行管理和整合，那这个网络就没有意义，因此，建立一个全国性的、庞大的、综合的业务管理平台，把各种传感信息进行收集，进行分门别类的管理，有指向性的传输，这是一个大问题。一个小企业可以开发出传感技术，开发出传感应用，但是没有办法建立起一个全国性的高效率的网络。没有这个平台，各自为政的结果一定是效率低、成本高，很难发展起来，也很难取得效果。电信运营商最有力量与可能来建设这个平台，也可能在这个过程中，会有新的管理平台建设与提供者出现。可以相信，这个平台的建设者会在未来的物联网发展中，取得较好的市场地位，成为最大的受益者。

（7）安全体系的建立与形成。物联网目前的传感技术主要是RFID，植入这个芯片的产品，有可能被任何人进行感知，它对于产品的主人而言，有这样一个体系，可以方便地进行管理，但是，问题是其他人也能进行感知，比如产品的竞争对手。那么如何做到在感知、传输、应用过程中，这些有价值的信息可以为我所用，而不被别人所用，尤其不被竞争对手所用，这就需要在安全上下功夫，形成一套强大的安全体系。应该说，会有哪些安全问题出现，如何应对这些安全问题，怎么进行屏蔽等都是非常复杂的，甚至是不清晰的，但是这些问题一定要引起注意，尤其是这个管理平台的提供者。安全问题解决不好，可能有价值的物联网成为给竞争对手提供信息方便的平台，它的价值就大打折扣，也不会有企业愿意和敢于去使用这个平台。

（8）应用的开发。物联网的价值不是一个可传感的网络，而是各个行业必须参与进

来进行应用，不同行业，会有不同的应用，也会有不同的要求，必须根据行业的特点，进行深入的研究和有价值的开发。这些应用开发不能依靠运营商，也不能仅仅依靠所谓的物联网企业，因为运营商和技术企业都无法理解行业的要求和具体的特点，这是非常难的一步，需要时间。一个物联网的体系基本形成，需要一些应用形成示范，更多的传统行业感受到物联网的价值，才能有更多企业把自己的应用和业务与物联网结合起来。

六、手机操作系统

手机操作系统一般只应用在高端智能化手机上，目前，在智能手机市场上，中国市场仍以个人信息管理型手机为主，随着更多厂商的加入，整体市场的竞争已经开始呈现出分散化的态势。从市场容量、竞争状态和应用状况上来看，整个市场仍处于启动阶段。目前应用在手机上的操作系统主要有 Android、Symbian、WindowsPhone、Linux、iPhoneOS、BlackBerryOS、Mymobile、OMS 等几种，例如 2013 年上半年，中国智能手机市场不同操作系统产品用户关注分布，如图 1-5 所示。

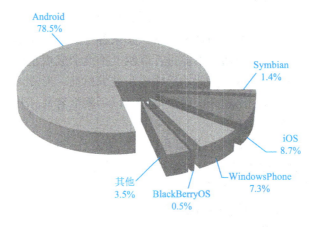

数据来源：互联网消费调研中心（ZDC），2013.07

图1-5　中国智能手机市场不同操作系统产品用户关注分布

（一）Android

Android（中文名称为"安卓"）是 Google 于 2007 年 11 月 5 日宣布开发成功的基于 Linux 平台的开源手机操作系统，该平台由操作系统、中间件、用户界面和应用软件组成。它采用软件堆层（Software Stack，又名软件叠层）的架构，主要分为三部分：底层以 Linux 内核工作为基础，由 C 语言开发，只提供基本功能；中间层包括函数库 Library 和虚拟机 Virtual Machine，由 C＋＋开发；最上层是各种应用软件，包括通话程序、短信程序等，应用软件则由各公司自行开发，以 Java 作为编写程序的一部分。它不存在任何以往阻碍移动产业创新的专有权障碍，号称首个为移动终端打造的真正开放和完整的移动软件，目前，最新版本为 Android 4.1。摩托罗拉 2010 年放弃其他的操作系统（包括自家的 Linux 和 UIQ）只支持 Android。2011 年 8 月 15 日，Google 宣布以总额约 125 亿美元的价格收购了摩托罗拉移动。

为了推广Android平台技术，Google 和几十个手机相关企业建立了开放手机联盟（Open

Handset Alliance），联盟成员包括摩托罗拉（Motorola）、HTC、Samsung、LG、Intel、nVdia、SiRF、HP、Skype、KUPA Map 以及中国移动在内的 34 家技术和无线应用的领军企业，这些企业都将基于该平台开发手机的新型业务，应用之间的通用性和互联性将在最大程度上得到保持。34 家相关企业的加盟，也将大大降低新型手机设备的研发成本，完全整合的"全移动功能性产品"成为"开放手机联盟"的最终目标。这 34 家企业中并不包含把持 Symbian 的 Nokia 公司、凭借着 iPhone 风光的 Apple 公司、美国运营商 AT&T 和 Verizon、微软、加拿大 RIM 和他们的 Blackberry。"开放手机联盟"表示，Android 平台可以促使移动设备的创新，让用户体验到最优越的移动服务，同时，开发商也将得到一个新的开放级别，更方便地进行合作，从而推进新型移动设备的研发速度。现在，Android 系统不但应用于智能手机，也向平板电脑市场急速扩张，在智能 MP4 方面有较大发展。截至 2012 年 7 月，Android 占据全球智能手机操作系统市场 59% 的份额，中国市场占有率为 76.7%。

（二）Symbian

Symbian OS（塞班操作系统）是 Symbian 公司为手机而设计的操作系统，它包含联合的数据库、使用者界面架构和公共工具的实现，它的前身是英国宝意昂公司（Psion）的 EPOC 操作系统。为了对抗微软及 Palm，1998 年 6 月，诺基亚、摩托罗拉（Motorola）、爱立信（ERICSSON）、三菱（MITSUBISHI）和宝意昂（Psion）在英国伦敦共同投资成立 Symbian 公司，专门研发手机操作系统。Symbian 公司于 2008 年被 Nokia 全额收购。

Symbian 是一个实时性、多任务的纯 32 位操作系统，具有功耗低、内存占用少等特点，非常适合手机等移动设备使用，经过不断完善，可以支持 GPRS、蓝牙、SyncML 以及 3G 技术。最重要的它是一个标准化的开放式平台，任何人都可以为支持 Symbian 的设备开发软件。与微软产品不同的是，Symbian 将移动设备的通用技术，也就是操作系统的内核，与图形用户界面技术分开，能很好地适应不同方式输入的平台，也可以使厂商可以为自己的产品制作更加友好的操作界面，符合个性化的潮流，这也是用户能见到不同样子的 Symbian 系统的主要原因。现在为这个平台开发的 Java 程序已经开始在互联网上盛行，用户可以通过安装这些软件，扩展手机功能。

为了强有力地支持 Symbian 平台，Nokia 在 2001 年成立 Nokia Mobile Software 新部门，全力发展与移动通信相关的软件。为了让手机厂商有更多的选择以投入 Symbian 手机的开发，Nokia 发展出三种不同的用户界面：Series 60/80/90。Series60 主要给数字键盘手机用，Series 80 是为完整的键盘所设计的，Series 90 则是为触控笔方式而设计的。另外一个重要的平台是由 Symbian 百分之百转投资的 UIQ Technology 所开发出来的 UIQ。

Symbian 作为一款已经相当成熟的操作系统，具有以下特点：

（1）提供无线通信服务，将计算技术与电话技术相结合。

（2）操作系统固化。

（3）相对固定的硬件组成。

（4）较低的研发成本。

（5）强大的开放性。

（6）低功耗、高处理性能。

（7）系统运行的安全、稳定性。

（8）多线程运行模式。

（9）多种 UI，灵活，简单易操作。

以上特点，并不代表 Symbian OS 所独有，只是 Symbian OS 将这些特点充分发挥，让其更好地为用户服务。

其缺点显示在下述几方面。Symbian 机型所采用的硬件配置较低，且各类机型采用的处理器主频较低，虽然系统可以使其获得较高的处理效能，但是在多媒体等方面的表现依然不尽人意，Symbian OS 对主流的媒体格式的支持性较差。Symbian OS 虽然采用多种平台，以适应不同人群和各类需要，但也给 Symbian OS 带来了一些限制，各个平台之间与第三方软件不兼容，且软件开发商多专注于某一个平台，各个平台上可用的第三方软件大大减少，给用户带来了一定的不便。版本之间兼容性差也是 Symbian OS 需要改进的一个地方，每当发布新版本的 Symbian OS 并有产品面世时，系统的兼容性便成了其发展的一个大敌，相当多的一部分软件需要软件开发商开发新的版本才能得以解决。由于 Symbian 只提供给厂商一个内核及 UI，很多细节上的功能需要厂商去添加，很多厂商将着眼点放在产品的多功能及综合性能等方面，往往忽略了一些基本的功能。一些机型甚至连工作日、闹钟这类功能都需要第三方软件才能实现，这无疑给不熟悉 Symbian 的用户带来了极大的不便。

2011 年初，随着 Google 的 Android 系统和苹果 iPhone 火速占据手机市场，Symbian 基本已失去手机系统霸主的地位。诺基亚由于一直没跟 Android 合作，导致其业绩下滑，后决定与微软合作，将 Windows Phone 作为诺基亚的主要操作系统，而 Symbian 则作为一种短期投资，在一两年内继续支撑公司的发展，最终被 Windows Phone 取代。2012 年 5 月 27 日，诺基亚宣布，彻底放弃开发塞班系统，取消塞班 Carla 的开发，最早在 2012 年底，最迟在 2014 年彻底终止对塞班的所有支持。

（三）WindowsPhone

微软在 2009 年 2 月的巴塞罗那大会上宣布，在 Windows Mobile 6.5 以后，不再使用 Windows Mobile 的名字，而是统一使用 Windows Phone。2010 年 10 月 11 日，微软公司正式发布了智能手机操作系统 Windows Phone 7，完全摒弃对之前 Windows Mobile 版本软件的支持，将旗下 Xbox LIVE 游戏、Zune 音乐与独特的视频体验整合至手机中。

微软 Windows Phone 7 的界面外观比大多数手机系统要简洁，黑色背景下的亮蓝色图标显得十分醒目，其中一版的开机屏幕拥有四个大尺寸的方形图标，分别代表手机、联系人、电子邮件和短信功能，微软将这种设置称之为"Live Tiles（活动瓷片）"。微软在新系统中再次强调了手机社交功能的重要性，用户可以通过手机上的联系人名单、相册直接对 Facebook 或 Windows Live 上的个人社交主页进行更新，同时也可以查看好友在社交网站上的页面或照片。Windows Phone 7 的主要功能有：①手机屏幕：Windows Phone 7 支持自定义开机屏幕；②联系人列表：Windows Phone 7 的联系人列表（People Hub）是用户沟通的中心，手机用户可在联系人菜单中查看好友的社交网络，更新内容与照片，还向用户提供 Facebook 与 Windows Live 个人页面更新功能；③相册：Windows Phone 7 的相册（Pictures Hub）实现了对手机本地、电脑本地存储相片与网络相册存储照片的完美支持，用户还可以利用此功能更新自己社交主页的相片；④办公中心：Windows Phone 7 提供到本地安装的 Office Mobile、Office SharePoint 与 Office OneNote 的快速访问，同时还提供微软 Office Outlook 电子邮件服务；⑤游戏站：Windows Phone 7 游戏站（Games Hub）向用户提供最新的 Xbox LIVE 游戏体验，微软在这里再次强调了游戏社交的概念；⑥音乐与视频：Windows Phone 7 的音乐与视频服务（Music ＋ Video Hub）是手机的媒体播放中心，本地音乐、流媒体、广播以及视频无所不在。

从 Windows Phone 7 对设备的最低硬件配置要求来看，它走的是高端路线，价格不会太便宜。此外，该系统技术上存在多项不足，除了不支持 tethering 共享上网功能外，还缺乏全面多任务以及复制 / 粘贴功能。

2011 年 9 月 27 日，微软发布了 Windows Phone 系统的重大更新版本"Windows Phone 7.5"，首度支持中文。Windows Phone7.5 是微软在 Windows Phone 7 的基础上大幅优化改进后的升级版，其中包含了许多系统修正和新增的功能，以及包括繁体中文和简体中文在内的 17 种新的显示语言。2012 年 3 月 21 日，Windows Phone 7.5 登陆中国。

2012 年 6 月 21 日，微软在美国旧金山召开发布会，正式发布全新操作系统 Windows Phone 8（简称 WP8）。Windows Phone 8 放弃 WinCE 内核，改用与 Windows 8 相同的 NT 内核。不过由于内核变更，WP8 不支持目前所有的 WP7.5 系统手机升级，而现在的 WP7.5 手机只能升级到 WP7.8 系统。

诺基亚于 2011 年 2 月 11 日宣布与微软达成战略合作关系，诺基亚手机将采用 Windows Phone 系统，并且参与该系统的开发，微软将提供开发工具，便于应用及开发人员利用诺基亚的全球资源，两家将联合建设新的"移动生态圈"。

（四）Linux

Linux 智能手机操作系统是 Linux 应用的一个分支，采用 Linux 操作系统的理由是降低智能手机的生产成本。Linux 最大的特点是从根本上开放源代码，与其他系统相比，采用开放源代码的 Linux 手机操作系统能够大大降低成本，开放源代码还有一个好处就是允许手机制造商根据实际情况，有针对性地开发适合自己手机的 Linux 操作系统，这样既能让自己的产品有特色，又能避免受制于人，还能够满足用户多方面的应用要求。

Linux 操作系统在使用中的优点十分明显。首先，对于消费者来说，应用于智能手机上的 Linux 操作系统和应用于电脑上的 Linux 操作系统是一个系统，而且都是全免费操作系统。在操作系统上的免费，节省了产品的生产成本，附加到消费者身上的费用也就少了，给消费者带来了实惠。其次，Linux 操作系统系统资源占用率较低，而且性能比较稳定。当 JAVA 在手机上的应用越来越广的时候，Linux 操作系统与 JAVA 的相互融合，是任何一个操作系统都不能比拟的，Linux ＋ JAVA 的应用方式，能够给用户极大的拓展空间。

Linux 操作系统缺点也不少：由于 Linux 操作系统介入智能手机领域较晚，采用此操作系统的手机比较少，所以专为这些少量用户所制作的第三方软件还非常少，影响了 Linux 操作系统在智能手机领域内的势力扩张；在 Linux 的平台上进行开发，对厂商的要求比较高，业界需要更强大的软件设计能力，安全性、实时性能、电源管理都是 Linux 智能手机操作的天然缺陷。

（五）iPhone OS

iPhone OS 是苹果公司为 iPhone 开发的操作系统，主要给 iPhone 和 iPod touch 使用，它是以 Darwin 为基础的。iPhone OS 的系统架构分为四个层次：核心操作系统层（the Core OS layer）、核心服务层（the Core Services layer）、媒体层（the Media layer）、可轻触层（the Cocoa Touch layer）。操作系统占用大概 512MB 的存储空间。

iPhone OS 的用户界面能够使用多点触控直接操作，控制方法包括滑动、轻触开关及按键，与系统互动包括滑动（swiping）、轻按（tapping）、挤压（pinching）及旋转（reverse pinching），此外，通过其内置的加速器，使旋转装置改变其 y 轴方向以使屏幕改变方向，这样的设计令 iPhone 更便于使用。

（六）黑莓（BlackBerry）

BlackBerry 是加拿大 RIM 公司推出的一种移动电子邮件系统终端，其特色是支持推动式电子邮件、手提电话、文字短信、互联网传真、网页浏览及其他无线资讯服务。

从技术上来说，BlackBerry 是一种采用双向寻呼模式的移动邮件系统，兼容现有的无线数据链路。它出现于 1998 年，RIM 的品牌战略顾问认为，无线电子邮件接收器表面挤在一起的小小的标准英文黑色键盘，看起来像是草莓表面的一粒粒种子，就起了这么一个有趣的名字。应该说，BlackBerry 与桌面 PC 的同步堪称完美，它可以自动把 Outlook 邮件转寄到 BlackBerry 中，不过在用 BlackBerry 发邮件时，它会自动在邮件结尾加上"此邮件由 BlackBerry 发出"的字样。

BlackBerry Enterprise Solution（BlackBerry 企业解决方案）是一种领先的无线解决方案，可供移动专业人员用来实现与客户、同事和业务运作所需的信息连接，这是一个有效的优秀平台，它为世界各地的移动用户提供了大量业务信息和通信的安全的无线连接。

（1）电子邮件。BlackBerry 移动商业用户，在办公室外也可轻松处理电邮，就像从没有离开办公桌一样。用户可以在旅途中发送、接收、归档和删除邮件，并阅读电邮附件。它支持多种格式，如 Microsoft Word、Microsoft Excel、Microsoft PowerPoint.、Adobe PDF、Corel WordPerfect.、HTML 和 ASCII 等。BlackBerry 解决方案的"始终在线"技术可以自动传递电邮，用户不需要执行任何操作就可接收通信。

（2）企业数据。BlackBerry 利用与电子邮件推入传递体系结构相同的技术，为移动商业用户提供应用程序和系统数据（如客户详细信息、定价数据、订单信息和库存更新）的立即访问。

（3）电话。BlackBerry 无线手持设备，包括内建电话，该电话支持语音服务和呼叫等待、呼叫转移及电话会议等。要拨打或接收电话，用户就像使用其他手机一样，将手持设备贴近耳朵，或者使用附属的耳机，用手持设备在通话期间做记录或记下重要信息。

（4）个人助理。BlackBerry 让用户无线访问个人助理的各种应用，并与无线同步获取手持设备上的 PIM 信息（个人信息管理）。使用 BlackBerry，移动用户可全天访问最新的日历、地址簿、任务和记事簿信息。

（5）互联网和内联网访问。BlackBerry 允许用户无线访问互联网和内联网，使他们有更多时间进行促销和提供客户服务。

（七）Mymobile

Mymobile 是珠海魅族科技有限公司开发的基于微软 Windows CE6.0 核心的手持设备操作系统，运行于魅族 M8 手机上，手指触摸操作，拥有出色的用户体验，并集成通信、多媒体、网络浏览等功能。目前魅族已开放 SDK，支持第三方软件应用。

Mymobile 的常见功能主要有：

（1）视频播放。30 帧 / 秒的 720×480 分辨率 H263/264、MPEG-2、MPEG-4、WMV、FLV、rm 以及 rmvb。

（2）音乐播放。支持 mp3、wma、FLAC、APE、WAV、AAC、OGG、AMR。

（3）ActiveSync。与 PC 连接并用于交换资料。

（4）opera 浏览器。与 PC 版 opera 相似，是手机上第一款完全浏览器，常见的通过其他服务器二次中转再生成页面不同。

（5）通信功能。Mymobile 主要用于手机，故通信为基本功能，可以提供拨号、联系人情况，拨号历史等。

不过，在 2011 年 1 月上市的魅族 M9 手机中，却采用了 Android OS v2.2。

（八）OMS

OMS（Open Mobile System）是中国移动通信集团和 Google 合作联合开发的一款基于 Linux 内核 Android 平台构建的开放式手机操作系统，它在原有 Android 平台的基础上针对中国市场做了特殊优化，比如在硬件方面去除 Wi-Fi 模块，不兼容 WCDMA 网络制式，加入了对中移动运营的 3G 网络 TD-SCDMA 的支持；在界面和开机画面上与 Android 有着细微的区别，针对中国用户的中文录入、简体中文显示都进行了特殊的优化；借鉴了苹果 iPhone 操作系统和 Windows Mobile 手机操作系统的优点，但与 Windows Mobile 全封闭式不同的是，中国移动可以在 OMS 上嵌入所有自主开发或者协议方开发的应用软件。据业内人士分析，此系统有望成为中国移动"掌控移动互联网平台的入口"。

OMS 的主要功能包含以下 4 个方面：

（1）移动业务层面。OMS 在终端手机上完整订制了"飞信、快讯、无线音乐随身听、139 邮箱、移动梦网、号簿管家、百宝箱"等中国移动数据业务。OMS 的用户界面在设计之初就把这些业务当作基本功能的一部分，所以使中国移动的数据业务第一次和手机的自身用户体验达到深度结合。例如电话本中可以探测出好友飞信的在线状态，音乐播放器本地和网络的用户体验完全一致，短信中如果收到邮件地址可以用 139 邮箱直接回复，移动梦网的浏览器和普通网页的浏览器完全相同等。

（2）手机基本功能。OMS 在手机的基本通信功能上继承了很多优秀品牌的长处，并且结合了中国人的使用习惯。例如手写输入和拼音 T9 键盘的集成，拼音和手写的切换，拨号键盘可以用拼音直接调出联系人，对话模式和文件夹模式可以随意选择的短信息用户界面，彩信和短信结合的信息操作逻辑，还有可以随意定制的主屏幕，绚丽的动画以及奇妙的解锁方式等都体现了 OMS 对手机基本功能的重视。

（3）用户体验层面。OMS 吸取了 iPhone、Android、Windows Mobile、Symbian、BlackBerry 等多种移动终端的优势，并结合中国人的用户行为和喜好方式，设计出了完全区别于 Android 的用户界面。其主要特点是大屏幕全触摸的操作风格，面向移动互联网应用的设

计理念。

（4）OMS 的开放。除了易用的美观的界面外，OMS 另一大核心竞争力就是开发和兼容的 API，开发者可以在 OMS 上开发多种 API 的小工具，OMS 可以兼容 iPhone、Android、Symbian S60、Windows Phone 等小工具的使用，OMS 是一个百家争鸣、百花齐放的平台，为移动互联网的发展推波助澜，预计 OMS 推出后 IT 业内各个产品都在为其设计小应用，实现了移动互联网的核心概念。

中国移动推出 OMS 手机操作系统的目标非常明确。首先，可进一步提高终端与中国移动业务的捆绑，并能够在操作系统层面，实现中国移动业务的控制和管理，提高中国移动手机捆绑业务的效能；其次，有利于中国移动掌握未来手机操作系统的话语权，而 OMS 与 Google 在 Android 源代码层面的兼容，又保证了 OMS 在未来手机业务应用方面的通用性和代码可重用性。通过 OMS，中国移动成功实现了将其影响力向手机产业链的延伸，中国移动通过自主推出 OMS 手机操作系统，也有向苹果等大牌手机厂商示威的意味。随着国内 3G 建设的全面启动，手机终端厂商在利益链条中的重要性日益显现。随着中国移动的影响力向手机终端的延伸，其在移动终端方面的话语权将会获得各方认可，最终最有利于中国移动的是手机终端定制业务。另外，OMS 基于 Linux 开放平台的特性，以及与 Google 的 Android 在代码层面的兼容，使得中国移动复制苹果公司的 AppStore 模式成为了可能。未来客户个性化应用的多样性和复杂性，使得运营商自身的业务应用在满足客户全方位应用需求时，存在一定的差距，而苹果的 AppStore 模式，很好地弥补了这一点。作为面对所有用户的网络运营者，由中国移动来承担起个性化应用中间商的作用，其优势显而易见。通过对苹果 AppStore 模式的复制，中移动从此可以进军移动终端的软件领域，从开发源头上垄断手机用户的业务需求。

七、案例阅读

3G 技术给移动商务技术带来什么

由于 3G 的到来，给未来移动商务的发展带来了非常大的变化，在技术上除了经常用的语音及消息型应用以外，在旅游媒体、定植终端应用、LBS 位置服务、移动识别技术、WAP 应用等方面，无论是企业还是市场都将是下一步非常关注的热点。

3G 技术给移动商务技术带来的究竟是什么？它带来的不仅仅是带宽的改变，大多数人将 3G 技术理解为一个网络的改变，或者是速度的变化。事实上，3G 是一个完整的系统，不是简单的网络技术的升级、通信技术的升级，也包括终端运算性能的提升和相应功能的增加，因此 3G 带来的不止是带宽，它是网络终端和应用技术的全面提升。

在目前来看，使用 3G 的各种终端性能在不断提升。比如诺基亚 N 系列手机，主频超过 400MHz，多普达超过 500MHz，CPU 频率高了当然就好，但不一定运算性能高，还要看操作系统等其他的设计，现在在用的这些智能机运算性能不亚于以前用的奔 II，浏览 WORD 和 PPT 文件已经没有问题。终端性能是各种技术的融合，比如照相技术、GPRS 技术等，各种技术融合在一起，会为 3G 的应用带来巨大的改变，因此未来在设计移动商务系统的时候，除了考虑到通信协议的选择和带宽以外，还要对终端以及它们所能承载的应用技术进行充分的考虑。

八、思考与练习

1. 思考题

（1）请对蓝牙、Wi-Fi、红外线数据传输、NFC、ZigBee、UWB 等近距离无线通信技术的使用范围、优点、缺点等进行比较。

（2）和 IPv4 相比，IPv6 具有哪些优势？

（3）简述自动识别技术在信息采集中所起的重要作用。

（4）简述低频、高频、超高频 RDIF 技术在现实中的应用。

（5）试比较 WAP 架构与非 WAP 架构的优缺点。

（6）简述 RDIF 技术在物联网中的重要作用。

（7）简述物联网中面临的隐私保护问题，你认为该如何解决？

（8）试述中国移动推出 OMS 的战略意义。

2. 技能训练

根据自身情况，选取一家移动运营商（中国电信、中国移动或中国联通），调查该运营商移动商务的技术应用状况，撰写调研报告。

项目总结

对移动商务的总体状况、涉及的技术及应用状况进行了阐述，通过本项目的学习和实践，旨在完成对移动商务总体发展状况，包括技术发展及应用状况的调研，达到较为全面地掌握和了解移动商务总体状况的目的。

项目二

移动商务应用

项目目标

1. 知识目标：通过本项目的学习，熟悉移动商务的价值链构成和各成员之间的相互关系；了解移动商务价值链各成员之间的利益分配关系，以及移动商务的主要应用模式。

2. 能力目标：能够根据特定的行业，进行移动商务价值链分析，理清价值链的构成及各成员的相互关系和利益分配关系；根据特定的行业或应用，对移动商务的应用模式进行分析。

项目导入

面对迅速增长的手机网民，众多企业都纷纷寻求合适的推广方式和流量获取通道，以达到良好的宣传效果。北京跃泰恒智信息科技有限公司针对这一情况，自主研发了虚拟门迎机器人，可放在企业网站或者植入微博等方式，为企业提供私属APP客户端服务。

企业虚拟门迎是跃泰公司的恋爱机器人柳柳的高端产品，公司通过对原有技术修改使她成为一款为企业量身定制的虚拟门迎机器人。她以问答的形式介绍企业相关信息，例如："你们公司有哪些产品"，"你们公司在什么地方"，通俗易懂，客户易于理解并接受。根据提供服务的内容不同，价格不同，最低可至几千元，并且可以根据企业需要提供个性化UI和虚拟机器人形象，做属于企业独一无二的门迎机器人。

企业虚拟门迎是恋爱机器人柳柳的姊妹产品，她既可通过传统的文字输入方式回答来访用户的问题，更可以语音的方式介绍企业相关信息。用户只要说话就能跟虚拟门迎机器人沟通，在轻松聊天中详细了解企业产品和服务，操作方式时尚便捷，可成为企业网站一大亮点。她是跃泰公司使用自己的自然语言处理技术研发的，这项技术在业内处于领先地

位。它能识别句子的各个语法成分，能理解语义，识辨情绪和情感，使机器人更能准确理解语义，从而对用户的提问作出最为准确的回答。

　　企业对虚拟门迎机器人后期管理维护权为简单，只需要在企业管理后台增加或删除相关内容，无须修改程序。公司可为企业提供独立的 APP 包、API 接口、IOS 软件包，满足企业网站的不同需求，全方位利用互联网，因而覆盖面广。

项目实施

任务一　移动商务价值链分析

任务描述

　　以中国移动为例，对基于 3G 的第三代移动电话产业价值链进行分析，理清其价值链的构成、各成员之间的相互关系及利益分配关系。

知识准备

一、移动商务生态系统

　　1993 年，美国企业战略专家詹姆斯·穆尔在《竞争的衰亡：商业生态系统时代的领导与战略》一书中第一次提出了"商业生态系统"的概念，构架了基于共同进化模式的企业战略全新设计思路，开创了将生态学的观点引入战略管理的先河。

　　一般可以认为，移动商务产业生态系统是指移动商务产业系统由很多子系统，如网络设备供应商、网络运营商、终端供应商、内容/服务提供商、集成商、消费者群体、政府等共同组成的一个产业生态系统。移动商务生态系统是一种开放的系统，也是一个动态的系统。现代移动商务产业是个巨大的产业生态系统，其中可以容纳的物种种类和数量在迅速膨胀，组成这个生态系统的所有成员都应该持一种更为开放、更为包容的心态，共同搭建一个大平台，并依托这一平台共同进化、共同发展。在生态系统内的各物种，如政府、设备供应商、电信运营商、客户群体、内容/服务提供商、系统集成商、渠道供应商、终端供应商等，存在着共生、竞争、合作、中立等关系。

　　研究移动商务产业生态系统的重要内容之一是制定科学的"游戏规则"。"弱肉强食"的"丛林法则"是每一个生态系统所具备的天然法则，这也说明了移动商务产业系统内竞争的残酷性，在完全竞争市场状态下，这一天然法则可以保证系统的生存和发展，但在现实环境，如果缺乏良好的"游戏规则"，将会造成市场竞争过分激烈，形成无谓的市场内耗；或者市场过于沉寂，阻碍产业发展。规则的制定和实施是政府的责任和义务，同时也是政府作为监管者参与移动商务产业生态系统的方式，良好的规则必须在"防止垄断和防止重复投资"以及"保护消费者利益和鼓励技术创新"等原则中取得平衡。

研究移动商务产业生态系统的另一个重要内容是寻找恰当的生态位。企业生态位是指一个企业乃至一个行业在企业生态大环境中处于的位置，对处于生态系统内的每一个"物种"或"个体"而言，在系统内保持竞争优势的关键是寻找恰当的生态位，每个个体都必须清楚认识自身的资源和能力以及行业的整体态势，认清自身在整体生态系统中的地位和价值，以及与自身密切相关的其他个体，哪些是竞争者，哪些是合作者，对于竞争者自身的优劣势何在，对于合作者采用何种合作方式为好。

二、移动商务价值链的生成

价值链（value chain）的概念最早是由哈佛大学商学院的 Porter 教授于 1985 年在《竞争优势》一书中提出的，但是，至今没有一个统一的定义，研究的内容也有所不同。一般而言，价值链是指在产品或服务的创造、生产、传输、维护和价值实现的过程中所需的各种投资和运作活动，以及这些活动之间的相互关系所构成的链式结构。移动商务的价值链就是在直接或间接地通过移动平台进行产品或服务的创造、提供、传递和维持，进而获得利润的过程中形成的价值传递的链式结构。

在价值链分析中，价值这个概念是从用户角度定义的，即用户对企业提供的产品或服务认可并愿意接受的价值，如果用户愿意支付的价值超过企业提供产品或服务所需的成本，那么企业就有盈余或盈利。企业创造的价值产生于其自身的一系列作业之中，如采购、生产、服务、销售等，这些作业在创造价值的同时也消耗了一定的成本。价值作业是指那些对企业完成目标有帮助的而互相之间又有明显区别的企业作业，它具有经济性（指完成价值作业本身所需的代价）、价值性（指价值作业对客户有贡献）、可比较性（指价值作业以价值或盈余表现其贡献，因而可以比较）。

（一）移动商务价值链演进分析

移动商务产业价值链是随着移动电话技术的变革而不断发展和变化的。自 20 世纪 80 年代中期以来，移动电话技术历经了 3 次重要的变革：模拟技术、数字技术、高速数据技术，即通常所说的 1G、2G 和 3G。相对应的产业价值链也历经了 3 个主要阶段。

1. 第一代移动电话产业价值链

20 世纪 80 年代中期出现的模拟移动电话技术能够提供的移动服务比较单一，以语音服务为主，其产业价值链主要由 4 部分构成：无线服务提供商（Wireless Service Provider，WSP）、终端设备制造商（Terminal Manufacture，TMF）、中间服务提供商（Intermediate Service Provider，ISP）、最终用户（The End User），如图 2-1 所示。

图2-1　第一代移动电话产业价值链

图 2-1 中，无线服务提供商的主要业务是运用无线设备建立和运营传输信号的无线网络平台，为电子信号实现无线传输提供最基本的网络条件。终端设备制造商的主要业务是制造用户使用的终端设备。中间服务提供商的主要业务是提供安装在终端设备上的应用程序，包括系统集成（System Integration，SI）、增值转接（Value Added Reseller，VAR）、专

业零售商（Specialty Retailer，SR）等，这些程序把价值链上的参与者连接在一起，使得参与者能够理解其他参与者各种动作的含义，实现正确的信息传递。最终用户即享受无线服务提供商提供的无线服务的个体。

第一代移动电话产业价值链的基础是模拟技术（Analog Technology），传输、交换、手机、信号都是模拟的，辐射大，稳定性低，价格昂贵。

2. 第二代移动电话产业价值链

数字技术的出现促进了移动电话产业的更新换代。20 世纪 90 年代，以数字技术为动力的第二代移动电话系统开始应用，它提供数字语音和简单的数据服务，这促使原来移动电话产业价值链中参与者的组合分化，以及新参与者的介入，并且改变了参与者之间的价值分配关系。第二代移动电话产业价值链如图 2-2 所示。

图2-2 第二代移动电话产业价值链

3. 第三代移动电话产业价值链

出现于 20 世纪末、21 世纪初的新一代无线高速数据传输移动通信技术（The Third Generation，3G）催生了大量新的应用，基于这项技术，可以提供各种多媒体数据服务。虽然第三代移动通信系统在我国还处于推广普及中，但是在欧美的很多国家和地区，基于 3G 的无线传输网络已经取得了很大进展，多媒体数据服务的出现必然引起移动电话产业价值链的再一次变革。第三代移动电话产业价值链的示意图，如图 2-3 所示。

图2-3 第三代移动电话产业价值链

与第二代移动电话相比，第三代移动电话所能够提供的服务有了新的突破，基于多媒体数据的服务，如彩信、游戏、高速网络接入等。价值链上的参与者也发生了变化，门户和接入服务商、支持性服务提供商介入其中。门户和接入服务提供商的出现是网络服务内容扩展的必然。随着内容变得复杂，处理技术难度提高，内容和应用服务提供商和无线网络运营商之间需要既熟悉无线网络技术，又熟悉内容处理技术的实体，使得内容和应用服务提供商能够方便、快捷地接入无线网络，而不需要过多地了解无线网络技术。门户和接入服务提供商正是这样的实体，它在两者之间架起一座可以互通的"桥梁"。

这里的支持性服务提供商不同于第一代中的中间服务提供商，第一代中的中间服务提

供商的主要业务是提供应用于终端设备上的应用程序，而在第三代中，他们提供的是使移动商务得以顺利进行的支持性服务，如付费平台的建立、付费支持、安全保证等，此时的支持性服务提供商的业务是从无线网络运营商的业务范围中分化出来的。从而，无线网络运营商只专注于自己的无线网络构建和无线网络运营，将相关业务外包（Outsourcing）给其他价值主体，突出了其核心竞争力，降低了运营风险，同时整个价值链更加明细化，关系变得更加复杂。第三代移动电话产业价值链的具体组成及相互间的关系，如图2-4所示。

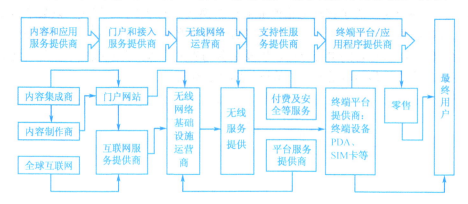

图2-4　第三代移动电话产业价值链的主要成员及相互关系

第三代移动电话时代的服务内容主体从语音转向了移动数据多媒体内容。按格式划分可将移动多媒体内容分成以下4类：

（1）文本内容：新闻、股票价格、产品描述、文字广告、定位信息等。

（2）音频内容：无线网络广播、音乐、语音信箱等。

（3）图片内容：静态图片、动画等。

（4）视频内容：无线电视、视频文件等。

丰富的移动多媒体内容催生了专业化的分工，有制作大量的、具体的移动多媒体信息的内容制作商，这些内容再经过内容集成商的加工转化成顾客所需要的形式，通过运营网络主机或进行信息传输企业（全球互联网）渠道，最终通过用户的消费实现移动服务的价值。

（二）移动商务价值链的生成模型

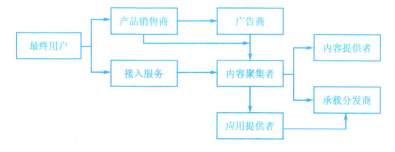

图2-5　移动电子商务的资金流向

图 2-5 表示了包含应用和内容服务的移动商务资金流向模型，即价值链的生成模型。用户通过接入服务（基本识别服务）支付所接受移动商务的费用，从服务方的角度看，可

以假定它为总收入。这些费用经过接入服务汇集到内容聚集者手中，内容聚集者应当将它分摊给内容提供者和应用提供者，并结算给承载分发商，应用提供者也应当将所收入的一部分交给这项应用的承载分发商。将承载分发商与接入服务（基本识别服务）整合在一起，可以控制价值链总收入这一环节，保证移动商务业务健康发展。内容中有一部分是商家提供的广告，用户通过内容服务看到广告因而购买商家的产品，商家因此要付钱给内容聚集者。在这个图中没有涉及各个商家之间的资金流向和物流的问题。

三、移动商务产业链的协调发展

在国际上，电信产业的激烈变革始于 20 世纪 80 年代中期。随着美国贝尔公司的拆分，英国和日本随之跟进，电信产业由垄断进入了竞争时代。打破垄断带来的直接后果是传统垂直一体化的设备制造、网络运营、最终客户的三段式电信产业价值链模型不再具有实践意义，应运而生的是新的价值链模型：设备及软件、网络层、链接层、导航和中间件层、应用层（包括内容）和客户。电信产业具有趋于不断复杂化的趋势，这种复杂性源于打破垄断、解除管制后的自由化趋势，以及降低进入的技术障碍，具体表现是市场的不断分化，使企业战略、商业模式等呈多样化发展。

电信业正经历着激烈的变革，基础设施和服务提供方面机遇与挑战并存，已有的价值链正在分崩离析，产业结构正在重组架构，新进入者力量强大；迅速发展的技术和不断增加的市场紊乱使得本来就很复杂的状况徒增变数；许多尝试过的商业模式，连同相关的框架、工具和技术，已经成为障碍；价值链正在迅速进化成价值网络，具有多元的进出点，具有巨大的复杂性。当前的电信产业在某些方面的变革是相当激烈的，所有的交易主体都需要重新评估他们的市场定位和战略，并且对下一步的走向作出艰难的抉择。

电信产业价值链的激烈变革给移动商务产业链的协调带来前所未有的挑战，这里所讲的"协调"是指产业成员之间的一种均衡状态，成员之间进行交易时关于数量和价格的最优决策不应违背整个供应链的最优。在垄断时代高度垂直一体化的市场结构下，可以通过命令控制等非市场措施以牺牲局部利益为代价保证供应链整体的最佳利益，而价值链的网络化趋势使得交易主体的数量急剧膨胀，通过传统的交叉补贴、命令控制等显性方式协调整个产业供应链不再奏效，甚至通过简单的市场机制、以单纯价格为纽带的契约安排也无法达到协调发展。

移动商务供应链协调发展依赖于各成员的协同努力，要使他们积极参与产业网络的建设，就必须建立合理的利益分配机制，让他们感觉到参与产业网络建设比脱离产业网络建设能得到更多利益，并且在产业网络里面受到公平对待。如果合作利益得不到合理、公正的分配，则产业网络中企业间就难以形成稳定、长久的合作关系，甚至使整个产业网络崩溃。由此可见，合作利益分配问题是非常重要的，是供应链协调发展的核心问题，移动商务供应链的协调发展需要合理的契约安排。

合作利益分配问题的契约安排要解决两个问题，即何种契约能够实现利润的任意分配，何种契约的实施成本较低。利润的任意分配是指通过调整合同条款，特别是合同参数，是否可以实现利润在产业网络中各独立企业之间的不同分配，从而使契约具有较好的稳定性。任意分配利润是契约的理想状态，而执行该类契约往往增加各种各样的管理成本，

因此制订合同应考虑管理成本与预期收益之间的比较，这也是现实中常见的契约从形式上来讲都比较简单的重要原因。发展协调的契约意味着产业网络中各独立企业均采用实现整个系统最优的行动。

四、3G 时代的移动商务产业价值链

国内外的各移动运营商都对 3G 投入了极高的热情，其主要原因是，运营商们欲借 3G 较宽的带宽，为用户提供更加丰富的移动数据业务，从而缓解因语音业务基本处于饱和引起的 ARPU（Average Revenue Per User，每个用户平均收入）值下降的状况，达到提高收入的目的。诺基亚的研究表明，3G 网络提供的新移动业务将使运营商获得额外的收入机会，使他们的收入在目前的语音和接入服务的基础上增加一倍。从目前 3G 运营商的实际情况来看，移动数据业务确实可以为其带来不错的收入。

由于 3G 时代的移动通信产业价值链的重点和关键在于移动数据业务，所以产业价值链的构成和整个业务环境都必须围绕如何满足用户在移动数据业务方面的需求，并在此基础上加以丰富。

3G 时代的移动商务产业链呈现为一个围绕着顾客需求和顾客价值为目标的价值网络，产业链的每一个环节都参与到用户价值的满足过程中，特别是手机制造商、应用服务商和内容服务商都开始建立直接与用户的联系，从而使用户与产业价值链的每一个环节的反馈都是开放的、双向的。

（1）以顾客为目标。3G 时代的移动商务产业链的最终目的是为了满足顾客的需求和价值，特别是移动数据增值服务上的需求和价值。在我们所理解的完整产业链中，顾客处于中心位置，顾客能够对运营商的服务进行选择，同时也对手机产品、应用服务、内容进行选择。

（2）形成多个竞争环境。由于顾客已经被置于整个产业链的中心位置，并且具有独立的选择能力，因此围绕着顾客需求和顾客价值，电信运营商之间、手机制造商之间、服务提供商之间、内容服务商之间会产生竞争。这 4 个竞争环境既是相互独立的也是相互关联的。

（3）合作竞争是主要基调。由于围绕顾客产生了独立的竞争环境，而且竞争越来越激烈，而通过合作联盟可以有效地降低成本，提高适应顾客需求的能力，所以各个参与者之间需要寻求各种方式和内容的合作，合作竞争就成为所有产业链参与者的唯一选择。合作竞争的具体方式可以根据参与方在产业链中的位置采取包括上下游 / 同环节合作，同质 / 异质竞争的不同组合。

（4）产业链仍然以运营商为主导。在资金流上，顾客支付的资费首先进入移动运营商手中，移动运营商再与 SP/CP 分成，SP/CP 又将获得的收入与手机制造商进行分成。在产业链的其他参与者中，运营商处于一个关键的位置，控制着资金流的最上游，以及顾客的身份识别代号——电话号码，并且提供最基础的网络，在整个产业链中仍然处于主导地位。

任务实施

1. 分析中国移动基于 3G 的第三代移动电话产业价值链的成员构成。
2. 分析中国移动基于 3G 的第三代移动电话产业价值链各成员之间的相互关系。

3. 分析中国移动基于 3G 的第三代移动电话产业价值链各成员之间的利益分配关系。

任务拓展

一、几种业务的价值链分配

目前移动商务主要将以点对点短信服务 SMS、多媒体信息服务 MMS、个人信息服务 PIM、移动办公系统、无线定位服务 MLS 等为基础发展起来。

（一）点对点短信服务 SMS

其价值链的分配如下：

（1）用户接入识别，并且按照使用付费。

（2）移动运营商整合了接入服务、承载分发和内容聚集功能。

（3）各个运营商之间对承载分发进行结算，与内容、应用提供无关。

（二）具有内容的短信服务（含交易服务）

其价值链的分配如下：

（1）用户登记该项服务（向内容 / 服务提供商或者移动门户登记）后，接入识别服务分发相关消息给用户，并对用户收费。

（2）移动运营商整合了接入服务、承载分发的功能，也可以包括内容聚集功能和安全保障服务。

（3）各个运营商之间对承载分发进行结算。

（4）移动运营商将费用分配给内容和应用提供商。

（5）商家向运营商支付广告费。

（三）个人信息服务 PIM

个人信息服务是移动运营商应当特别关注的一项增值业务，这是一种属于多媒体短信服务 MMS 的应用服务，在用户手机上除了通话外还可以同步接收和发送照片、文本（名片）等，甚至手机上可以装数码摄像头，将所摄取图像传送给对方。其价值链的分配方式可以是以下几类：

（1）用户接入识别，通话，传递多媒体信息，付费。

（2）移动运营商整合了接入服务、承载分发的功能，包括内容聚集功能和安全保障功能。

（3）各个运营商之间对承载分发进行结算。

（4）运营商将费用分配给应用提供商（用户授权使用，通过接入识别付费）。

（5）如果所传送的信息包括应当付费的内容，则记录在用户费用中，并通过运营商收取后分配给内容 / 服务提供商。

（6）商家向运营商支付广告费。

（四）移动办公系统

移动办公系统是结合了 SMS、MMS、PIM、MLS（Mobile Location Service，移动定位服务）和 OIS（Office Information System，办公信息系统）的移动商务。移动办公系统

应用提供商的收益来自两个方面，一是使用授权，二是所提供的办公平台；其价值链与个人信息服务的相似之处在于都要由移动运营商提供接入识别和收费，由于这项应用不是每次使用的，可能用户（企业用户）一次性向应用提供商购买了使用权，所以，除非移动运营商向应用提供商购买使用权并向自己的订户分发，否则在使用中移动运营商无法从中得到收益；如果移动办公平台由运营商提供，运营商可以从中得到收益。其资金流的分配如下：

（1）用户接入识别，通话，进行移动办公，付通信费。

（2）各个运营商之间结算。

（3）如果移动运营商代理应用服务（包括提供移动办公平台），可收取费用，否则与之无关。

（五）无线定位服务 MLS

该技术用来判定在某一半径范围内移动电话用户的物理位置，可提供的业务主要分4类，即公共安全服务（营救、报警、旅馆定位器之类的保卫业务等）、跟位置相关的计费、跟踪业务（车队监视管理、丢失车辆定位等）、基于定位的信息服务（导航、交通报告、观光导游、定位广告、移动黄页等）。这些应用如何给运营商开辟新的收入来源，应当根据每个具体应用分析运营商是否能够控制接入识别，是否能够做到每完成一笔交易都能抽取一定费用来判定。

二、运营商与内容／服务提供商收益分成

由于移动网络运营商提供的服务种类众多，成本核算复杂，用户量巨大，因此与移动网络运营商有关的价值分配最困难，导致中国移动、中国联通、中国电信等移动网络运营商自身难以确定如何与上下游企业进行价值分配才最合理。移动网络运营商作为整条价值链中最强势的企业，除了为自身创造最大价值之外，还应考虑整条价值链的优化问题，从而使价值链上的各个组成部分能协作一致共同获利，因此，以移动网络运营商为中心展开价值分配的研究具有重要的意义。

与移动网络运营商进行价值分配紧密相关的是内容／服务提供商，他们利用运营商的网络平台为移动用户提供各类服务，如果没有他们，移动网络运营商的平台就形同虚设，没有任何意义；相应的，如果没有运营商的平台，内容／服务提供商即使有再好的服务也无法直接传递给用户，内容／服务提供商必须依赖运营商来生存。这表明，运营商与内容／服务提供商相辅相成，紧密的协作关系，缺一不可。目前，信息服务越来越多样化，内容／服务提供商作为信息、服务的创造者在移动商务价值链中的地位越来越重要。

运营商与内容／服务提供商进行合作为广大用户提供各类服务，运营商以代收费的形式从用户账户中直接扣取服务费用，然后再按照一定比例与内容／服务提供商进行收入分成。以中国移动为例，中国移动公司在其制定的《移动梦网SP合作管理办法》中，根据不同的SP合作类型规定了不同的分成比例，如15%:85%、30%:70%、50%:50%。三种不同的合作类型及各自的职责和结算比例，如表2-1所示。

表 2-1　中国移动与 SP 合作模式

合作类型	中国移动职责	SP职责	结算模式
普通型合作	提供网络通道、业务管理平台，代计代收信息费，配合SP有偿提供客户服务	提供业务内容，进行自主营销宣传，并负责提供全程客户服务	中国移动与SP的信息费结算比例为15%：85%，SP向中国移动支付不均衡通信费
半紧密型合作	提供网络通道、业务管理平台，代计代收信息费，负责客户服务	提供业务内容，进行营销宣传，配合客户支撑	中国移动与SP的信息费结算比例为30%：70%，SP向中国移动支付不均衡通信费
紧密型合作	提供网络通道、业务管理平台，代计代收信息费，自主进行业务营销宣传，提供全部的客户服务，并享有该业务的相应知识产权	提供业务内容	中国移动与SP的信息费结算比例为50%：50%，SP不向中国移动支付不均衡通信费

　　这些分成比例一般都由运营商确定，内容／服务提供商被动接受，这种分成比例的方式显然没有考虑内容／服务提供商的利益，不利于整个价值链的发展。

　　除了运营商与内容／服务提供商之间的价值分配外，还必须考虑运营商与移动用户之间的价值分配。用户是一切利润的来源，而运营商对各种服务的定价是影响运营商与终端客户之间价值分配的最主要因素。只有制定了合理的价格，移动用户享受内容／服务提供商和运营商提供的各种服务的同时，才能为整个价值链创造最大价值。

　　国际上大部分先进的电信运营企业都把作业成本法作为成本分摊的工具，移动网络运营商的成本主要包括固定成本、营销成本和服务成本。

　　固定成本指建设和维护移动网络花费的成本，这部分成本金额巨大，需要在各种服务中逐渐分摊到所有客户上。选择作业成本法分摊固定成本的过程主要包括：第一，选择作业项目，将电信网络元素予以细化，并以各项业务的网络元素使用量作为衡量互动的基础；第二，设立成本库，收集各项作业的相关成本，包括共用资源成本的合理分摊；第三，归集各项业务的作业使用量，依次作为分摊因子，并计算各项作业的单位成本；第四，将依据单位成本计算的各成本对象所使用的各项业务成本进行加总，得到该成本对象的单位成本。由于分摊固定成本时需要输入很多要素和相应的数据，还需要确定关键假设，才能得出成本分摊结果。具体来说，网络相关数据要素包括固定资产投入、网络运维成本费用、网络元素单位和容量、网络成本分摊动因数据；关键假设包括资产折旧年限、储备战略所占比例、支持部门贡献方式、固定的投资回报率以及由此得出的资本成本加成，在综合考虑这些因素后，通过一定的计算就可以得出每类服务分摊的固定成本。内容服务提供商相对于移动网络运营商，固定成本比较小，企业规模也较小，固定成本的分摊可以由常规会计核算方法得出。

　　营销成本包括广告、业务推广、积分送礼等营销活动带来的成本。在不同的合作模式中，移动网络运营商和内容／服务提供商的营销成本有所不同，如在普通型合作模式中，内容／服务提供商负责营销，该类服务的营销成本便成为内容／服务提供商的成本，移动网络运营商不涉及此成本；在紧密型合作中，内容／服务提供商不涉及任何营销成本，而全部由移动网络运营商承担。但诸如品牌营销这样的营销成本需要分摊到各类服务中。

　　服务成本包括服务热线、营业厅、客户服务代表以及俱乐部会员享受的贵宾服务等造

成的成本，同营销成本类似，不同的合作类型，移动网络运营商与内容/服务提供商的服务成本有所不同。像服务热线和营业厅这样的整体服务成本也需要分摊到各类服务中。

三、3G 移动商务产业链的成功经验

不同国家的 3G 移动商务产业链的成功经营既有各自的特点，也具有共同点。通过对 SK Telecom 开展的 MBank 业务的分析归纳，并结合 NTT DoCoMo、KDDI、和记黄埔等移动数据业务和产业价值链的分析，得出一些值得国内移动运营商借鉴的经验。

（1）顾客需求。一个成功的业务必须始于对顾客需求的准确把握和挖掘，并设计出能够吸引顾客并最终培育顾客忠诚度的业务。如韩国运营商 KTF 设计业务的原则是"快速、简单、有趣、有用"。

运营商应该针对市场用户进行调查和咨询，认清 3G 业务服务的目标市场，提供具有针对性的业务需求，必须进行差异化的 3G 服务，吸引更多、更广泛的用户。例如，韩国 SK Telecom 公司运用多品牌市场细分战略，1997 年 SK Telecom 与咨询公司合作，把移动通信用户细分为大学生、低年级学生、家庭主妇、年长者、专业人士和个人消费者 6 类人群。

（2）内容/服务提供商。纵观在移动内容业务提供方面获得一定成功的运营商的经验，可以得出一个共同点，那就是这些运营商都很重视与内容/服务提供商进行联盟和合作，开辟共同市场并创造盈利。

例如，NTT DoCoMo 在设计系统的时候充分考虑如何激励内容/服务提供商提供丰富的内容，具体措施有如下几方面：

① 选择便于内容/服务提供商使用的技术，例如，选择 HTML、HTTP、GIF、MIDI、Java 等。

② 业务设计（包括手机规范）尽量给内容提/服务供商提供方便，而不是从电信运营商和无线厂商的角度出发。

③ 进行功能升级，这样可以引入新产品，促进使用量的增加，也意味着 NTT DoCoMo 流量的增加。

NTT DoCoMo 从内容获取的收入不足数据总收入的 2%，它的收入来自业务流量。NTT DoCoMo 作为市场的倡导者建立了能够激励内容/服务提供商的商业模式后，公司利用自己的市场地位影响整个价值链上各行业企业之间的合作，使得日本移动数据业务市场在这几年内获得了惊人的发展。

（3）终端制造商。终端制造商在产业链上处于一个更加独立的地位。移动电话是一个竞争激烈、规模巨大的市场，移动电话是用户享用数据业务的平台，所以在产业链中，运营商与制造商保持合作，相互制约和促进。由于 3G 的移动数据业务是一个新的业务，需要两者之间保持最大的协同性，避免终端成为业务发展的瓶颈。当业务趋于稳定和成熟时，终端制造商制造出更多的符合业务需求的手机，可以最大限度满足多元化顾客的多元化需求。

很多运营商采取各种措施加强与终端制造商的合作，具体措施有如下几方面：

① 出台技术规范，资助厂商研发。NTT DoCoMo 出台一些技术规范，提供给手机厂

商，手机厂商生产的手机必须严格符合这些技术规范。

②选取本土制造商，可得到更多、更实际、更方便的技术及服务支持，还可节约成本，提升竞争力。

③参股手机厂商或者成立生产手机的控股子公司。

④通过手机定制和集中采购。

（4）商业模式。开展 3G 移动增值数据业务的商业模式多种多样，在 3G 业务推广过程中有如下几方面：

①品牌营销策略（如 SK Telecom 的客户细分）。

②低价策略（如与记黄埔在 3G 业务中的语音费率低于其他 2G 业务提供商）。

③业务组合捆绑策略（如与记黄埔和沃达丰的移动业务套餐）。

④手机补贴策略（大部分移动运营商提供的签约送手机模式）。

⑤辅助的优惠策略（提供其他人性化的优惠）。

从顾客价值的角度来看，不外乎是通过增加顾客的收益，降低顾客的成本，或者两者兼有，最终结果是增加客户价值，所以一切商业模式的设计都围绕着顾客这个最终的目标，以提升顾客价值为目标导向，并可以根据客户类别的不同，增加提升顾客价值方法的灵活性。

除了在产业链的各个环节上促进 3G 移动商务产业链的发展之外，3G 移动商务产业链的发展也受到其他一些因素的影响，如来自于政府的支持、技术的稳定及融合程度、用户需求挖掘和应用的培育环境，在考虑国内 3G 时代移动通信产业价值链的构成时也需要同时系统地考虑上述因素的影响。

四、案例阅读

移动商铺巨资打造　商业价值链随之开启

2010 年 5 月 15 日，用友在北京宣布移动商铺正式开铺，一个建立在移动互联网上的虚拟商业模式——移动商铺，瞄准迅速增长的手机用户，走近百姓生活，正试图开拓"天天有人用，有人天天用"的新的消费时代。

从 2010 年 4 月开始，在进出北京、上海、深圳机场的高速路边耸立的擎天柱广告上，用友移动打出了巨幅广告，上面赫然写着两行大字：移动商铺，3G 地标。除了像中国移动这样实力卓著的运营商外，当时国内还没有一个移动商务增值服务商有实力在机场高速路做路牌广告，更出人意料的是，用友移动把它耗费巨资打造的移动商铺——一个移动电子商务平台，作为"地产"概念来诉求。

移动商铺，一个建立在移动互联网上的虚拟商业中心，被它的创建者们称为"3G 地标"，虚拟商业世界的移动地产。按照规划，将吸引上百万商家入驻并建立移动商铺，这些移动商铺按照所提供的服务，分属于各地城市商街，同一城市内又按服务的属性分置于不同街区，构成一个没有边际、没有限量的虚拟商业圈。

"商业模式是重要的，更重要的是建立持续的价值分享体系。"用友移动商务公司总经理杨健说，在移动商铺的价值链中，除了用友移动，还分布着商家和企业、消费者、合作

伙伴等多种角色，每一个角色都能得到自己持续的价值。

用友移动是这个空前的移动电子商务平台的构建者和运营主导者，就像传统地产中的"开发商"和"物业管理公司"一样，遍布全国的渠道代理和运营合作伙伴，承担为移动商铺"招商"和建立服务的使命。商家和企业入驻移动商铺，建立移动商铺，可以进行市场营销、产品推广和形象展示，为消费者提供商业服务，促进销售，并可实现移动交易和支付，获得3G商机，同时节省成本。消费者可以用手机"逛街"，商家可以进行品牌推广、打折促销、优惠券派发、购物抽奖等营销活动，还可以发布企业黄页信息和产品价格行情，提供预订服务等。

五、思考与练习

1. 思考题

（1）如何理解移动商务产业生态系统各成员之间的相互竞争与共同发展的关系？

（2）第三代移动电话产业价值链与第一代、第二代相比，存在哪些不同之处？

（3）在移动商务产业链中，运营商与内容/服务提供商之间应如何进行收益分配？

（4）我国在构建3G时代的移动商务产业价值链过程中，应该注意哪些问题？

2. 技能训练

以中国电信为例，对基于3G的第三代移动电话产业价值链进行分析，理清其价值链的构成、各成员之间的相互关系及利益分配关系。

任务二 移动商务应用模式分析

任务描述

根据自身的实际情况，选择一个熟悉的行业（如移动音乐），分析其应用模式，具体内容可包括该应用模式涉及的核心技术、运营模式（市场范围、价值构成、收入来源、参与者在价值链中的角色等）、目前发展和应用状况、未来发展前景等。

知识准备

一、移动商务应用概述

移动商务具有非常丰富的应用内容，而且不断扩展，迅速发展，通过这些应用或者服务，用户可以获得前所未有的使用感受，并且极大地方便了人们的工作、学习和生活。

（一）移动商务应用的定义

移动商务应用是移动商务主体通过手机等移动终端，在"动态"中进行应用和实现应用的行为，也是一种在"动态"中调动他人共同应用，或者整合相关商务资源参与应用或共同应用的行为。它可能是移动终端持有者的个人行为，也可能是通过个人行为调动多人参与的群体行为，更可能是整合了价值链相关各方互为动作的整合互动行为。

在移动商务的形成与发展过程中，网络信息技术的发展加快了社会生活节奏，也加快了商务活动、商务交易过程和商务交易节奏，从而使得社会需求不断扩大。

移动商务应用是以移动通信技术及相关技术为支撑，利用移动数字终端（包括便携、手持数字设备），建立起相应的商务应用模型，直接进行的商务活动，或利用移动信息转移功能，依托网络化的商务平台，进行或完成的多维的、跨行业或跨国的商务实现活动。

移动商务的应用范围非常广，如移动广告业务、移动库存管理、移动金融业务、移动拍卖和招标、无线娱乐服务、移动办公、移动远程教育、无线数据中心、移动黄页、紧急救援、定位服务等方面。如销售人员在拜访客户时，如果客户有订单，可以直接通过手机终端在系统中下单。系统还可以实现物料的有效性检查，即系统会自动判断现在是否有可用的库存在满足用户的交货要求。

移动商务的流动性和易用性特征，使移动商务不仅能广泛地应用在服装、化妆品、家电、快速消费品等众多从事店面零售的企业，也可以广泛应用于物流企业、运输企业、递送企业、公安车检、产品质量追踪等，还能广泛应用于农业生产领域，以及紧急避险、抗震救灾等领域，对于企业管理、市场管理、城市管理也都具有重要的作用和广泛的应用前景。

（二）移动商务应用的特点

移动商务是传统互联网电子商务在移动领域的延伸和发展，但是两者的服务对象和服务方式以及技术特征又有很大的不同，移动商务主要有以下特点：

（1）主要针对具有移动应用需求的用户。

（2）用户对商务信息的交互性、实时性要求较高。

（3）服务终端具有私人性。

（4）由于手机界面及输入方式的限制，对应用服务要求操作简单，响应快速。其中的最大特点是"随时随地"和"个性化"。

移动商务平台能够帮助用户解决的实际问题主要有：

（1）可以不受时间、空间及设备限制，快捷地处理业务信息，解决了商务人士离开电脑后无法快捷处理业务的难题。

（2）可以快速查询各种资料、信息（如查询联系人、查询产品信息、查询库存信息等）。

（3）作为统一门户平台享受各种移动信息服务。

手机以及一些相关的便携通信设备的各种创新技术提供了移动终端功能，具备了在移动过程中，完成或实现商务活动的技术条件，这就为发展和进行移动商务活动奠定了基础，提供了可能。正是这种探索推动了移动商务的发展。

电子商务的发展，提供了在静态环境下，进行快速查找、快速浏览、快速对接、快速支付、快速成交的可能性，而移动商务的发展，进一步提供了在动态中进行和实现商务活动的可能性和现实性。因此，把握和理解移动商务应用，必须紧紧抓住其在"动态中进行的应用行为"和"动态中完成的应用活动"这一特征，正是由于能在动态中进行和动态中完成，才从根本上满足了商务活动及时、有效的要求。

（三）典型的移动商务运营模式

商务运营模式是企业运营和盈利的模式，它与价值链有着紧密的联系。在移动商务中，存在很多种商务运营模式。

1. 商务运营模式的定义

商务运营模式是企业运营业务、创造利润的模式，主要是指企业如何在与其他实体的

合作过程中创造价值并实现利润的。移动商务的商务运营模式是指在移动技术条件下，相关的经济实体是如何通过一定的商务活动创造、实现价值，并获得利润的。

商务运营模式与价值链之间是相互关联又相互区别的。价值链是在某种技术条件下所有相关实体及其相关活动组成的链式结构，而商务运营模式是由其中的某几个部分及其相关活动组成的业务运营和盈利模式。尽管商务运营模式是由价值链中的几个部分组成的，但是他们的关注点有很大区别。价值链主要强调这种技术所涉及的所有实体的类型和其在商务运营中的地位和作用，而商务运营模式强调的是相关企业运营过程中的关联，及各自是如何应用这种技术创造和实现利润的。商务运营模式是某个特定领域或某种特定产品和服务的运营模式，只有将应用某种技术的所有的商务运营模式进行总结和分析，才能获得这种技术条件下的价值链，也只有对该技术条件下的价值链结构和其中各成员的关系进行全面的分析，才能充分认识他们在具体的商务运营模式中所扮演的角色和作用。

2. 移动商务运营模式的发展

移动商务价值链随着技术的升级而不断扩充、完善和成熟，而商务运营模式是由价值链中的某几个部分相互合作形成的盈利模式，因此商务运营模式必然随着价值链的扩充而变得更加复杂多样。

总的来讲，商务运营模式是从简单到复杂、种类少到种类多变化的，其中，最大的变化是从现有内容／服务提供商的参与到内容／服务提供商在整个商务运营模式中逐渐占据主要地位。现在大多数移动商务的商务运营模式中都少不了内容／服务提供商的参与，他们是移动商务内容和服务的来源，也是移动商务实现商业价值的根本。另一个显著的变化是：无线网络运营商从原来整个价值链的拥有者和管理者，变成了简单的通信服务提供者，逐步失去了其在移动商务中的主导地位，最后只能依靠向内容／服务提供商出租网络资源而生存，在向内容／服务提供商提供产品和服务的过程中收取佣金获得利润。

3. 移动商务运营模式与电子商务运营模式的区别与联系

移动商务和电子商务是建立在两种不同的技术基础上的，电子商务是建立在电子数字技术和电子通信技术基础上的，而移动商务是建立在电子技术和移动技术基础上的。有人认为移动商务是电子商务的扩展，移动商务的实现的确要有电子商务的相关技术基础的支持，电子商务的发展过程也对移动商务的发展起到了借鉴作用，但是移动商务绝不应该被看作是电子商务的简单扩展，而是在接入了关键性技术的条件下的扩展，不但接入了更多的参与者，而且实现了更多的商务运营模式。

商务运营模式主要由四个方面组成：市场范围、价值构成、收入来源和参与者在价值链中的角色。下面就从这几方面对电子商务和移动商务进行分析。

（1）市场范围。商务运营模式的市场范围，主要是看这种商务运营模式所针对的市场特征，如地域特点、消费者特征等。

从移动商务和电子商务的特性不难分析出，移动设备可移动性的特征决定了移动商务与电子商务最大的不同就是它的可移动性，这决定了移动商务是针对移动人群的，而不像传统的电子商务那样只要是可以连接到因特网的人都能成为电子商务的目标客户，而因特网又是世界各地、各种文化背景、各种年龄层次的人都能连接得上的。由于移动商务技术上的限制，目前，大部分的移动网络还只是针对某个特定范围（如某个国家或者地区）内的移动人群的，所以，客户群都具有相似的文化背景，由于无线网络运营商的不同，同地域的移动商务客户群还会被细分成不同的部分，再加上移动商务是通过移动终端实现的，而移动终端本身个性特征相当明显，不同的移动终端的功能特性都有区别，决定其能够接受的服务有所区别。移动终端的使用者具有不同的特征，决定其会接受的服务有很大的差别——对于时间充裕的年轻人来讲，可能体现年轻、时尚的饰品和游戏比较容易接受；对于老年人，可能新闻信息、健身保健信息更加重要。所以，移动商务的市场与电子商务相比，细分程度更高、个性化更强。

（2）价值构成。电子商务主要的价值在于它能够以低廉的传输成本在全球范围内提供丰富的电子信息，而与此相比，移动商务主要是由其移动性和良好的位置感而产生价值的。终端设备的可移动性使用户能够随时随地通信，得到紧急事件响应和时效性信息服务，并可以把移动设备当作电子钱包使用，还可以在终端设备中携带娱乐项目；良好的位置感能够让用户接受到基于地理位置的服务（如前进方向、最近的旅馆、最近的娱乐场所信息等）。这两方面的共同作用又能够促进移动工作者提高生产率。

下面的这个例子具体说明了移动商务是如何起作用的。

某个工作人员出差到 A 地开会，由于某些原因，开会的地点要改为 B 地，而且时间也提前了，如果等这个工作人员到了 A 地再转向 B 地已来不及，但是该工作人员已经在去 A 地的途中了，不能通过因特网、固定电话等方式进行通知。幸运的是，该工作人员带有移动终端设备，所以及时得到通知，该工作人员就在去 A 地的途中转向去 B 地了，而且正好能赶上开会时间。由于他对 B 地不了解，不知道该如何到达具体的开会地点，他可以通过移动终端申请基于位置的服务，得到到达具体开会地点的路径信息。由于临时改动，没有提前预订旅馆，他可以到了目的地以后再通过移动终端请求最近旅馆信息的服务，并得到到达该旅馆的最近路线。如果没有预订返回机票、车票等，也可以通过移动设备完成。如果该工作人员在 B 地没有现钞，则可以通过移动终端设备进行支付。

从上面这个例子中，可以充分体会到移动商务给人们生活带来的方便，也充分体现了移动商务区别于电子商务的特性。

（3）收入来源。与移动商务和电子商务一样，收入由基本通信收费、附加值服务收费、销售通信器材和设备收费、移动应用开发收费、广告收费等构成。不同的是，这些收入来源在两种商务形式中的内涵和地位不同，例如对于附加值服务收费来说，电子商务可能是指主机托管、虚拟主机等服务，而在移动商务中更多是指与移动性和位置信息相关的服务，如紧急情况通知，小孩、老人以及精神病病人跟踪等。

（4）价值链中的角色。总体来说，在电子商务价值链中的参与者，基本上在移动商务中也存在，不同的是移动商务中新增加了无线网络接入商和无线网络运营商的参与，而且，移动商务逐步改变了原来电子商务价值链中大部分成员的角色和重要性程度，并为新参与者提供了进入空间。

价值链上的每个参与者都试图通过对自身的调整以适应不断变化的商务环境，但有一点是值得肯定的：移动商务是一个由各个商业成员组成的复杂网络。其中的参与者包括基础平台提供商、基础设施提供商、手机制造商，以及应用程序开发商、内容/服务提供商、移动通信运营商、银行、内容集成商和移动接入商等，这些参与者在进行各种竞争和合作，而每个参与者只能集中于整个价值链中的某个很小的组成部分。

在商务活动中，交易支持、内容服务和内容集成是技术复杂而获利空间高的业务，

移动运营商将把移动商务看作重新获得这些业务的有利时机。要想成功地实现转变就要改善与已有用户的关系，并与大量的内容／服务提供商建立良好的合作关系，运用这种策略的关键是谁掌握了顾客信息，谁就是实现价值创造的关键要素。付费明细、用户位置和偏好等信息对于向顾客传递便利的、高度个性化的服务相当重要，也是与内容／服务提供商、广告商进行利润分配谈判的重要资本。传统的门户网站、电子银行、内容／服务提供商，以及大量新进入的参与者都在实施类似的策略，他们都在努力发掘自身的优势，希望与用户建立更加紧密的关系，并进一步在移动商务价值链中占据重要地位。

表 2-2 是对以上内容的总结，读者可以从中进一步认识两者之间的区别和联系。

表 2-2 电子商务和移动商务运营模式比较分析

比较项目		电子商务	移动商务
一级项目	二级项目		
市场范围	移动性	目标客户群不包括移动中的人群	针对移动客户群
	地域文化	面向全球	具有一定的地域限制和文化特征
	人群特征	没有细分市场	可以根据地域、文化背景、人员层次等进行细分
价值构成	通信	只能在固定地点接入网络，进行通信	可以随时随地与其他人通信
	时效性	时效性较差	时效性好
	地理位置相关服务	提供与地理位置无关的静态服务	可以根据用户的地理位置提供相应的服务
	娱乐	强大的娱乐程序	由于随身携带娱乐程序，可以随时进行简单的娱乐活动（如音乐、游戏等）
	电子钱包	需要第三方的认证才能进行交易	本身具有个性化信息，可以通过终端设备内置的认证信息或用户特征进行认证（如手机号码、指纹等）
	工作者生产率	通过减少旅行，可以提高工作效率	可以提高移动人员的工作效率
收入来源	基本通信收费	是网络接入商和门户网站的主要利润来源	是无线网络运营商的主要利润来源
	附加值服务收费	是门户网站和内容/服务提供商的主要利润来源（例如主机托管、手机铃声下载等）	是无线网络运营商和内容/服务提供商的主要利润来源（例如紧急情况通知、基于位置的信息服务、各种电子产品下载等）
	销售通信器材和设备	是通信设备制造商的主要利润来源	是通信设备制造商的主要利润来源，而大部分情况下需要与无线网络运营商合作，这时无线网络运营商也会参与价值分配
	应用开发费用	开发平台和开发技术都是标准的，应用开发相对较容易，是应用程序开发商的主要利润来源，但利润空间比较小	开发技术比较复杂，而且设备的相关性较高，是无线应用程序开发商的主要利润来源，利润空间较大
	广告	成本低、范围广等特点决定了广告是门户网站的主要利润来源	成本高使得广告无法成为无线运营商的主要利润来源

比较项目		电子商务	移动商务
一级项目	二级项目		
价值链中的角色	内容/服务提供商	获取内容服务利润的大部分，在整个价值链中占据核心地位	依赖于无线网络运营商，获取利润的比例相对较小
	内容集成商	对内容/服务提供商提供的内容进行加工处理，从中分得利润（大部分内容不需要集成）	对内容/服务提供商提供的内容进行加工处理，从中分得利润（大部分内容需要集成）
	有线网络接入商和门户网站	提供有线网络接入服务，获取提供服务所获利润的一部分	当内容来自有线网络时，分得利润的一部分，但比无线网络接入商的重要性要低
	无线网络接入商和门户网站	不参与	是接入无线网络的关键部分，参与价值分配，一般由无线网络运营商扮演
	有线网络运营商	收取通信费	在内容或服务来自有线网络时，收取通信费
	无线网络运营商	不参与	处于重要地位，控制整个无线网络的接入口和规范
	网络和终端设备制造商	主要利润来源是向有线网络运营商或商业客户出售网络设备终端设备，技术标准规范，难度较低，可移植性好	主要利润来源是向无线网络运营商或商业客户出售网络设备终端设备，技术更新快，可移植性相对较差，一般与无线网络运营商联合开发
	终端用户	是利润的主要供给者	是利润的主要供给者

4. 主要的移动商务运营模式

移动商务是借助于移动技术、通过移动网络向用户提供内容和服务，并从中获得利润的商务活动，而商务活动中不同的参与者、服务内容和利润来源的组合形成了不同的商务运营模式。在移动商务中，主要的参与者包括内容/服务提供商、门户和接入服务提供商、无线网络运营商、支持性服务提供商，以及终端平台和应用程序提供商；提供的主要服务包括新闻信息、定位服务、移动购物、娱乐等；可能的利润来源包括通信费、佣金、交易费等，当然还有各种广告费、提名费。这些参与者、服务内容和利润来源通过各种形式组合在一起就形成了移动商务的商务运营模式。

移动商务中的商务运营模式主要包括通信模式、信息服务模式、广告模式、销售模式和移动工作者支持服务模式等。

（1）通信模式。移动通信是移动终端用户的基本需求，也是移动商务中最早出现、最普遍的服务。无线网络运营商为用户提供移动通信服务，用户交纳使用费，就形成了无线网络运营商通过语音或短信服务获取利润的商务运营模式。

如图 2-6 所示，在这种商务运营模式中，主要的参与者是无线网络运营商和用户，主要的服务是语音和短信服务，主要的利润来源是用户交纳的使用费。

在这种商务运营模式中，用户是通过交纳月租费或根据实际使用的通信量或通信时间缴费的。例如，用户只要每个月交纳一定金额，就可以在这段时间内免费获得语音和短信通信；也可以根据通话时间和发送短信的条数缴费。

移动通信服务商之间的竞争促进了移动通信服务费用的下降，也进一步扩大了移动通信服务市场，持有移动终端设备的用户越来越多。

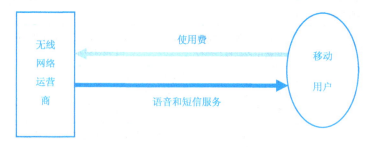

图2-6　通信模式

（2）信息服务模式。移动商务中另一种比较常见的服务是信息服务，包括各种实时信息服务（如新闻、天气、股票信息等）、各种基于位置的信息服务（如移动用户附近酒店信息、娱乐场所信息、加油站位置信息等）、以及各种紧急信息服务。

在这种商务运营模式中，主要的参与者是内容／服务提供商、无线网络运营商和用户；主要的服务是信息服务；主要的利润来源是用户交纳的服务预订费。如图2-7所示，内容／服务提供商通过无线网络运营商向移动用户提供各种信息服务；用户通过交纳一定的预订费获得这些服务；无线网络运营商通过传输信息而获得通信费。另外，根据与内容／服务提供商签订协议的情况，无线网络运营商还会以佣金的形式获得内容／服务提供商的利润分成。

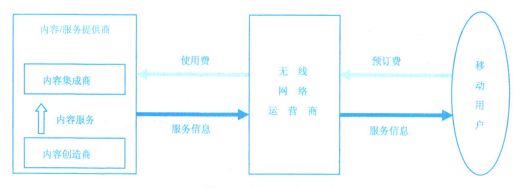

图2-7　信息服务模式

用户交纳预订费可以按时间计费或按流量计费。按时间计费可以是按年、月或星期，一般以月为单位。按流量计费可以根据获得服务的次数或获得服务内容的多少，如移动用户希望获得附近的酒店信息，可以根据他获得的短信条数交纳费用，也可以根据获得多少个酒店的信息付费。

无线网络运营商收取通信服务费用也有两种方式：信息流量费和佣金。无线网络运营商通过与内容／服务提供商协调，确定收费模式。可以按照信息流量收取通信费用，如根据短信条数进行收费，也可以根据与内容／服务提供商达成的协议，从所有服务费中收取一定比例的佣金。

在这个模式中，移动用户是服务的享受者，也是利润的来源；无线网络运营商提供了服务实现的途径，获取信息服务费和佣金；内容／服务提供商提供各种服务信息，是利润的主要获得者，其获利占到总利润的 80%～90%，可以说是最大的赢家。

（3）广告模式。广告是电子商务的重要利润来源，它至今仍然是内容／服务提供商赚取高额利润的有效途径。由于移动设备的屏幕小，与有线网相比需要目的性更强的广告，例如用户找饭店的时候，将与其查询内容相关性最好的广告发给他，将其所在地附近饭店的优惠券也同时发给他。很多服务的提供过程是需要收集用户的偏好信息的，例如根据用户的偏好，把与用户所在地或其他相关的属性（时间、所在地的天气等）敏感的广告发给用户（在天气晴朗时，把附近冰激凌店的信息发给他等），那么，在多种信息同时引导下，用户就更容易接受所推销的产品。有些门户网站，还通过赠送精美礼品，提供各种优惠条件，甚至是直接给用户金钱回报的方式来提高广告的点击率。

图 2-8 是广告的运作模式，从中可以看出，这种商务运营模式涉及广告客户、内容／服务提供商、无线网络运营商和客户，在广告模式运营过程中，还涉及一些中间商，如无线广告代理商、内容集成商、移动门户网站和无线网络接入商等。

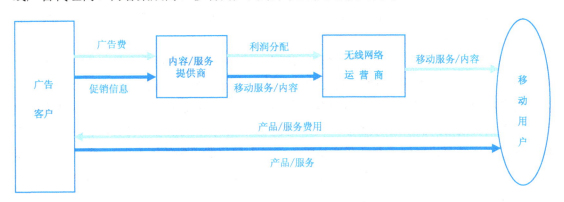

图2-8　广告模式

在这种模式中，虽然从表面上看，广告客户支付给内容／服务提供商一定的费用，内容／服务提供商再与无线网络运营商之间进行利润分配，而实际上，移动用户才是利润的来源，移动用户通过购买产品和服务，将利润过渡给广告客户，而广告客户只是将其获得利润的一部分以广告费的形式付给内容／服务提供商，内容／服务提供商将促销信息添加到发给移动用户的内容和服务中，获得广告费，而无线网络运营商通过为内容／服务提供商提供无线传输服务获得通信费或利润分成。在这种模式下，内容／服务提供商和无线网络运营商的职能和获利方式与信息服务模式非常相似。

（4）销售模式。自互联网诞生以来，人们就将其视为销售渠道之一，主要通过建立网上商店等形式降低销售成本，无线网络也具有同样的功能，已经开始成为产品和服务的另一种销售渠道。无线网络技术和终端设备的特性决定了这种销售模式具有不同于有线网络销售方式的特性。

如图 2-9 所示，在这种商务运营模式中，主要的参与者有内容／服务提供商（产品服务提供商）、门户接入服务提供商、无线网络运营商、支持性服务提供商（第三方服务）和移动用户。

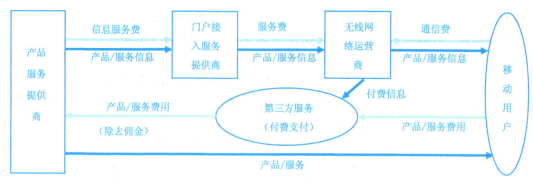

图2-9　销售模式

在此，移动客户是利润的主要来源；产品服务提供商通过向移动客户销售产品获得利润；门户接入服务提供商通过向产品服务提供商提供无线网络接入获得信息服务费；无线网络运营商通过向门户接入服务提供商提供信息服务获得服务费，有时还会获得移动用户支付的通信费；第三方（信用卡公司、银行、无线网络运营商等）则是通过向产品服务提供商提供服务支持（付费支持）获得佣金。

从图 2-9 中可以看出，产品服务提供商要向门户接入服务提供商交纳信息服务费，这种费用可以根据信息流量或时间长度交纳，根据访问次数缴费，或按月、年付费等。门户接入服务提供商与无线网络运营商之间的付费方式则大多根据带宽的大小，按月或年付费，当然也有根据提供信息的数量（如按照提供多少千字节的信息）付费，有时用户还要向无线网络运营商提供通信费（在产品服务信息不是免费提供的情况下）。第三方获得佣金的方式可以根据交易次数收取（如每次收取一定额度的交易费），也可以根据交易金额收取（收取交易金额的一定比例）。

无线网络的销售模式除了与有线网络的销售模式一样，具有降低成本、减少中间层的作用外，还具有自己的特性。首先，由于移动用户能够在任何时候、任何地方接入无线网络，因此能够享受更加便利的服务，随时随地都可以参与各种竞拍活动，以及通过移动网络购买产品等；其次，由于终端设备能够反映个性信息，使得销售产品和服务的针对性更强，更能够满足客户的个性化需求，加上移动终端设备与使用者形影不离，促使移动销售成为最理想的激发人们购买欲的手段；另外，由于移动设备的位置敏感性，使得用户能够获得与位置相关的产品和服务，例如，在移动用户出差的时候，为其提供所在地附近的旅店信息；当其在傍晚寻找休闲娱乐场所时，为其提供附近电影院等娱乐场所的相关信息。

除了以上的相对优势以外，无线网络销售也有其自身的局限性：受移动通信设备（主要指终端设备）的计算能力和传输能力的限制，移动通信的安全性相对较差，而且通信成本较高，这对信息的整合程度要求更高。

另一个重要差别是，并不是所有的产品和服务都适合移动销售模式，尤其对于那些非急需的、在购买之前需要搜寻大量信息才能进行决策的产品和服务，例如，人们不会在等车或在咖啡厅休息的时候，用手机购买小汽车。常见的适合移动销售模式的产品和服务有

预定电影票、紧急车票、CD 和鲜花等。

现在有些企业（如移动终端设备制造商与信用卡提供商合作）已经开始投资手机预定票业务服务系统，有望通过无限传输技术为用户提供更好的服务。首先，用户需要把订票信息下载到手机上形成电子凭证，然后利用电子凭证获得纸质机票，或者在检票处直接通过蓝牙等无线技术检查电子凭证，从而省去了纸质票据分发和携带的麻烦。

随着移动销售的发展，已经逐渐出现了各种形式的移动销售代理，他们的出现会促使更多移动销售模式的出现，使得更多类型的产品可以通过移动销售模式进行销售，不仅如此，有些门户网站在销售产品的基础上，已经开始为顾客提供产品比价服务（即对门户网站上注册过的公司的同类产品进行价格比较，以便用户选择更加合适的产品）。产品和服务类型的增加，以及安全性等方面的进一步改善都会大大促进移动销售的发展。

（5）移动工作者支持服务模式。移动商务可以作为企业降低成本、提高顾客满意度的手段，典型的应用包括移动支付、移动交易和移动订票等。无线网络的出现不仅能够帮助公司削减分支机构、呼叫中心、售票亭和柜台的人员数量，还有很多其他方面的作用，如减少传统商务运营模式的中间层，缩短供销链，增进企业与客户之间的亲密感等。例如，航空公司不需要旅行社介入，而是通过移动网络就可以直接把机票卖给顾客。

通过移动网络进行商务活动能够大幅度地降低成本，很容易抵消掉商务过程中移动化的成本。

企业运营过程的移动支持主要包括移动资产管理、移动供应链管理、移动销售支持系统（售货员可以通过该系统访问企业后台数据库以检查产品的可用性，进而与顾客达成更合适的发货日期）等，这个过程能够大大提高企业的生产力。

在企业移动支持中，最重要的一项是对移动工作者提供支持服务系统，这个系统的建立能够大大提高移动工作者的工作效率。根据 IDC 公司的定义，移动工作者是指那些20% 或更多的时间里都不在办公室的工作人员，这些人员不在公司的时候，也需要利用公司的资源，有些甚至随时随地都需要借助公司的资源进行工作。例如，一些咨询机构的咨询师，大部分时间都在客户那里工作，但是在提供服务的过程中，很有可能需要利用公司的资源来解决问题或为客户提供更好的服务，其中包括客户的相关信息、相似案例的分析、以及资深专家的意见等；如果他们可以随时获得这些信息，而不一定要求客户具备一定的条件（如有线网络接入条件等），那么就会大大提高他们的工作效率，提高顾客的满意度。

如图 2-10 所示，在这种模式中包括企业内容 / 服务提供商、无线网络运营商和移动工作者。无线网络运营商通过向企业的移动工作者提供移动支持服务获得服务费用，移动工作者则是移动服务支持的对象，而企业则充当类似于内容 / 服务提供商的角色。不同的是，这里内容 / 服务提供商并不会直接从移动工作者那里获得产品和服务费用，而是借助于移动工作者工作效率以及客户满意度和忠诚度的提高，进而提高经营效率的方式获得回报的。

由于移动技术的限制，移动工作者获得的信息是有限的，所以应该是最有效、相关性最好的信息，这就要求在提供这种服务之前，企业对要提供的内容进行精炼和整合。

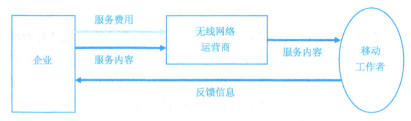

图2-10 移动工作者支持服务模式

二、移动商务的交易服务

（一）移动商务合同

1. 移动商务合同的概念和特点

（1）合同的概念。关于合同的概念，在我国民法中代表性的表述有两种：一是认为，合同是指当事人之间设定、变更、终止债权债务关系合意，因此可以称为"合意说"；二是认为，合同是当事人之间产生、变更、终止民事权利义务关系的意思表示一致的法律行为，因此可以称为"法律行为说"。这两种概念的差别在于：合意说侧重于表明当事人的意思表示一致，而法律行为说则侧重于表明合同的法律行为性质，由于法律行为是以意思表示为要素的，所以这两种合同概念并没有本质上的区别。

总之，合同是指具有平等民事主体资格的当事人，为了达到一定目的，经过自愿、平等、协商一致就设立、变更、终止民事权利义务关系达成的协议。协议或合意构成了合同的本质，合同法重在保护当事人之间的协议或合意。

（2）移动商务合同与电子商务合同的异同。移动商务是通过手机、PDA、呼机等移动通信设备与互联网（Internet）有机结合所进行的电子商务活动，与电子商务的区别不在于扩展电子商务活动，突破传统的有线环境的局限，而是将无线通信与互联网（Internet）的移动网络相结合，成为一种新的商业运作模式。通过移动通信设备做出的交易活动，达成的合同协议，同样要符合合同法的规定，受合同法的制约。

与传统合同一样，移动商务合同本质上是当事人之间达成的合意，其成立意味着移动商务各方当事人的意思表示一致。移动商务合同成立须具备的条件，除了存在各当事人对主要条款达成一致、具备要约和承诺阶段外，还须具备全部或部分采用电子记录形式要件。

对于电子商务合同，许多学者进行了广泛深入的研究，很多国家出台了相关的法律法规进行了规定。移动商务合同只是在实现的网络环境和缔约的设备上与电子商务合同所不同，在其他方面与电子商务合同并无太大差异，因此对于移动商务合同来说，电子商务合同的相关规定仍然适用。

（3）移动商务合同的特点。

① 邀约承诺通过无线网络进行，合同双方当事人都通过无线设备连接在虚拟的市场上运转，其身份依靠密码辨认或者认证机构的认证，表示合同生效的传统签字盖章方式被数字签字所代替。

② 与传统合同的订立、变更、解除方式有很大的不同。传统的形式有书面和口头的

两种，法律有着严格的规定；移动商务合同的订立没有严格的形式要求，不同情况有不同的表现形式，标的额小、关系简单的交易表现为直接通过手机订购、付款，如利用手机直接购买图片、下载彩铃。

③ 传统合同与移动商务合同在成立的地点上有着明显的不同。传统合同的生效地点一般为合同成立的地点；移动商务最大的特点是移动性，因而通过移动商务订立的合同根据不同的情况有着不同的规定。

2. **移动商务合同的订立与生效**

移动商务合同的订立，是指缔约人作出意思表示并达成合意的行为和过程，任何一个合同的签订都需要当事人双方进行一次或者是多次的协商、谈判，并最终达成一致意见，合同才可成立。移动商务合同的成立是指当事人之间就合同的主要条款达成一致的意见。

移动商务合同作为合同中的一种特殊形式，其成立与传统的合同一样，同样需要具备相关的要素和条件。世界各国的合同法对合同的成立大都减少了不必要的限制，这种做法是为了适应和鼓励交易行为，增进社会财富的需要，所以说在移动商务合同的成立上，只要当事人之间就合同的主要条款达成一致的意见即可成立。

关于合同中的主要条款，现行的立法是很宽泛的，我国的《合同法》第12条作了列举性的规定，但是该列举性规定是指一般条款。就合同的主要本质而言，在合同主要条款方面如果当事人有约定，要以双方约定为主要条款，如果没有约定可以根据合同的性质确定合同主要条款。

合同的成立与合同的订立是两个不同的概念，两者既有联系又有区别。移动商务合同的成立需要具备相应的条件：首先，订约人的主体是双方或者是多方当事人，合同的主体是合同关系的当事人，他们是实际享受合同权利并承担合同义务的人；其次，订约当事人对主要条款达成合意，合同成立的根本标志在于合同当事人就合同的主要条款达成合意；最后，合同的成立应该具备要约和承诺两个阶段，《合同法》第13条规定："当事人订立合同，采取要约、承诺方式。"

（1）要约和要约邀请。

要约是指缔约一方以缔结合同为目的而向对方当事人作出的意思表示。关于要约的形式，联合国的《电子商务示范法》第11条规定：除非当事人另有协议，合同要约及承诺均可以通过电子意思表示的手段来表示，并不得仅仅以使用电子意思表示为理由否认该合同的有效性或者是可执行性。要约的形式，可以是明示的，也可以是默示的。

要约通常具有特定的形式和内容，一项要约要发生法律效力，则必须具备特定的有效条件：

① 要约是由具有订约能力的特定人作出的意思表示。

② 要约必须具有订立合同的意图。

③ 要约必须向要约人希望与之缔结合同的受要约人发出。

④ 要约的内容必须明确、具体和完整。

⑤ 要约必须送达受要约人。

要约邀请是指希望他人向自己发出要约的意思表示。在电子商务活动中，从事电子交易的商家在互联网上发布广告的行为到底应该视为要约还是要约邀请？在该问题上学界有不同的观点，一种观点认为是要约邀请，他们认为这些广告是针对不特定的多数人发出

的；另一种观点认为是要约，因为这些广告所包含的内容是具体确定的，其包括价格、规格、数量等完整的交易信息。

要约一旦作出就不能随意撤销或者是撤回，否则要约人必须承担违约责任。我国《合同法》第 18 条规定："要约到达受要约人时生效。"由于移动商务交易均采取电子方式进行，要约的内容均表现为数字信息在网络上传播，往往要约在自己的移动终端上按下确认键的同时对方几乎同步收到要约的内容，这种技术改变了传统交易中的时间和地点观念。为了明确电子交易中何谓要约的到达标准，《合同法》第 16 条第 2 款规定："采用数据电文形式订立合同，收件人指定特定系统接收数据电文的，该数据电文进入该特定系统的时间，视为到达时间，未指定特定系统的，该数据电文进入收件人的任何系统的首次时间，视为到达时间。"

（2）承诺。承诺，又称为接盘或接受，是指受要约人作出的，对要约的内容表示同意并愿意与要约人缔结合同的意思表示。我国的《合同法》第 21 条规定："承诺是受要约人同意要约的意思表示。"意思表示是否构成承诺需具备以下几个条件：

① 承诺必须由受要约人向要约人作出。

② 承诺必须是对要约明确表示同意的意思表示。

③ 承诺的内容不能对要约的内容作出实质性的变更。

④ 承诺应在要约有效期间内作出。要约没有规定承诺期限的，若要约以对话方式作出的，承诺应当即时作出，要约以非对话方式作出的，承诺应当在合理期间内承诺，双方当事人另有约定的从其约定。

承诺的撤回，是指受要约人在发出承诺通知以后，在承诺正式生效之前撤回承诺。根据《合同法》第 27 条的规定："承诺可以撤回。撤回承诺的通知应当在承诺通知达到要约人之前或者是承诺通知同时达到要约人。"因此，承诺的撤回通知必须在承诺生效之前达到要约人，或者是与承诺通知同时到达要约人时，撤回才能生效。如果承诺通知已经生效，合同已经成立，受要约人当然不能再撤回承诺。对承诺的撤回问题学界有不同的观点，反对者认为移动商务具有传递速度快、自动化程度高的特点，要约或者承诺生效后，可能自动引发交易系统作出相关的指令，这样会导致一系列的后果。赞同承诺撤回的学者则认为不管电子传输速度有多快，总是有时间间隔的，而且也存在网络故障、信箱拥挤、计算机病毒等突发性事件的存在，使得要约、承诺不可能及时到达。

当事人订立合同，都采用要约、承诺方式，要约人提出订立合同的条件，受要约人完全接受，表明双方的意思表示一致，合同的订立过程结束。

3. 移动商务合同的内容与履行

（1）移动商务合同的内容。合同的内容，即合同的当事人订立合同的各项具体意思表示，具体体现为合同的各项条款。《合同法》第 12 条规定："合同的内容由当事人约定，一般包括以下条款：①当事人的名称或者姓名和住所；②标的；③数量；④质量；⑤价款或者报酬；⑥履行期限、地点和方式；⑦违约责任；⑧解决争议的方法。"

合同生效后，当事人就质量、价款或者报酬、履行地点等内容没有约定或者约定不明确的，可以协议补充；不能达成补充协议的，按照合同有关条款或者交易习惯确定。当事人就有关合同内容约定不明确，依照前述规定仍不能确定的，适用以下规定：

① 质量要求不明确的，按照国家标准、行业标准履行；没有国家标准、行业标准的，

按照通常标准或者符合合同目的的特定标准履行。

　　② 价款或者报酬不明确的，按照订立合同时履行地的市场价格履行；依法应当执行政府定价或者政府指导价的，按照规定履行。

　　③ 履行地点不明确，给付货币的，在接受货币一方所在地履行；交付不动产的，在不动产所在地履行；其他标的，在履行义务一方所在地履行。

　　④ 履行期限不明确的，债务人可以随时履行，债权人也可以随时要求履行，但应当给对方必要的准备时间。

　　⑤ 履行方式不明确的，按照有利于实现合同目的的方式履行。

　　⑥ 履行费用的负担不明确的，由履行义务一方负担。

　　传统合同法上的八大条款并不是每个合同都必须具备的"必备条款"、"主要条款"，缺少了其中的一个或几个条款，当然并不导致一个合同不成立或者不生效。事实上，每个合同应该具备哪些条款依合同情形不同而各不相同。

　　（2）移动商务合同的履行。移动商务合同的标的可以划分为有形标的与无形标的的两类。当某一标的物为有形物时，合同的履行与传统合同的履行没有什么差别；当某一标的物为无形物时，依据交付方式的不同而有所不同。

　　标的物为无形物时，往往通过电子传输进行交付，即通过无线网络中的数据电文往来完成合同标的交付，比如在得到供方许可的前提下，通过发送短信或通过无线设备直接登录到供方的网络中下载图片、彩铃或游戏等，这是移动商务独有的交付方式，该方式已经将合同履行过程虚拟化，在需方能够按照合同目的，有效地占有和支配电子合同项下的标的物时，供方就已经履行了自己所承担的合同义务。"有效地占有和支配"是指在供方的指引下，取得标的物，并能够完成发挥其功能的相关操作。

　　电子合同中，需方的履行义务主要是货币支付，支付额度应当与供方的交付形成对价，是合同相对性规则的直接体现，当有证据表明供方的交付属于法律上的单方行为时，可以免去需方的对待给付义务，如无偿赠与等。如果合同标的物属于无形物中共享性特征非常明显的产品类型，如电子信息，按照先使用后付费的履行顺序，很可能会出现一方履行交付义务之后，另一方逃避对待给付义务的情况，致使权利人的合法权益得不到保障。为了保护权利人的合法权益，法律可以允许发送方在接收方对待给付之前不完全履行，或设置电子控制，但必须保证接收人已经存在的合法权益不会因此而受到侵害，且一旦按合同规定进行对待给付后，接收人要能够顺利接收和使用该信息。在当前法律没有规定的情况下，当事人也可以在协商一致后，采取在合同中规定预付款、保证金等办法来缓解这一问题。

　　合同履行过程中，与交付相对应的是检验和接收。当合同标的无须经过专业人士检验，根据通常标准即可确定其使用性能与特点时，法律也就无须为此规定专门的检验和接收程序；当合同标的需要经过专业人士检验才能确定其使用性能与特点，并且接收方有机会对其进行检验时，法律应当考虑为此设置合理程序，赋予接收方在合理条件下进行检验的权利，以保障接收方的合法权益。经过检验，一方交付的合同标的物符合合同目的时，另一方应当按规定方式予以接收，协助对方完成交付行为，不得为此设置任何障碍；另一方交付时，合同一方负有同样的协助义务。

　　违约责任是合同法的核心内容，在电子合同中也不例外。当事人一方不履行或不完全

履行合同义务，不存在法定或约定免责事由的，应当依据《合同法》第10条的规定"承担继续履行、采取补救措施或者赔偿损失等违约责任"。经营者对消费者有欺诈、胁迫行为的，应当"依照《中华人民共和国消费者权益保护法》的规定承担损害赔偿责任"。特别是在合同标的物为无形物时，当事人可以通过在合同中约定定金、预付款等方式来敦促对方履行合同，还可以根据《合同法》第66～69条的规定，积极运用所享有的抗辩权，保障自己的合法权益。

（3）变更与解除。移动商务合同即为法律所确认，遵守合同就是遵守法律，在移动商务合同成立后，任何一方都要受其一致的意思表示的约束，不得随意变更、解除移动商务合同；只有在当事人双方协商一致，或出现当事人约定的或法律规定的可变更、解除合同的事由时，才可变更、解除合同。

在要约未到达受要约人之前，要约人有权宣告取消要约；或受要约人在发出承诺通知后，在承诺正式生效之前可以撤回承诺，但数字化信息的交换快速无比，要约或者承诺到达对方"制定系统"或"特定系统"的时间几乎是瞬间，甚至于有许多时候交易双方的信息，几乎是同时到达对方，在客观上似乎没有能够撤回的余地。从理论上来讲，在不根本侵害合同当事人利益平衡的前提下，电子要约和承诺的撤回、变更，应予以承认，但从移动商务旨在提高交易效率以及网络快速、便捷的角度出发，允许撤回、变更的时间应依具体的交易内容而做更严格的限制。

（二）移动商务认证服务

安全是制约移动商务快速发展的主要问题，身份认证是最基本的安全服务，它以密码学理论为基础，用于正确识别主体（用户、节点或终端等）的身份，离开身份认证，安全的存取控制就无法实现，安全无从谈起。

与传统商务相比，移动商务在身份认证的实现上具备一定的优势。首先，移动终端传输的信号均为数字信号，便于加密；其次，由于移动用户和移动终端普遍为一对一，身份认证更易于实现。移动商务的身份认证也存在一些问题：一是由于无线信道的开放性，认证信息在传送中易遭受窃听、干扰、篡改等攻击，这可能是移动商务中实现身份认证最大的安全问题；二是与有线信道相比无线信道带宽较窄，容易产生信号的衰落、频移以及时延扩展，信道的误码率较高；三是与固定终端相比，移动终端在功能及资源上严重受限，如计算能力弱，存储空间小，通信带宽窄和电源供应时间短等；四是移动终端本身不能提供足够的安全防护。移动商务身份认证机制的研究必须综合考虑上述因素。

1. 移动商务认证机构

（1）认证机构的特点。认证中心（Certificate Authority，CA），是移动商务的一个核心环节，是在电子交易中承担网上安全电子交易认证服务，签发数字证书，确认用户身份等工作的具有权威性和公正性的第三方服务机构。它是安全电子交易中的重要单位，是一个公正、公开的代理组织，接受持卡人和特约商店的申请，会同发卡及收单银行核对其申请资料是否一致，并负责电子证书的发放、管理及取消等事宜，是在线交易的监督者和担保人。其主要职能是进行电子证书管理、电子贸易伙伴关系建立和确认，密钥管理，为支付系统中的各参与方提供身份认证等。CA类似于现实生活中公证人的角色，具有权威性，是一个普遍可信的第三方。

作为提供身份认证的第三方，认证机构须具备以下一些特点：

① 独立的法律实体。认证机构以自己的名义进行认证服务，以自有财产提供担保，并承担一定的法律责任，同时也向客户收取一定的费用，作为服务的报酬。

② 具有中立性与可靠性。认证机构一般不直接与用户进行商业交易，而是在其交易中，以受信赖的中立机构的身份，提供信用服务。它不代表交易任何一方的利益，仅公布公正的交易信息促成交易。

③ 被交易的当事人所接受。如果交易者不信赖认证机构，就不会接受其服务，而认证机构就不可能为其提供服务，当然就无法参与其中。其接受可能是明示的，如在当事人之间的正式合同中表达，也可能在交易中默示承认，或由成文法律、法规或条约所要求。

④ 其经营的目的是提供公正的交易环境。

（2）认证机构的管理体系。目前市面上出现的认证机构管理体系主要有：

① 政府主导的电子商务认证体系。该体系由政府出面对认证机构进行管理，规定认证机构必须具备的条件和应承担的责任，并且在法律上推定经认证机构核实的电子签名具有证据力。

② 行业协会主导的电子商务认证体系。该体系是由认证机构协会负责制定，认证机构必须遵守的行业规范，并由其负责对各认证机构进行监督。这种做法强调的是行业自律，但是在具体实施过程中，行业协会如何产生，以及经认证机构协会批准的认证机构核实的电子签名证据力如何，还有待于相关法律的规定。

③ 当事人自由约定的电子商务认证体系。该体系没有规定认证机构的行业规则，在实践中，当事人可以自由约定采用何种方式的电子签名，也可约定选用哪个认证机构，具体的权利义务完全由当事人双方自由商定。这种做法给当事人最大的自主权，适应了技术发展的灵活性，但是势力弱小的消费者，很难在风险责任分担中起作用，而且各认证机构规则不统一，认证结果通用性差。

在我国目前国情下，商家的商业信誉不够，不适合完全采用当事人自由约定的电子商务认证体系。

（3）认证机构的功能。认证机构主要具有以下5个方面的功能：

① 证书的发放功能。当收到用户的数字证书申请后，注册中心将申请的内容进行备案，并根据申请的内容确定是否受理该数字证书的申请。如果决定接受该数字证书的申请，就请求认证机构对新颁发的数字证书进行私钥签名，发送到证书库供用户下载和查询。

② 证书的更新功能。为了增强数字证书的安全性，一般来说，认证机构都会定期更新所有用户的数字证书。如果用户原有的数字证书遗失或损坏，或对现有数字证书的安全性有所顾虑，可以请求让认证机构更新其数字证书。

③ 证书的查询功能。对数字证书的查询可以分为两类：一类是查询数字证书申请情况，认证机构根据用户的查询请求返回该用户的数字证书申请的处理信息；另一类是用户数字证书状态及相关信息的查询。

④ 证书的撤销功能。当用户的私钥由于泄密等原因造成用户数字证书需要申请撤销时，用户向认证中心提出撤销请求，认证中心根据用户的请求和政策来确定是否该将证书撤销。另一种证书撤销的情况是数字证书已经过期，认证机构自动将该数字证书作废。

⑤ 证书的归档功能。所有的数字证书都有一定的有效期，当数字证书过了有效期之后，认证机构自动将该数字证书作废。但是，已经作废的数字证书不能被删除，因为如果

需要验证以前的某个交易过程中产生的数字签名，需要查询那些已经被撤销的作废证书，所以认证机构还应当具备作废证书的存储与管理功能。

2. 移动商务认证作用

认证是指权威的、中立的、没有直接利害关系的第三人或机构，对当事人提出的包括文件、身份、物品及其产品、品质等具有法律意义的事实与资格，经审查属实后做出的证明。移动商务认证，是在移动环境下对电子签名和用户身份，进行验证的具有法律意义的服务。

认证作为一种特殊服务，其作用表现在以下两个方面：

（1）担保功能。认证机构为用户颁发证书，必须证实以下情况：潜在用户与请求者并与证书上所列的人是同一人；如果潜在用户通过代理人行事，该用户授权代理人对其私钥享有监管权，并请求颁发相应的公开密钥证书；待颁发证书中的信息是准确的；潜在用户合法持有与待颁发证书上所列公开密钥相对应的私有密钥；潜在用户持有数字签名的私有密钥；证书上所列的公开密钥可以证实由潜在用户所持有私有密钥附加的数字签名。

通过发放认证证书，认证机构对所有正当应用证书信息的人承担下述的担保义务：签名人的身份；用以识别签名者的方法；在签发证书时，签名生成数据是由证书所列签名人控制的；在签发证书之时签名生成数据有效；证书的效力状况等。

通过中立的认证机构的信用服务，一方当事人可以相信与其进行交易的另一方当事人是真实可靠的交易人。

（2）预防功能。

① 防止欺诈功能。在开放型电子商务环境下，交易各方可能跨越国境、互不见面，其间缺少类似封闭型社区交易群体之间的约束，发生欺诈事件后的救济方法非常有限，即便有救济的可能，其成本往往超过损失本身，只有事先对各种欺诈行为予以防范，才是最明智、最经济的方法。

认证机构通过向用户提供可靠的在线证书状态查询，满足用户实时证书验证的要求，解决了可能被欺骗的问题。如果甲与乙都是用户，通过认证机构的在线证书状态查询，可以同时查询到二者的证书公开信息，该证书是包括用户姓名、公开密钥、电子邮件地址、证书有效期以及其他信息的数字化的文件，认证机构对每个证书都附有电子签名，以证明证书的内容是可靠的。然而，无论用户多么小心，其私有密钥都有丢失或被盗的可能，一旦这类事件发生，遭受危险的私有密钥和与其相应的公开密钥，就不能再用来加密信息。为了应付这种危险状况，大多数认证机构都能提供作废证书表（CRL），以列举那些失效的密钥对，作废证书表的内容经常更新，以便广大用户容易查对。

② 防止否认功能。不得否认原理是诚信原则在电子交易领域中的具体体现，该原理要求行为人在进行民事交往活动时，一方面应动机纯正，没有损人利己的不当或不法的行为，另一方面，在进行某种活动时，应符合道德惯例。从这一角度来看，不得否认是诚信的基本要求，是实现交易安全问题的基本手段之一。

电子认证的最终目的是为了在电子商务交易的当事人之间发生纠纷的情况下，提供有效的解决方法，信息发送人难以否认电子认证程序与规则，而信息接受人不能否认其已经接受到了信息，这就为交易当事人提供了大量的预防性的保护，避免一方当事人试图抵赖曾发送或收到某一数据信息而欺骗另一方当事人的行为发生。

当然，电子认证是对数字签名及其签署者的认证，因而认证只有与数字签名结合起来，才能完成上述功能。

（三）移动商务交易的相关服务

1. 商品检索

"先搜索，再购物"已经成为消费者的购物习惯，商品检索是移动商务交易中一项很重要的服务。中国互联网络信息中心的数据显示，截至 2013 年 12 月底，我国搜索引擎用户规模达到 4.90 亿，是仅次于即时通信的第二大网络应用，成为主要用户入口。艾瑞咨询报告显示，2013 年中国搜索引擎企业收入为 393.2 亿元，相比 2012 年同比增长 40.1%，2013 年增长速度较 2012 年有所下滑，但仍稳定在 40% 以上。未来几年中国搜索引擎市场仍将保持较为稳健的增长速度，到 2017 年，市场规模预计将达到 963.3 亿。

搜索引擎是用户在宽广无限的网络世界中快速到达目的地的捷径，在网上购物时，用户往往通过搜索引擎了解所需商品的信息，并在搜索引擎的引导下进入某一家网上商店进行购买。搜索作为距离交易转换最近的用户行为，以及其巨大的流量，成了电子商务广告投放的首选平台。

经营一个移动商务网站，任何企业都知道将自己的产品在搜索结果中排列在竞争对手前面的重要性。对于大型商务网站来说，由于知名度非常高，因此品牌推广对它说已经不那么重要了，但对于网站上数以百万计的商品，站内搜索引擎的作用还是非常有效的。

2. 交易支付

移动支付，也称为手机支付，就是允许用户使用其移动终端（通常是手机）对所消费的商品或服务进行账务支付的一种服务方式。整个移动支付价值链包括移动运营商、支付服务商（比如银行、银联等）、应用提供商（公交、校园、公共事业等）、设备提供商（终端厂商、卡供应商、芯片提供商等）、系统集成商、商家和终端用户。

移动支付主要分为近场支付和远程支付两种。近场支付，就是用手机刷卡的方式乘车、买东西等，很便利。远程支付是指通过发送支付指令（如网银、电话银行、手机支付等）或借助支付工具（如邮寄、汇款）进行的支付方式，如掌中付推出的掌中电商、掌中充值、掌中视频等属于远程支付。目前支付标准不统一给相关的推广工作造成了很多困难。

移动支付业务是由移动运营商、移动应用服务提供商（MASP）和金融机构共同推出的，构建在移动运营支撑系统上的一个移动数据增值业务应用。移动支付系统为每个移动用户建立一个与其手机号码关联的支付账户，提供了一个通过手机进行交易支付和身份认证的途径，其功能相当于电子钱包。用户通过拨打电话、发送短信或者使用 WAP 功能接入移动支付系统，移动支付系统将这次交易的要求传送给 MASP，由 MASP 确定这次交易的金额，并通过移动支付系统通知用户，在用户确认后，付费方式可通过多种途径实现，如直接转入银行、用户电话账单或者实时在专用预付账户上借记，这些都由移动支付系统（或与用户和 MASP 开户银行的主机系统协作）来完成。

目前移动支付技术实现方案主要有五种：双界面 JAVA card、SIM Pass 技术、RFID-SIM、NFC 技术和智能 SD 卡。

（1）双界面 JAVA card（基于 13.56MHz）。双界面 JAVA card 是多功能 SIM 卡，支持 SIM 卡 /USIM 卡和移动支付功能。双界面 JAVA card 放到手机内，可利用手机内置 STK 菜单查看、读取 JAVA card 内容，并可通过 STK 菜单操作各类应用。双界面 JAVA card 空

间大，可内置多个支付钱包，最具特色的是用户可后续通过空中下载、召回 JAVA card 卡重新写入等方式不断增加修改、删除 JAVA card 内部 STK 菜单应用。为非接触通信设置的天线分为定制手机方案和低成本天线组方案，低成本天线组件方案中，其天线为可拆卸组件，天线坏掉可以重新配置，自行购买后粘贴即可，方便实用。

（2）SIM Pass 技术（基于 13.56MHz）。SIM Pass 是一种多功能的 SIM 卡，支持 SIM 卡功能和移动支付的功能。SIM Pass 运行于手机内，为解决非接触界面工作所需的天线布置问题给予两种解决方案：定制手机方案和低成本天线组方案。

（3）RFID-SIM（基于 2.4MHz）。RFID-SIM 是双界面智能卡技术向手机领域渗透的产品，既有 SIM 卡的功能，也可实现近距离无线通信。

（4）NFC 技术（基于 13.56MHz）。NFC 是一种非接触式识别和互联技术，NFC 手机内置 NFC 芯片，是组成 RFID 模块的一部分，可以当作 RFID 无源标签来支付使用，也可以当作 RFID 读写器来进行数据交换和采集。

（5）智能 SD 卡。在目前 SIM 卡的封装情况下，EEPROM 容量已经达到极限，通过使用智能 SD 卡来扩大 SIM 卡的容量，可以满足业务拓展的需要。

3. 物流配送

物流配送是移动商务的最后一公里。配送是物流中一种特殊的、综合的活动形式，是商流与物流紧密结合，包含了商流活动和物流活动，也包含了物流中若干功能要素的一种形式。

从物流的概念来讲，配送几乎包括了所有的物流功能要素，是物流的一个缩影或在某个小范围中物流全部活动的体现。一般的配送集装卸、包装、保管、运输于一身，通过这一系列活动将货物送达目的地。特殊的配送还要以加工活动为支撑，所以涉及面更广。配送的主体活动与一般物流不同，一般物流是运输及保管，而配送是运输及分拣配货。分拣配货是配送的独特要求，也是配送中有特点的活动，以送货为目的的运输则是最后实现配送的主要手段，从这一主要手段出发，常常将配送简化为运输中的一类。

从商流来讲，配送和物流不同之处在于，物流是商流与物流分离的产物，而配送是商流与物流合一的产物，配送本身就是一种商业形式。虽然配送具体实施时，也有以商流和物流分离形式实现的，但从配送的发展趋势看，商流与物流越来越紧密的结合，是配送成功的重要保障。

物流配送网络是配送过程中相互联系的组织与设施的集合，它的最终目的是为了使最终顾客满意，从而实现整个供应链的价值，并增强供应链的能力。销售配送网络是整个供应链的末端，属于末端物流，是最接近客户、直接影响客户满意度，并能快速掌握市场变动的一个环节。物流配送网络的建立是一个复杂的优化过程，对配送的效率产生极其重要的影响。它包括如下几个方面：

（1）配送网络结构。它是确定物品从生产区域到消费区域的空间转移过程中移动（运输）和静止（中转集运、换装、分拣、库存、包装等）的控制策略与组织方式。配送结构决定了不同层次的节点在整个配送网络中承担的任务的不同，功能不同，其设施条件也必然存在一定的区别。

（2）配送设施选址。需要根据在某一指定或未定的配送区域内，以及各需求点已给定的条件，选择配送设施的数量和最佳位置，使配送设施的运作成本及运输成本降到最低。

影响选址决策的因素非常多，其中运输成本和效率是配送设施选址决策中要考虑的重要因素。

（3）配送线路优化。这是整个配送网络优化的关键环节，合理确定配送路线就是用最少的动力，走最短的里程，花最少的费用，经最少的环节，以最快的速度把货物运至用户手中。合理规划配送路线对配送成本的影响要比一般运输大得多，所以必须全面计划，制定高效的运输路线，选择合理的运输方式和运输工具。

（4）运输优化。运输优化主要包括运输方式和商品搭载的优化，在配送中心常将生产商送来的商品，按类别、品种分门别类地存放到指定位置。进行配送时，为了充分利用载货车辆的容量和提高运输效率，配送中心常把一条送货线路上不同用户的货物进行组合，配装在同一辆载货车上，这样不但能降低送货成本，而且可以减少交通流量，改善交通拥挤状况。

移动商务物流要从传统物流做起，目前国内外的各种物流配送虽然基本上都跨越了简单送货上门的阶段，但在层次上仍是传统意义上的物流配送，因此在经营中存在着传统物流配送无法克服的种种弊端和问题，尚不具备或基本不具备信息化、现代化、社会化的新型物流配送的特征。

移动商务作为数字化生存方式，代表未来的贸易方式、消费方式和服务方式，因此要求整体生态环境完善，要求打破原有物流行业的传统格局，建设和发展以商品代理和配送为主要特征，物流、商流、信息流有机结合的社会化物流配送中心，建立移动商务物流体系，使各种流的畅通无阻，这才是最佳的移动商务境界。

三、移动商务的信息服务

移动信息服务是移动商务的主要方式之一，应用十分广泛，正由通用服务向企业商务活动和业务管理的广阔领域扩展。如短信服务已经介入到企业办公、交通、教育、社会管理等众多领域，短信商业信息发布、短信客户关系管理、短信呼叫中心、短信防伪、短信移动办公等已成为企业网上经营活动的一部分。移动阅读改变了传统的信息获取方式，移动即时通信使沟通无处不在，移动应急服务能解决燃眉之急，移动搜索服务让用户从茫茫的信息世界里找到所需要的内容。

（一）移动阅读

1. **移动阅读的概念**

随着电子阅读、网络阅读、数字阅读的出现，出版物中的文本信息不再独霸天下，集文本、音频、视频于一体的多媒体信息的比重越来越大，人们的阅读也转变成对出版物中的多媒体内容的综合利用。

移动阅读是指使用手机、数码产品或带有通信功能的电子书阅读器等通信终端进行的移动化、个人化的电子阅读行为，这种阅读行为的内容既包括书籍、文章、报纸、杂志、博客、微博、电影电视、图像照片等，也包括手机运营商定制的手机报、手机杂志、动漫、音乐等各类互动资讯内容。

移动阅读行为既是手持终端等现代通信技术、现代多媒体技术发展互相融合的结果，也是这些现代技术进一步融合、发展的诱因。它适应了现代人群多元、变化的社会生活场

景、节奏，并以全天候的无线移动通信技术与多媒体传播技术所营造的文化环境为基础，将阅读、学习内容大量密植在各种传媒之中，营造了一个真正地实现"任何时间、任何地点、任何内容"的学习环境。

2. 移动阅读的类型

移动阅读的细分，可以从读物和阅读行为两方面进行。

（1）根据读物的不同进行分类。

① 目前移动阅读终端包括手机（普通手机、智能手机）、便携式电脑、电子阅读器、PDA、MP4、电子词典等，以读物载体即移动终端为划分标准，可以将移动阅读分为手机阅读、便携式电脑阅读、电子阅读器阅读、PDA 等其他移动阅读。

② 以读物中的信息符号为划分标准，可以将移动阅读分为纯文本阅读和多媒体阅读（集文本、音、图、视为一体）。

③ 以读物内容形态为划分标准，可以将移动阅读分为手机报、小说、杂志、网页、音乐、影视、动漫、图书等阅读。

④ 以读物内容专业属性为划分标准，可以将移动阅读分为新闻、文学、体育、气象、娱乐、生活时尚、金融财经等阅读。

⑤ 以读物内容篇幅为划分标准，可以将移动阅读分为长篇阅读、短篇阅读。

（2）根据阅读行为的不同进行分类。

① 以移动读物寻求的技术实现为划分标准，可以将移动阅读分为短信息、多媒体信息（彩信）、上网（浏览器）、客户端软件阅读等。

② 以移动读物寻求的连接状态为划分标准，可以将移动阅读分为在线阅读和下载（离线）阅读。

③ 以移动阅读方式为划分标准，可以将移动阅读分为快速浏览和精心细读。

3. 移动阅读的特点

与纸质阅读、网络阅读比较，移动阅读具有以下特点：

（1）从时空环境看，移动阅读突破了时空局限，人们可以随时随地进行阅读。移动阅读以手机等移动终端为载体，读物可以随身携带，并可以通过无线／移动通信技术和在线支付即时获取阅读内容，从而实现了随时随地的阅读。这在阅读史上是一次革命，给读者带来了前所未有的方便，是移动阅读的首要特点。

（2）在阅读内容上，移动阅读主要以各类新闻、金融财经实时信息、体育实时赛况、其他动态资讯等时间敏感性的阅读内容与读者所处地理位置相关的信息为主。与纸质阅读、网络阅读比较，非严肃性内容居多，很多属于文学娱乐等消遣性的内容。内容篇幅更倾向于短小精悍的微型阅读。

（3）在阅读方式上，主要表现为快餐式阅读。由于读者身处移动环境，时间短，干扰因素多，无法静心阅读，阅读节奏较快，具有快餐式、浏览式、随意性、跳跃性、碎片化的阅读特征。

（4）阅读特点呈现个性化。移动阅读终端对应的是一个个的读者，尤其是手机，具有较强的私人属性，一人一部手机，不会出现多人共用的现象，因此，移动阅读能充分满足人们个性化的阅读需求，个性化阅读特征非常明显。

（5）固定环境下人们阅读时将阅读作为第一行为，移动阅读并非人们的第一行为。对于大部分读者来说，移动阅读大都为临时性阅读、浅阅读，属于辅助性阅读，并不能代替固定环境下的专门阅读、深度阅读。当然，也有一些读者在固定环境下利用移动阅读。

（6）缺点很明显。手机等终端作为阅读载体，屏幕小，操作不够方便，长时间阅读容易造成视觉疲劳，阅读舒适度远不如传统阅读和网络阅读。电子阅读器和平板电脑在这些方面有所改进，但目前普及程度远远不如手机。

（二）移动即时通信

即时通信（Instant Messaging，IM）自 1998 年面世以来，只经历了短暂的市场认知周期便被广大使用者所青睐。即时通信是指能够即时发送和接收互联网消息等的业务，由于近几年迅速发展，即时通信的功能日益丰富，逐渐集成了电子邮件、博客、音乐、电视、游戏和搜索等多种功能。即时通信不再是一个单纯的聊天工具，它已经发展成集交流、资讯、娱乐、搜索、电子商务、办公协作和企业客户服务等为一体的综合化信息平台。

随着移动互联网的发展，互联网即时通信也在向移动化扩张。目前，微软、AOL、Yahoo、腾讯等重要即时通信提供商都提供通过手机接入互联网即时通信的业务，用户可以通过手机与其他已经安装了相应客户端软件的手机或电脑收发消息。

即时通信产品是三个以色列青年于 1996 年创始的，取名叫 ICQ。1998 年当 ICQ 注册用户数达到 1200 万时，被 AOL 看中，以 2.87 亿美元的天价买走。目前 ICQ 有 1 亿多用户，已成为世界上最大的即时通信系统，主要市场在美洲和欧洲。

现在国内的即时通信工具按照使用对象分为两类：一类是个人 IM，如 QQ、百度 hi、网易泡泡、盛大圈圈、淘宝旺旺等；另一类是企业用 IM，简称 EIM，如 E 话通、UC、EC 企业即时通信软件、UcSTAR、商务通等。

即时通信最初是由 AOL、微软、雅虎、腾讯等独立于电信运营商的即时通信服务商提供的，随着其功能日益丰富、应用日益广泛，特别是即时通信增强软件的某些功能如 IP 电话等，已经在分流和替代传统的电信业务，使得电信运营商不得不采取措施应对这种挑战。2006 年 6 月，中国移动推出了自己的即时通信工具——Fetion（飞信），中国联通也将推出即时通信工具"超信"，但由于进入市场较晚，其用户规模和品牌知名度比不上原有的即时通信服务提供商。

2010 年 10 月，一款叫 KiK 的应用上线苹果和安卓系统，这款社交软件可通过手机通信录实现免费聊天，上线 15 天便吸引了 100 万使用者。

随着智能手机的普及和国内移动通信网络环境的改善，从 2010 年底开始，新一代移动 IM 快速涌入市场，12 月，雷军的"米聊"上线，占据了市场先机。移动 IM 市场竞争逐步白热化，手机制造商、电信运营商、软件开发商、互联网企业纷纷涌入。互联网企业中包括腾讯的"微信"、盛大的"有你"、雷军的"米聊"、奇虎 360 的"口信"；终端商方面，有诺基亚的"诺基亚 IM"、苹果的 iMessage、微软的 Live 信使和雅虎通等。2011 年，中国移动互联网 IM 市场竞争尤其激烈，以腾讯微信为代表的工具明显占据上风。与此前的 QQ、MSN 等即时通信工具不同，新型移动 IM 基本都具有深度绑定手机通信录的特性，对短信等有较强的替代能力，这给移动、联通等运营商的压力渐趋加大。

（三）移动短信服务

1. 短信

短信（Short Message Service，SMS），是用户通过手机或其他电信终端直接发送或接

收的文字或数字信息，用户每次能接收和发送短信的字符数，是 160 个英文或数字字符，或者 70 个中文字符。

短信是伴随数字移动通信系统而产生的一种电信业务，通过移动通信系统的信令信道和信令网，传送文字或数字短信息，属于一种非实时的、非语音的数据通信业务。短信可以由移动通信终端（手机）始发，也可由移动网络运营商的短信平台服务器始发，还可由与移动运营商短信平台互联的网络业务提供商 SP（包括 ICP、ISP 等）始发。

1992 年，世界上第一条短信在英国沃达丰的网络上通过计算机向手机发送成功，从而宣告手机短信诞生。中国的第一条短信诞生于何时何地已无从知晓，但据考证，中国的移动通信网络早在 1994 年就具备了短信功能，只是那时有手机的人根本不需要它罢了。随着手机的日益普及，从 1998 年开始，移动、联通先后大范围拓展短信业务。2000 年，中国手机短信息量突破 10 亿条；到 2006 年，接近 4300 亿条，于是短信理所应当地成为了第五种传播工具，"信生活"的提法也因此诞生。

从实现短信业务功能的技术手段而言，通过手机终端发送和接收点对点消息虽然占据主流地位，但并非唯一形式，固定电话以及互联网正在成为新的工具和载体。

在短信业务发展之初，短信的发送和接收是从手机开始，最终到手机的，中间经过 GSM/CDMA 网、短信中心等网络要素。随着短信点播及定制业务的出现，手机和互联网站、短信增值业务系统可以互相发送短信，互联网站和短信增值业务系统成为新的网络要素，GSM/CDMA 网、短信中心仍保持着短信网络核心地位。随着以固定电话网为基础的"小灵通"手机在中国出现，短信业务扩展到固定网，终端不再局限于手机，小灵通手机或特殊固定终端都可以成为短信的发送和接收方，网络基础也不再局限于 GSM/CDMA 网等数字移动网，固定网也可以成为短信的网络基础，短信网络要素发生了显著变化。

随着短信从手机扩展到小灵通及固定终端、从数字移动通信网扩展到固定电话网，人们对短信的认识不再仅看作是数字手机的"专利"，业务形态在改变，网络要素在变化，信息内容在丰富，这一过程中始终不变的只有两点：一是短信的信息长度，始终是不超过 160 个英文或数字字符，或 70 个汉字，这与短信基于通信系统的信令网传送内容的机制密切相关；二是短信传递的方式——存储转发，当用户无法接收时，短信不会丢失，暂时存放在短信中心，当用户重新登录进网的时候，短信会迅速递交到用户手机上。

这些与生俱来的特点，使短信具有传递准确可靠、迅速及时的优点，使短信具备了影响人们的习惯的基本条件。

2. **语音短信**

语音短信业务是指把人们想说的话语通过固定电话、小灵通或者手机进行录音，发给一个或多个用户进行收听，同时，还可以根据电话的提示音，进行语音短信的接收、转发、查询、回复和语音短信点播等操作。它弥补了传统的文字短信难以传递声音和信息输入不便的缺憾，解决了那些因为不熟悉拼音使用，长时间徘徊在短信之外的人们发送短信的难题，也有效地解决了电话与手机之间发送短信的互联互通问题。

（四）彩铃服务

彩铃是"个性化多彩回铃音业务"（Coloring Ring Back Tone）的简称，它是一项由被叫客户为呼叫自己移动电话的其他主叫客户设定特殊音效（音乐、歌曲、故事情节、人物对话）的回铃音的业务。在一次电话呼叫过程中，被叫用户摘机应答前，主叫用户听到的不再是单调的"嘟……嘟……"的振铃提示音，而是被叫用户已经定制好的个性化的特殊音效回铃音。彩铃业务在充分利用运营商现有网络资源的前提下，有效地提高运营商的网络呼叫量和切实增加了运营商网络运营收入。

彩铃业务最早由韩国 SK 电讯于 2002 年 3 月在韩国推出，短时间内便风靡全韩，2003 年，彩铃业务被中国移动率先引入中国市场，并取得了巨大的商业成功。中国联通首先在其高端用户占主流的 CDMA 网中开展了炫铃业务，商用之后进一步扩大炫铃的用户容量，使联通 130/131 号段的 GSM 网用户也可以与 CDMA 用户一样享受炫铃服务。据中国移动的相关人士透露，彩铃已成为移动运营商的重要收入来源。彩铃被认为是继短信后，移动增值业务中再现行业"神话"的业务。

追求个性化的表现是时下年轻人的特性，而在手机用户群中年轻人无疑是最大的消费者，所以作为移动服务商来说，提供更多展现时尚个性的业务种类是其发展的主要方向之一。彩铃业务的目标客户正是 30 岁以下的年轻人。他们共同的特点就是崇尚个性，思维活跃，对移动通信中娱乐、休闲、社交需求较高，对新事物的接受能力比较强，同时，这一群体有一定的消费能力，容易接受相对较为低廉的彩铃业务费用。

集团用户也是彩铃的另一个目标客户，独特的集团彩铃是彩铃业务的增长点。集团彩铃是在普通多彩回铃音基础上，根据集团客户需要为其提供的与该集团相关的特殊铃音。特别是服务行业及销售行业的集团客户的工作人员，以及销售部门可利用这一新颖的形式，介绍企业品牌和产品、业务联系方式等，宣传企业形象、企业理念；对于知名企业或单位，可为员工设置体现企业文化和企业精神的歌曲等。集团彩铃主要特点在于：体现企业形象，宣传企业的品牌、文化、产品、服务理念、业务联系方式等，帮助企业加强与客户及与员工的沟通。注重企业文化的集团客户。尤其是服务行业及销售行业，很容易接受这类的增值服务。

作为一项全新的话音业务，彩铃业务不像短信、呼叫转移等业务那样对原有语音业务有替代性，它所带来的完全是全新的收益，所以一开始便受到了移动运营商的青睐。

实用性功能是彩铃的基本功能。主要作用有三个：

（1）提示功能。作用是提示，即提示主叫端电话已经接通，请稍等。

（2）心理学功能，这是通信主体之间使用电话的一种工具性质的功能。当电话接通处于等待状态时，主叫端在等待中可以听到一段由被叫端设置的优美或抒情的音乐，由于音乐的心理学作用，可以让主叫端在等待接电话过程中释放紧张、压抑的情绪，得到某种慰藉与安抚。

（3）社会应急功能。这个功能的使用者主要是社会公共关系的管理者——政府。在应急预案中的通知或广播可以采用彩铃广播方式来解决；一旦遇到突发性的战争、灾害、事件，政府利用彩铃进行强行广播，以覆盖所有拨打电话的受众，实现精确信息传送。

（五）移动应急服务

当今社会，日益增多的大型集会类事件给现有通信系统带来极大的压力，还有，一系列的突发事件诸如地震、火灾、恐怖事件等不断地考验着政府及相应的职能机构的工作能力、办事效率，提高政府及主要职能机关的应变能力、反应速度越来越成为一个聚焦的话题。在大型集会时，数以万计的人群集中在一起，某些区域的通信设施处于饱和状态，严重的过载会使通信瘫痪直至中断；在消防案例中，建筑物被毁严重时，楼体内的通信设施

基本处于瘫痪状态，而现场周围的公用通信网无法完成指挥调度的功能，同时对图像、视频的支持度也比较低；在公安办案尤其是重大恐怖事件的处理过程中，国家、地方领导需要实时掌握案发现场的状况，这时候图像、视频监控的地位尤其突出；更严重的是，在破坏性的自然灾害面前（比如大地震），基础设施包括通信设施、交通设施、电力设施等完全被毁，灾区在一定程度上属于孤城的状态，所有的现场信息都需要实时采集、发送、反馈。在上述这些情况下，无线应急通信系统起着至关重要的作用。

在城市运转遭到突发灾害或事故时，应急通信体系承担着及时、准确、畅通地传递第一手信息的"急先锋"角色，是决策者正确指挥抢险救灾的中枢神经。在突发灾害来临时，应急通信只有真正及时、准确、畅通地传递抢险救灾信息，才能把好城市安全管理的第一道关。例如 2008 年 5 月 12 日，四川汶川发生 8 级地震，汶川等多个县级重灾区内通信系统全面阻断，昔日高效、便捷的通信网络因遭受毁灭性打击而陷入瘫痪，网通、电信、移动和联通四大运营商在灾区的互联网和通信链路全部中断；四川等地长途及本地话务量上升至日常的 10 倍以上，成都联通的话务量达平时的 7 倍，短信是平时的 2 倍，加上断电造成传输中断，电话接通率是平常均值的一半，短信发送迟缓，整个灾区霎时成了"信息孤岛"。

在不同情况下，对应急通信有着不同的要求。

（1）由于各种原因发生突发话务高峰时，应急通信要避免网络拥塞或阻断，保证用户正常使用通信业务。通信网络可以通过增开中继、应急通信车、交换机的过负荷控制等技术手段扩容或减轻网络负荷，并且无论在什么时候，都要能保证指挥调度部门的正常调度指挥等通信。

（2）当发生交通运输事故、环境污染等事故灾难或者传染病疫情、食品安全等公共卫生事件时，通信网络首先要通过应急手段保障重要通信和指挥通信，实现上述自然灾害发生时的应急目标，满足需求。另外，由于环境污染、生态破坏等事件的传染性，还需要对现场进行监测，及时向指挥中心通报监测结果。

（3）当发生恐怖袭击、危害经济安全等事件时，一方面要利用应急手段保证重要通信和指挥通信；另一方面，要防止恐怖分子或非法分子利用通信网络进行恐怖活动或其他危害社会安全的活动，即通过通信网络跟踪和定位破坏分子，抑制部分或全部通信，防止其利用通信网络进行破坏。

（4）当发生水旱、地震、森林草原火灾等自然灾害时，通信网络可能出现以下情况：自然灾害引发通信网络出现故障造成通信中断，通信网络通过应急手段保障重要通信和指挥通信。移动应急服务的目标是利用各种管理和技术手段尽快恢复通信，保证用户正常使用通信业务，实现如下目标：应急指挥中心 / 联动平台与现场之间的通信畅通；及时向用户发布、调整或解除预警信息；保证国家应急平台之间的互联互通和数据交互；疏通灾害地区的通信网话务，防止网络拥塞，保证用户正常使用。

应急通信具有以下特点：

（1）需要应急通信的时间一般不确定，人们无法事先准备，如海啸、地震、水灾、火灾、飓风等突发事件；只有极少数情况下，如重要节假日、重要会议等，可以预料到需要应急通信的时间。

（2）需要应急通信的地点一般不确定。

（3）在通信量突发时，人们无法预知需要多大的容量才能满足需求。

（4）进行应急通信时，需要什么类型的网络不确定。

因此，移动应急服务专用通信系统需要独立于公众网络之外，打造出信息高速公路上的应急专用车道。如果应急通信依赖公众网络，一旦发生应急事件，即使通信基础设施没有遭到破坏，由于公网通话量激增，也会导致公众通信拥塞或瘫痪，既无法进行调度指挥，也无法保障政府决策与支持系统的信息传输畅通。在应对诸如反恐等重大突发公共安全事件时，通常需要创造不对称的通信环境，在切断恐怖分子通信的同时，政府和公安人员仍然可以通过专网进行调度指挥，并通过无线宽带网络将现场视频图像传回指挥中心，及时掌握恐怖分子动向。另外，为了应对地震、飓风等破坏通信基础设施的应急事件，还有必要部署以应急通信车为主体，与卫星、微波传输相结合，高速率、高带宽、支持高速移动的城市机动应急指挥网络，作为城市应急通信专网的有效补充。

综上所述，应急通信系统必须满足以下几个基本要求：

（1）小型化。这里的小型化并不是针对正常状态下的应急通信系统。在正常情况下，系统大区制的、广泛覆盖的基站设备复杂，功能完善，可以满足公安、交警以及政府其他职能机关的工作要求。在特殊情况下，诸如地震、洪水、雪灾等破坏性的自然灾害面前，基础设施部分或全部受损，这时的应急通信设备需要具有小型化的特点，以便迅速运输、快速布设、节约能源，甚至对设备的移动能够以最大限度的支持。

（2）快速布设。不管是基于公网的应急通信系统，还是专用应急通信系统，都应该具有能够快速布设的特点。在可预测的事件诸如大型集会、重要节假日景点活动等面前，通信量激增，基于公网的应急通信设备应该能够按需迅速布设到指定区域；在破坏性的自然灾害面前，留给国家和政府的反应时间会更短，这时应急通信系统的布设周期显得更加关键。

（3）节能型。由于某些应急场合电力供应不健全，完全依靠电池供电会带来诸多问题，因此，应急系统应该尽可能地节省电源，满足系统长时间稳定地工作，从基站设备到移动终端均应该严格满足节能要求。鉴于通信对电力有很强的依赖性，在应急指挥车上应适当增加小型的发电机、太阳能蓄电设备及备用电池等设备，尤其是要加强小型卫星电话储备的向下延伸力度。

（4）移动性。要求电信基础结构由可携带的、可重新部署的或完全机动的设施组成，以一个县城为基本覆盖范围。承载设施包括车辆（陆地）、直升机/无人机（空中）、飞艇（平流层）、车载卫星 VSAT 系统，可以根据覆盖范围选择一种或几种，指挥调度中心可以随时将其接入到应急系统中。指挥调度中心可以大到指挥调度车辆、飞机、飞艇，小到笔记本电脑、PDA 等移动设备，利用无线链路远程监控整个系统，从而使指挥人员可以根据实际情况从容地应对各种应急场合。

（5）简单易操作。应急通信系统要求设备简单、易操作、易维护，能够快速地建立、部署、组网；操作界面友好、直观，硬件系统连接端口越少越好；所有接口标准化、模块化，并能兼容现有的各种通信系统。

（六）移动搜索服务

移动搜索是基于移动网络的搜索技术总称，用户可以通过 SMS、WAP 等多种接入方式进行搜索，获取 WAP 及互联网信息内容、移动增值服务内容及本地生活信息等。

虽然移动搜索是对互联网搜索的延伸和传承，但与互联网搜索相比，移动搜索还有很多不同之处。首先移动网络的无处不在，使得移动搜索的使用更加便捷。其次，较之互联网搜索，有更多的搜索途径，包括 WAP、SMS、MMS 甚至人工客服等；例如，用户可以通过 WAP 上网搜索，可以通过把搜索关键字发送到短信特服号的方式进行，对于比较复杂的问题，用户也可以拨打人工客服，由人工客服选择合适的方式把搜索结果送到手机上。

由于移动网络的带宽比固定接入互联网带宽窄，移动终端的性能没有 PC 强大，因此与互联网搜索相比，移动搜索面临更严格的要求，同时，移动搜索不可能像互联网搜索那样把成千上万搜索结果直接推给用户，而应对信息进行更精细的筛选，因此对于搜索结果的精确性要求更高。另外对于搜索到的信息，需要适配手机终端进行显示。

同互联网搜索相比，移动搜索更容易实现搜索结果的个性化。在移动搜索中，搜索引擎可以收集到用户的手机号，因此可以把用户的搜索历史与手机号码关联起来，得到用户的个人取向，从而给出更为个性化的搜索结果，例如，当用户经常搜索韩式餐馆时，搜索引擎可以在他下次搜索餐饮时，把韩式餐馆的结果放在前几位推送给用户。除此之外，移动搜索还可以利用无线网络的一些特点，为用户提供更优质的服务，例如，利用无线网络具有的定位特点，可以知道用户当前的位置，当他搜寻"银行"时，可以把他所处位置周围的银行作为搜索结果的首条发送给他。

网络搜索引擎和移动通信技术的发展使移动搜索技术日益受到人们的重视，移动搜索业务利用移动终端或者短信搜索引擎系统，通过移动通信网络与互联网的对接，将包含用户所需信息的内容转换为移动终端所能接收的信息，并针对移动用户的需求特点提供相应的搜索方式。这种基于移动和互联网的搜索服务，致力于满足各种消费群体的个性化需求。

未来的移动搜索技术将目录型和检索型搜索引擎技术相结合，提供更加多样化和个性化的信息服务，允许用户定制自己感兴趣的内容和经常使用的服务，对重复信息的链接进行合并，提高检索效率；可以自动识别信息内容是否满足目标检索条件，进行信息内容的选择和删减；支持音频、视频、图像等多媒体信息的搜索及 P2P 对等技术，使用户可以进行更加深入和细致的搜索。

移动搜索依据搜索范围及内容等因素一般细分为若干类别，其中最为主要的几个业务类别包括：

（1）站内搜索。指对无线运营商门户内的资源进行搜索。站内搜索有助于用户快速、方便地查找到运营商提供的增值服务资源，对运营商的增值业务开展有非常强劲的促进作用。

（2）站外搜索。指对广泛的 WAP 站点以及互联网资源的搜索，是传统互联网搜索服务在移动平台上的延伸。互联网和 WAP 是一个巨大的知识库，但是这个知识库是凌乱无序的，其中有完整准确的信息，也有不完整甚至错误的信息，移动搜索需要对互联网搜到的原始信息进行整合、整理，去粗取精，甚至对某些问题需要求助专家给出权威答案。只有精确的答案积累到足够多的时候，站外搜索才会给用户带来最大的价值。

（3）本地搜索。本地搜索用于查找当地的各种生活服务场所与公司商务信息等。本地搜索集成了当地信息搜索、黄页咨询、电子地图、空间位置查询、公交和驾车线路查询等服务，用户可以精确搜索到当地的生活、娱乐、出行等所需的地点信息。从无线搜索的经验来看，本地搜索是用户使用频度最高的搜索，也是对用户最有价值的服务，是必须重点发展的业务。

四、移动定位服务

（一）移动定位服务的定义

移动定位服务又叫移动位置服务（Mobile Location Services，MLS）或基于位置的服务（Location-based Services，LBS），指通过无线终端（如手机、PDA 等）利用 GIS 技术、空间定位技术和网络通信技术，获取目标移动终端用户的准确位置信息（经纬度坐标数据）和方向等相关信息，并在手机屏幕的电子地图上显示出来的一种增值服务。

由于有了 3G 快速的网络速度，LBS 可以与电子地图无缝集成，还可以提供原先无法提供的丰富内容和实时信息的更新，LBS 的实用性大大提升。目前 LBS 可以支持用户自主导航、自主导航＋增值服务、中心导航、双模导航四种模式的手机定位导航服务，用户只需要通过 3G 手机就可以轻松实现地图搜索、周边查询、行车导航、步行导航等多项导航功能，除此之外，付费的增值用户还可以获得实时交通信息、深度兴趣点（Point of Interest，POI）信息、电影资讯、旅游资讯、新闻、天气资讯等多项即时服务。LBS 在各行业、企业中也有良好的市场前景，企业可以利用该系统对物流配送车辆进行实时监控和调度，从而达到线路优化、节约物流成本的目的；公安机关可以引入村道通系统，进行人员定位、轨迹跟踪、突发事件警力调度等。

当前，作为数字移动通信网提供的增值业务之一，LBS 在国外已经有了成功的先例，在国内已经度过了发展的初期阶段，并表现出良好的发展势头。在即将到来的 3G 时代，定位业务将是运营商推出的重点增值业务之一，其广阔的市场前景已经引起了移动运营商、内容 / 服务提供商以及制造商的广泛关注。随着无线通信技术的发展和数据处理能力的提高，众多的移动增值业务被开发出来，LBS 是其中最具发展潜力的业务之一，2010 年全球 LBS 行业总收入达到了 70 亿美元，同比增长 100%；截至 2011 年底，中国国内 LBS 用户总数达到 3062 万；未来的几年将成为全球 LBS 行业的井喷期，中国 LBS 行业也将迎来爆发式的增长；预测 LBS 在 2014 年产生的营业收入将增长至 140 亿美元。

近年来，促使 LBS 迅速发展的一个主要因素是 1996 年美国联邦通信委员会（FCC）发布的一个书面指令，根据这一指令，到 2001 年 10 月以前，所有的紧急服务都必须能够自动确定任何一个拨打 911 电话的公民所在的位置。FCC 之所以发布这项指令，是因为受伤或者需要紧急帮助的人们并不一定能知道自己的确切位置，所以，紧急救助服务必须能自动确定他们的位置，并为其提供服务。这项法令的颁布，使得移动服务提供商肩负了提供定位服务的法律责任，同时，也为许多网络供应商设计和实施移动位置服务、把握商业机会创造了条件。

LBS 的发展也存在着一些潜在的风险，一方面，移动位置服务为通过个性化的移动广告进行有创意的市场营销提供了方便，另一方面，如果不对其谨慎地监控和使用，这种应用很可能会侵犯移动用户的个人隐私，因此，LBS 在发展的过程中除了要尽量挖掘其潜在

收益外，还需要加强管理，隐私保护是其中最重要的一项。

LBS 的实施具有一定的复杂性，确定用户的位置本身并不能保证大部分市场销售服务能实现，只有将位置信息与其他附加的数据相结合，才有可能提供有价值的用户增值服务。例如，只知道移动用户的位置，还不足以能帮助他查找一个附近合适的饭店，要提供这样的服务，首先要得到用户的位置信息，并结合当地饭店的准确位置信息，以及各种可能的行驶路线，并考虑用户的饮食偏好，才有可能对用户提供有用的服务。很显然，位置信息只是 LBS 所需信息中的一个，只有将各种场景信息相结合，才有可能给用户提供创新的、有用的服务。

（二）移动定位服务的类型

移动定位应用服务的类型包罗万象，只要与定位目标所在位置相关的应用服务都可列于其中，定位目标包括人、动物、车辆、货物等各种标的物，依照移动定位服务的用途，可分成安全服务、信息服务、导航服务、追踪服务、休闲娱乐与商业服务等六大类型（见表 2-3）。

表 2-3　移动定位服务应用类型

服务类型	应用范例
安全服务	紧急救援服务、老人医疗（如慢性疾病监控通知）
资讯服务	当地天气、交通路况及加油站、停车场、餐厅、取款机、娱乐场所、医院、汽车维修厂等各种商店地点
导航服务	导航、路况告知、路径规划、地点标示
追踪服务	消费用途：老人、儿童、宠物追踪以及重要物品的监控； 企业用途：快递业、油罐运输、计程车、救护车等车辆派遣与资产监控
休闲娱乐	社交服务、移动游戏
商业服务	消费用途：移动付款、分区计费、特定地点折价券； 企业用途：工厂内的人力调度、维修派遣

LBS 一直被许多业者视为移动领域的跨越级应用，根据移动基础网络的制式不同，LBS 的定位技术会有所不同。

CDMA 网络采用的定位技术包括 Cell ID、AFLT、传统 GPS、A-GPS、gpsOne 等方式。这几种定位方式的比较见表 2-4。

表 2-4　CDMA 网络制式的几种定位技术比较

定位技术	Cell ID	AFLT	传统GPS	A-GPS	gpsOne
定位精度	200m以上	40～400m	5～200m	5～100m	5～50m
适用范围	城市	城市	无遮挡环境	无遮挡环境	限制
定位速度	3秒	10秒	30秒	10秒	10秒
手机要求	无	软件	软件＋GPS	软件＋GPS	软件＋GPS
网络要求	无	软件	IS-801	IS-801＋软硬件	IS-801＋软硬件

GSM 网络采用的定位技术包括 Cell ID 方式、E-OTD 方式、A-GPS 方式。这几种定位方式的比较见表 2-5。

表 2-5　GSM 网络制式的几种定位技术比较

定位技术	Cell ID	E-OTD	A-GPS
定位精度	平均200～300m	一般100～150m	10～50m
定位速度	快，小于3秒	快	小于10秒
手机要求	无	需要修改现有的GSM手机软件	用户需更换新的手机
网络要求	无	网络需要增加定位测量单元（LMU）和SMLC	网络的投资较大，需新增SMLC
特点	实现简单：手机不需要增加专门的定位功能，网络不需要专门的定位测量设备	标准技术，但对手机终端和网络有要求，相比传统GPS定位有明显优势	手机成本低、功耗低、灵敏度更高

目前的手机都具备与基站沟通的能力，每座基站都具有各自识别的代码（Cell Tower ID），因此在基站覆盖率高的地区（如市区）可以通过 Cell ID/TDOA 为基础的模式进行定位，但基站的数据只有移动运营商才能取得，若要追踪每位使用者的路径，在目前情况下，将造成服务器严重的负担，因此，移动运营商不能大规模地展开应用。

GPS 是卫星定位，需要在相对空旷、高层建筑不密集的地方才能比较精确定位，户内无法使用且耗电量较高。A-GPS 是一种结合网络基站信息和 GPS 信息对移动台进行定位的技术，既利用全球卫星定位系统 GPS，又利用移动基站，可解决 GPS 在高密度地区甚至室内的覆盖问题，可以在 2 代的 G 网、C 网和 3G 网络中使用，但是，A-GPS 的定位实现必须通过多次网络传输（最多可达 6 次单向传输），这对运营商来说，大量空中资源被占用，因此，只有那些已建好 3G 网络的地区才具备推广 A-GPS 的良好土壤。

此外，客户要使用加载 GPS 功能的手机，在软硬件上都要增加成本，除非 GPS 手机有十分广泛的需求能拉动手机销售，就像摄像头与 MP3 功能一样，手机企业才有规模投产的动力。手机导航还对电池能力、屏幕大小、是否触摸屏等有多种要求。

碍于目前多数消费者的手机设备不具有 GPS 功能的定位信息，无法快速拓展 LBS 应用，国外一些公司如 Navizon、Plazes、PlaceEngine、GSMLoc.org 等提出"Virtual GPS"的创新概念，希望通过大众参与，共同描绘出 GSM 和 Wi-Fi 所构建出的地理信息，再将信息分享给未拥有 GPS 的使用者，使其通过目前的手机（未具有 GPS 功能）亦能享受到定位的服务。其做法是通过目前已有 GPS 手机的使用者自动利用软件的计算，定位出每个基站或 Wi-Fi AP 的位置，再同步发至数据库中，而有需要的使用者则可与数据库同步，下载定位数据，再通过手机取得基站识别码数据进行定位。

为鼓励使用者分享位置数据，Navizon 提供了一套奖励制度，使用者通过具有 GPS 的手机分享 Wi-Fi AP 和基站可分别获得 2 点及 10 点，当累积到 10000 点时，即可获得 19.99 元美金，而 Virtual GPS 的使用者，则相对需付出使用费，因此，若一位出租车司机有 GPS 的手机，其可以通过此模式赚取到一笔额外的费用。

以上分析是基于移动网络的定位技术，对于布满 Wi-Fi 无线网络的都市而言，发展

LBS 应用服务的另一技术创新是 Wi-Fi Positioning System（WPS，Wi-Fi 定位系统）定位技术。2007 年，Skyhook Wireless 推出以 WPS 定位技术为架构的 Loki 搜索平台，为定位技术的发展带来了相当重要的影响。Loki 的 WPS 可以辨识计算机的地理位置，再将此信息放入网络搜索中，不但可以定位搜索，还可让用户能够轻易并且自动地在网络上分享自己所在的位置。

Skyhook Wireless 号称利用 Wi-Fi 信号的定位服务，其准确度可以胜过传统的全球卫星定位系统（GPS），利用无线路由器发出的 802.11 无线电信号，可找出个人计算机、笔记本电脑、PDA、台式计算机、智能手机、无线射频辨识（RFID）卷标等任何 Wi-Fi 装置的准确位置，Wi-Fi 信号越密集的地区，该软件的定位准确度越高。WPS 软件主要依靠 Wi-Fi 基站部署的密度，因此，此技术较适合市区，而不是人口分散的郊区或其他基站相距较远的地方。这套系统结合了 Wi-Fi 信号数据库，如投入商业应用必能带来可观的商机。

随着各国移动通信基础建设的普及、移动终端产品的整合开发以及移动互联网的风行，毋庸置疑，移动定位服务应用的发展将随着上述有利因素的成熟而日益加速，但是，LBS 应用需着眼于目前的投入资源与使用者需求等因素，在运营策略上需要进行多个发展方向的评估。首先是应用服务的引入应该考虑优先级，需要根据消费者使用需求的高低，将需要较高的应用先行引入，例如餐厅、旅馆、交通状况、电子地图、当地天气等实时地方信息的查询，然后再根据使用者的反应依序推出车用/行人导航、人身安全、移动交友、移动游戏等特殊增值服务，如此循序渐进地推进，才可逐步建立消费者的 LBS 使用习惯，从而带动整体市场的发展。

除了上述应用服务的内容要切合使用者的需求之外，LBS 产业体系的发展还涉及多个方面的支持：①精准的定位技术以及众多移动手持终端等网络硬件端；②方便好用且具整合性的应用服务平台与使用接口；③良好的产业链供应体系，包括内容/服务提供商（Content Provider）、内容集成商（Content Aggregator）、应用服务提供商（Application Service Provider）、应用平台提供商（Service Platform Provider）等之间的配合逐渐成熟。唯有如此，LBS 服务市场才能快速发展。

五、移动娱乐服务

（一）移动娱乐服务概述

统计数据表明，娱乐是移动商务所有应用中最成功、利润最丰厚的业务，2009 年全世界的移动娱乐总产值为 320 亿美元，2015 年预计将增加到的 528 亿美元。

手机用户的快速增长，尤其是近年智能手机和平板电脑的兴起，带动了移动娱乐服务的飞速发展。国际电信联盟发布的报告表明，截至 2010 年底，全球手机用户数量达到 55 亿；据国内三大运营商披露的数字，截至 2012 年 2 月底，中国的手机用户数已达 9.997 亿，即将突破 10 亿大关；另据中国互联网信息中心报告显示，截至 2012 年 6 月底，我国手机网民已经达到 3.88 亿。这是移动娱乐服务发展扎实的基础。

移动娱乐的发展非常迅速而且前景广阔，但是它存在一些问题急需解决，主要包括以下三个方面：

（1）标准。从移动娱乐诞生、发展到目前为止，行业内依然没有一个统一的标准，移动娱乐产业标准化严重滞后于其自身的发展。

（2）终端。终端与业务是紧密关联的，它们之间存在相辅相成的关系。业务要依靠终端来支持，只有支持这项业务的终端数量比较大的时候，业务才可以得到比较好的发展；如果业务量增加了，用户的需求扩大了，终端提供商也会增加支持这项业务的终端量。短信业务与彩信业务的发展情况就是一个很好的例证，短信业务之所以发展得比较快，是因为所有的终端都支持短信这项业务，而彩信业务的发展缓慢，就是因为很多手机依然不支持彩信，所以说，终端的发展状况是制约移动电子娱乐发展的一个重要因素。

（3）三网融合。三网融合是指电信网、广播电视网、互联网在向宽带通信网、数字电视网、下一代互联网演进过程中，通过技术改造，其技术功能趋于一致，业务范围趋于相同，网络互联互通、资源共享，能为用户提供语音、数据和广播电视等多种服务。三网融合并不意味着三大网络的物理合一，而主要是指高层业务应用的融合，三网融合应用广泛，遍及智能交通、环境保护、政府工作、公共安全、平安家居等多个领域。其主要表现为技术上趋向一致，网络层上可以实现互联互通，形成无缝覆盖，业务层上互相渗透和交叉，应用层上趋向使用统一的 IP 协议，在经营上互相竞争、互相合作，朝着向人们提供多样化、多媒体化、个性化服务的统一目标逐渐交汇在一起，行业管制和政策方面也逐渐趋向统一。三大网络通过技术改造，能够提供包括语音、数据、图像等综合多媒体的通信业务，手机可以看电视、上网，促使移动娱乐进一步发展。

移动娱乐的内容非常丰富，具体包括下面一些类型：

（1）沟通服务。包含短消息、电子邮件、聊天室、移动 QQ 等，有一对一、一对多及多对多服务。

（2）信息服务。其蕴含的范围相当广泛，如短信、彩信、手机广播、电子邮件、商业信息、交通信息、新闻、天气预报等。

（3）纯娱乐服务。包含短信、在线游戏、WAP 游戏、文字、下载音乐、手机铃声、手机电视、移动视频等。

（4）定位服务。包括方位追踪、交通导航等。

除此以外，还有购买彩票、收看笑话等。

（二）移动游戏

移动游戏一般是指将游戏终端与游戏产品相结合，为消费者提供方便、易携带的游戏服务支持。根据移动终端的类型，移动游戏的定义可分为广义与狭义的两种：广义层面的移动游戏包含广泛，凡是能在移动过程中进行游戏的服务均可称之为移动游戏，目前市场中的 PDA、游戏手机等均可享受广义的移动游戏服务；狭义的移动游戏主要是指与移动通信终端相结合的游戏服务，就通信领域的游戏而言，狭义的移动游戏指手机游戏。

1. 移动游戏的产生

移动游戏的产生和发展应该具备以下几方面的条件。

（1）从市场需求的角度来看，用户对电子游戏网络化和游戏终端移动化的需求催生了移动游戏。网络游戏使游戏玩家可以实现人与人之间的交流，也使游戏更加充满变数，更

具娱乐性和挑战性，游戏终端的移动化则可以满足随时随地玩游戏的需求。从这两个方面来看，利用移动通信网络的数据承载能力，为用户提供时时在线的移动网络游戏就成了满足这些需求的最佳方案。

（2）从技术角度来看，移动通信网络的数据承载能力的提高，使移动游戏逐渐成为可能。随着移动通信技术的发展，移动终端的数据传输能力也从 GSM 的 9.6kbit/s、GPRS 的 30～40kbit/s 发展到 WCDMA 的 384kbit/s。中国移动的 WLAN 采用 802.11b 标准，速率更是可达 11Mb/s。移动通信网络似乎也在遵循着早期固定宽带网络的发展规律，为移动游戏的发展提供了一个基本的条件。

（3）从市场运作的角度来看，移动通信运营商为推动数据业务发展、增加用户对移动网络的使用，加强了与各种内容／服务提供商的合作，传统游戏商作为移动数据业务的一项主要内容提供者，与移动通信运营商的合作正在逐渐加强。反过来看，庞大的移动用户基础对传统游戏厂商有着巨大的吸引力，而几乎所有的移动用户都可以被视为移动游戏的潜在使用者。

手机游戏是移动娱乐的主要内容，近几年游戏产业备受瞩目，从传统的 PC 单机版游戏，到如今的网络游戏，游戏产业表现出强劲的走势，其成功经验和其所带动相关产业的蓬勃发展让商家们看到了远景和商机。手机游戏市场目前正处于起步阶段，未来有可能成为游戏业新的增长点。

2. **移动游戏业务的特点**

与传统的电子游戏相比，移动游戏业务具有以下特点：

（1）便携性。便携性是移动游戏不可忽视的一大优势，美国苹果公司的 iPhone 和 iPad 的巨大成功就是很好的例子，其在 2011 财年取得了 iPhone 9300 万部和 iPad 3240 万台的销量，其上万款游戏的应用支持是一个重要的因素。

（2）永远在线。移动终端随时随地与移动网络以及通过移动通信网络与其他终端保持着联络，正如前面说到的，网络游戏作为电子游戏产业发展的一个方向，已经在全球范围内快速发展起来。网络游戏的兴起极大地刺激了移动游戏的发展，移动终端永远在线的特征使其具备了开放移动网络游戏的条件。

（3）可定位性。正是由于移动终端与移动通信网络保持着实时的联系，使得移动通信网络能够随时随地确定移动终端的位置，对于移动游戏运营商来说，可以充分利用用户的位置信息开发出基于位置的游戏产品，因为增加了位置的元素，从而增加了游戏的趣味性。

3. **移动游戏的发展现状和趋势**

统计数据显示，2012 年我国游戏市场规模可达 557 亿元，同比增长 20.7%；2014 年该市场规模将达 699 亿元，这意味着游戏行业将超过图书和杂志，成为仅次于电影的第二大娱乐行业。游戏行业的巨大发展潜能，必将带动移动游戏这一重要分支的高速发展。据统计，截止到 2011 年第四季度，我国手机游戏用户高达 1.62 亿，环比增长 3.8%；手机游戏行业市场规模达到 10.99 亿元，环比增长 8.07%；从 2008 年到 2011 年，其市场规模的复合增长率为 45.54%。在终端层面上，未来手机有望超过个人电脑，移动游戏市场潜力无限，发展前景十分看好。

国内手机厂商陆续推出智能手机，他们的低价策略符合大众的消费价位，因此赢取了不少市场。目前处于产业链上游的 3G 手机芯片厂商大打价格战，智能手机价格有望持续走低，这对于消费者是一大利好。智能手机的普及化发展，有利于依靠安卓平台、APP 平台的移动游戏的大力推广，其中最受欢迎的游戏有愤怒的小鸟、植物大战僵尸、水果忍者等。

电子行业分析师指出，手机具有超强的便携性，移动游戏可以让人们轻松打发等电梯、坐公交、挤地铁等闲暇时间，给人们的业余生活带来更多的乐趣，近两年移动互联网飞速发展，为移动游戏的火爆发展打下坚实基础。当前移动游戏的开发远不如 PC 游戏的开发，好多手机游戏都是从 PC 游戏中抽离出来的，未来会出现更多跨平台的游戏，可以在手机、PC 端、平板电脑端自由切换运行。

（三）移动音乐

移动音乐是指用户可以通过移动通信网络和终端得到的数字音乐服务，包括手机铃音、彩铃、手机音乐点播、音乐下载（包括 WAP/MMS）和在线收听等。

1. 移动音乐的特点

移动音乐除了与传统音乐一样具有娱乐性、分享性外，还具有传统音乐所不具备的其他特征：

（1）高效率。由于网络的传播速度极快，一首受到用户喜欢的歌曲可能以几何递增速度传播。

（2）方便。可以实现随时随的收听和下载。

（3）可选择。用户可以根据自己的偏好下载喜欢的音乐，而购买 CD 必须整张购买，不具可选择性。

（4）费用便宜。相对购买 CD 唱片而言，一般来说，下载一首单曲仅需付费 1～3 元不等，而购买一张 CD 至少在 10～30 元。

（5）创作主体多元化，平民主动性增强。内容制作准入门槛低，突破了唱片界拥有歌曲的主动权，使普通民众可以通过移动音乐这种形式展现自己的才华。

（6）内容丰富。由于创作主体的多元化，使创作内容更加丰富，越来越多的类型与各种形式的歌曲开始流行并受到用户欢迎。

（7）形式多样。目前常见的有彩铃 / 炫铃、铃音下载等，其他还有手机音乐点播、无线音乐下载、无线音乐收听等。

（8）直接面向用户。2005 年 7 月，网络歌手庞龙新专辑《你是我的玫瑰花》首先通过华友世纪的手机平台直接面向数亿用户发布，打破了以往音乐专辑首先通过 CD、卖场等渠道发布的传统营销模式。

（9）为反盗版提供保障。一方面，由于公共互联网上的非法共享音乐大量存在，唱片公司承受了巨大的经济损失，因此他们渴望一种新型安全的传播模式，而移动通信方式则是一个非常理想的传播选择，它同时具备高覆盖率和高安全性；另一方面，移动通信工具由私人占有，使得适当实施严密的私人控制变得简单。

2. 移动音乐的 SWOT 分析

移动音乐的 SWOT 分析如表 2-6 所示。

表 2-6 移动音乐的 SWOT 分析

优　势	劣　势
● 兼具方便性、娱乐性，可以实现随时随地收听和下载； ● 流行性，对流行时尚文化触觉敏锐； ● 创作主体多元化，平民主动性增强； ● 原创优势使得移动音乐的内容丰富，形式多样； ● 采用移动通信网络作为传播方式，同时具备高覆盖性和高安全性，另一方面手机是私人占有，使得私人控制变得简单	● 相对在线音乐免费下载而言，用手机下载一首单曲需要付费1～3元不等； ● 缺乏优质排他性内容资源； ● 在传统音乐内容把握上没有经验积累； ● 缺乏对艺人的管理经验； ● 缺乏自有收费渠道； ● 在移动终端用户资源上依赖移动运营商
机　会	威　胁
● 市场需求巨大，可快速扩张； ● 数量庞大的手机用户为移动音乐奠定用户基础； ● 3G应用推动移动音乐发展，3G高速率的数据传输速度为移动音乐用户带来更愉悦的体验，必将刺激更多用户使用移动音乐业务的欲望； ● 音乐手机将起到从终端上支持移动音乐的作用； ● CP进入壁垒降低，涌现大量民营唱片公司	● 完整的移动音乐产业链尚未形成，各环节尚未衔接成一个有机整体； ● 整体业务雷同，同质化竞争严重； ● 随着技术和软件硬件升级，新商业模式涌现将对移动音乐消费产生替代效应； ● 政策波动

从 SWOT 分析表（表 2-6）可以看出，虽然移动音乐相对于传统音乐以及在线音乐而言，存在着没有经验积累、缺乏收费渠道等缺点、面临着同质化竞争严重等问题，但是，移动音乐的移动性以及方便性却是其他音乐传播形式所难以比拟的。先不说近年来彩铃以及 IVR 等移动音乐形式的高速发展情况，单单是近 10 亿手机用户的手机铃声需求首先就为移动音乐提供了庞大的用户市场，未来市场完善后，对于手机铃声的收费需求以及手机铃声市场广阔的用户市场潜力，是运营商和内容 / 服务提供商以及服务提供商不遗余力发展移动音乐的主要原因。

相对在线音乐与传统音乐而言，移动音乐产业链省去了播放器以及播放电源厂商，在产业链环节上增加了终端设备制造商以及无线音乐内容 / 服务提供商，并且电信运营商成为产业链的关键一环，电信运营商的参与使得音乐在传播数量和传播质量上都发生变化，这种变化给用户带来实惠，并且增大社会福利，因此，可以说，相比传统音乐与在线音乐，移动音乐是更有吸引力的传播形式。

（四）移动电视

移动电视是指采用数字广播技术（主要指地面传输技术）播出，接收终端为安装在公交汽车、地铁、城铁、出租车、商务车和其他公共场所的电视系统，以及手持接收设备，如手机、笔记本、便携式媒体播放器（Portable Media Player，PMP）、超便携 PC 等满足移动人群收视需求的电视系统。2004 年以来，手机电视业务一直被业界所看好，随着 3G 网络的逐步推广，移动运营商将开展更多新的移动多媒体业务和高速数据业务，其中，手机电视业务具有广泛的应用前景，将成为未来 3G 网络中的热门业务之一。移动电视从空间、时间概念上，把电视从原来的客厅解放出来，变成消费者随身携带、使用的娱乐设备。

1. 移动电视的现状

近年来，我国移动电视项目的开发已取得较大进展。2000 年，广电部门在上海、北京和深圳三个城市进行移动电视试验，极大地推动了其核心技术及运行模式的研究、发展，现在试验工作已在全国很多城市开展。

数字移动电视可以说是传统电视媒体的延伸，它采用了当今世界最先进的数字电视技术，电视节目经过数字编码，通过无线发射、地面接收的方法进行电视节目传播。它与传统的模拟电视无线传播有着本质的区别，最大的优势就是支持移动接收，通过发射信号的单频网布设，使得数字信号覆盖率达 90% 以上，在此范围内人们经无线接收，均能收看到高质量的电视画面，即使当车辆行驶速度高达 150km/h 时也不影响接收。

2002 年，上海正式推出以公交车辆为主要载体的移动电视系统及其相关服务，是继新加坡之后全球第二个建成移动电视的城市；2004 年 5 月，北京移动电视也试播成功；目前，国内许多城市的公交车上都已播放移动电视。移动电视的出现，使人们可以随时随地看到电视，随时随地获得最新的资讯，极大地满足了快节奏社会对信息的需求。移动电视作为一种新生媒体，凭其内容丰富、节目质量高、资讯更新快等特点深受广大群众的青睐，目前以一个城市为发展空间的格局已形成一定规模，并且在不断扩大，这充分表明各地对发展移动电视有着很高的热情。图 2-11 所示为移动电视—传统电视由室内到户外的无缝覆盖。

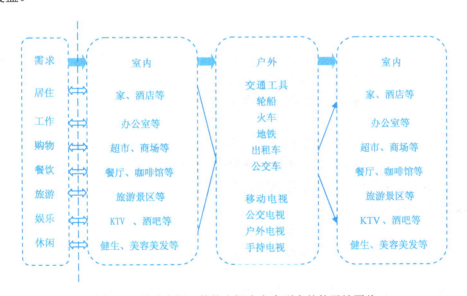

图2-11　移动电视—传统电视由室内到户外的无缝覆盖

六、移动商务的金融服务

（一）移动银行

移动银行是无线通信技术与银行业务结合的产物，它将无线通信技术的 3A（任何时间、任何地点、任何方式）优势应用到金融业务中，为客户提供在线的、实时的服务。其主要技术模式是以银行服务器作为虚拟的金融服务柜台，客户利用移动支付终端，通过移动通信网络与银行建立连接，在银行提供的交互界面上进行操作，完成各种金融交易。目前，国内移动银行的主要形式是手机银行业务，它将银行业务中有关客户端使用平台的某些业务移植到了手机上。

手机银行业务是一项跨行业的服务，是货币电子化与移动通信业务相结合的产物，手机银行丰富了银行的服务内涵，使人们不仅可以在固定场所享受银行服务，更可以在旅游、出差中高效、便利地处理各种金融理财业务。

移动银行服务市场细分非常重要。据统计，为银行带来高回报率的公司和个人客户，在所有客户中的比重虽小，但是在使用电子金融服务的客户中，他们占了 50% 以上。银行为了服务好这些客户，就不能过分在意成本支出，对这些客户需要提供高度个性化的服务，如实时股票信息及交易服务、账户查询和账务处理业务等。

对于普通客户，他们可以为银行产生现金流，若银行想保持这些客户，必须为其提供优质的服务，但相对来说并不需要太多的支出。与互联网相比，通过移动渠道发送和接收信息比通过主机更便利、更具有成本效益，这无疑可以推动具有较强接受能力的普通客户转向移动银行。

未来，越来越多的顾客将在线管理他们的银行账户，银行要抓住这个机遇，就必须提供满足顾客需求的各种业务。移动银行在以下业务上具有非常明显的优势。

（1）移动银行账户业务。移动银行可以提供低成本的传送媒介，可以进行余额核对、资金转账和交易执行，同时传送为顾客量身定做的公共或私人信息，这些都是给顾客提供具有价值的服务。

（2）移动经纪业务。移动经纪业务提供了实时信息传送和客户迅速决策的机会，预先设定投资组合的警戒线，顾客在股价变动超出设定范围时接到警报，可以在任何时间和地点通过 WAP 进行买卖，以减少投资风险。交易可通过一种存储管理服务（Storage Management Services，SMS）接收器进行确认，避免了非当面交易的不确定性，可以不受交易现场气氛的干扰。

（3）移动支付业务。它可以通过给用户的手机上装载借记卡来实现现金业务，也可以采取"蓝牙"技术用手机指向读卡机进行支付或将账单载入手机从而使手机具有借记卡的功能。由于电子账单的作用，发票可以通过手机进行传送，这样大大降低了成本。工资单也可以通过移动技术进行发送。

（4）现金管理业务。现金管理是一个热点，不能提供互联网现金管理服务的银行在未来两年中将处于劣势。在一个多渠道的环境下，移动技术在削减成本、提高效率方面将大有作为。

（5）财产管理和零售资产管理业务。这些业务并不是银行、保险公司和其他金融机构的传统核心业务，但目前正转变为有利可图的电子金融服务业务，移动渠道为这类业务提供了便捷、低成本、高回报的媒介。

（二）移动证券

移动证券，又被称为手机炒股，指利用手机的数据业务功能，在手机上实现股票行情显示、信息浏览和实时证券交易，可以称得上是证券交易方式的一次新的突破，被形象地称为"移动大户室"。与传统的电话委托和网上交易方式相比，手机炒股有它独特的优势。电话委托是利用电话的双音频功能，由于是语音服务，速度慢、不直观，在交易活跃时还会因电话占线而无法下单，影响交易。网上交易信息量大、速度快，但是必须使用电脑，移动性差。手机炒股完全可以作为电话委托的替代和网上交易的补充方式，手机小巧、方便、普及，可随身携带，出差、开会、工作时均可使用。

虽然电话委托和网上交易能使股民足不出户完成相关操作，但这两种终端的固定性决定了操作不能随时随地进行。只要有一部具有上网功能的手机，就具备了无线炒股的基本条件，目前，随着手机的发展，一些手机甚至还内置了移动证券的功能，让移动证券显得更加专业。

炒股手机分为以下两大类：一类是软件扩展型的，即可以安装专门的炒股软件的手机，这其中又分为智能手机和 Java 手机两大类；另一类是无法安装第三方软件的手机，它们主要使用 WAP 炒股。WAP 炒股无须下载软件，只要用手机登录专门的 WAP 网站，就可以进行行情查看、买入卖出等交易。不过，这种方式的安全性、方便性稍微要差一些。

移动证券在使用过程中，需要注重以下几个方面的问题：

（1）服务提供商的安全性问题。由于是网络交易，个人的资金账户、银行账户以及交易密码都保存在服务商那里，如果服务商或证券公司出现问题，用户很可能会发生资金损失。

（2）手机使用安全问题。在手机上一般都会保留客户交易后的账号，虽然手机属于私人用品，但登录后不及时退出，而手机又放置不当，会给用户带来隐患。

（3）要防范手机病毒。相对来说，这种安全威胁目前还比较少，主要发生在智能手机上，其中尤以支持蓝牙功能的手机中毒的机会最大，因此，不要经常无故开启手机的蓝牙功能。

（4）手机流量。使用手机炒股软件，一般建议申请一个流量套餐。

（5）手机软件的使用。手机软件自选股不宜太多，一会增加大量流量，二会使刷新变慢。不看手机行情时，建议退出手机软件。

（三）移动保险

利用移动商务技术是迅速提高公司服务质量的重要途径，这已成为保险界的共识，各家保险公司都在加大投入和技术培训，保险移动商务服务已全面开花。移动商务的快速发展和移动技术的不断进步，为保险服务升级创造了条件，同时为保险企业的竞争开辟了新的领域。谁能利用移动商务平台和技术，先人一步破除传统商务运营模式的限制，在投保方式、后援服务、快速理赔、营销手段等多方面，利用移动商务跟随性的便利，紧紧抓住客户，实现贴身服务，就能赢得市场。

占我国财险市场份额约四成的财险老大——人保财险，在追赶移动商务浪潮中推出的"掌上人保"大大地提升了公司的服务水平，它面向最终客户提供信息发布、保险销售、车辆出险服务以及各项增值服务。具体功能有：①自助理赔，用户通过手机终端进行车险报案、拍照、上传到理赔的全流程自助服务；②在线投保，用户通过终端向公司购买车辆险、家庭财产险、意外健康险等产品；③信息发布，将公司的广告、官方微博、最新资讯动态等信息直接推送至用户的移动终端上；④生活服务及工具，为用户提供周边生活信息、路况信息、限速提醒、事故责任知识、定点寻车等实用信息。

人保财险在保险业内首先创新推出面向客户的手机自助理赔服务，公司 VIP 客户可使用手机，完成小额车损案件快捷自助理赔。对于出险后不涉及人伤、物损案件，VIP 客户可通过手机进行自助查勘，拍摄并上传事故现场照片，查询定损结果，上传索赔单证，上传赔款接收账户信息，获知赔款金额，这样，通过客户自己的手机就可以获得从出险报案到获知赔款金额等全流程的理赔服务，省去一切纸质单证、省去往返保险公司的不便，实

现现场一站式轻松自助理赔。

人保财险 2009 年已开始启动移动查勘定损系统。该系统对查勘及理赔工作实行全程信息化管理，通过实时的移动通信网络，实现理赔工作人员定位、任务处理、现场拍照以及在线派单、照片上传等功能，加快了查勘人员对事故现场及理赔的节奏。该公司运用该系统后，现场查勘时间从原来的 30 分钟缩短到 5 ～ 10 分钟，理赔时效提高了 28.5%，并且骗保率几乎接近于零，客户满意度有效提高。目前人保财险与中国移动、中国电信、中国联通等运营商建立了合作关系，已经在全国推广该系统。

中国大地保险公司 2009 年 8 月起，开始分批推广公司开发的"大地快速定损系统"（Rapid Appraisal System，RAS），集中采购了一批 3G 智能手机和蓝牙打印机。据介绍，RAS 系统以 PDA 智能手机（3G）为平台，结合调度短信接入、零配件价格查询、工时费项目选择、定损单及查勘报告现场打印等功能，能有效整合车险小额案件现场处理节点，简化流程，大幅提升现场处理时效。案件发生后，客户向大地保险全国统一客服专线报案，座席人员会根据电子地图安排调度，并向相应查勘定损人员的 PDA 智能手机发送任务提示，查勘人员根据任务提示赶赴事故现场，开展查勘定损工作；在确定案件真实的情况下，根据 PDA 智能手机上的正厂零配件价格数据库及工时费标准，确定事故车辆的损失金额，并使用蓝牙打印机现场打印定损单请客户签字，避免了客户往返奔波提交理赔资料，大大提升了理赔时效，方便了客户。

中国平安保险公司继 2010 年 10 月在全国范围内成功推行移动展业模式（MIT）之后，中国平安旗下平安人寿已于 2011 年正式上线了 MIT 升级版—— MIT 二代，这将为其客户提供更为全面的综合金融服务以及更为便捷的保费支付渠道。移动展业模式（MIT）成功搭建了一条高效、快捷的绿色生产线，成功地将保单承保时间由 5 天缩减至 0.5 小时，纸张消耗由 40 张降低至 4 张。MIT 以其流程简便、时效快捷、低碳环保等优势，受到越来越多客户和保险代理人的青睐。

中国太平洋财险 2009 年开始在厦门、东莞试点车险移动视频查勘系统，2010 年，太平洋财险在试点的基础上，对系统进行了优化，并在全公司推行。据记者了解，该系统可以全程视频监控，现场完成定损、报价、打印定损单，整个过程仅需 15 分钟，如按传统方式最短也要 24 小时。移动视频查勘系统确保公司的服务承诺——损失金额 35 万元以下，单证齐全，一天赔付。

七、移动商务的企业应用

（一）移动 OA

企业、政府机构的办公信息化已经经历了两个阶段的重大变更，第一代办公自动化系统利用计算机技术实现了"无纸化办公"，第二代办公自动化系统则利用网络技术解决了"信息孤岛"问题，使团体协作办公成为了可能。信息化的办公自动化系统在企事业内部编织起一套高效、畅通的信息互联体系，极大地推动了企事业单位生产力的发展，但与此同时，伴随着企事业单位办公活动范围的扩展和市场化带来对响应速度的更高要求，使得完全基于 PC 应用的办公自动化系统突显不足。企事业单位迫切需要一套可以随时随地、随手使用的办公自动化系统，使得公司管理者、业务人员不管置身何地，都能随心所欲地与企事业内部系统关联，这就带来了办公信息化的第三次变革——移动办公自动化（移动 OA）。

移动 OA，是利用手机等移动终端，实现办公信息化的全新方式，它是移动通信、PC电脑与互联网三者融合的最新信息化成果。移动 OA 将目前普遍采用的办公自动化系统和移动通信技术结合起来，在为用户提供日常办公所需的各项功能基础上，保证用户可以随时随地处理办公信息，获取必要的工作资讯，彻底解决了离开办公地点就无法处理办公事务的难题，大大提高了企业日常办公的效率。

强大的移动 OA，以手机终端为载体，使用 GPRS/3G 无线网络与服务器系统进行连接，建立起一套可移动化应用的办公信息系统，通过将企业内部办公自动化系统扩展应用到移动终端的方式，它将原有 OA 系统上的公文、通信录、日程、文件管理、通知公告等功能迁移到手机，帮助用户摆脱时间和空间的限制，可以随时随地关联企业办公自动化系统，进行掌上办公。

移动 OA 的功能主要包括公文处理、公告发布、企业通信录、信息查询、日程管理和邮件提醒等功能，其中公文处理为主要功能，包括新建公文、公文处理批复、公文流转、公文查阅和建立公文列表等。

使用移动 OA 给人们带来的好处主要体现在以下几个方面：

（1）拓展空间。移动 OA 最直接的优势是将人们从桌面办公的方式解放出来，拓展了办公空间，使员工处理公务时不再受到时间和地点的限制，既提高了办公效率，又减少了办公成本。

（2）方式多样。移动 OA 实现方式多样，但绝大多数移动 OA 系统是通过短信 / 彩信 /WAP 方式实现的，所以对终端一般没有特殊要求，只要能正常使用相应业务即可。

（3）安全性强。移动 OA 具有很高的安全性，从发送通道（专有通道）、信息内容（内容加密）、系统后台（软硬件防火墙部署等）等多个方面保证客户网络和信息安全，同时每个企业都有自己单独的信息中心，彼此独立，不会造成多个集团信息的混淆和相互影响。

（二）移动 ERP

中小企业信息化一直是近年来企业管理软件市场关注的焦点，也是 ERP 厂商瞄准已久的"巨大蛋糕"。ERP 软件的核心是 MRP Ⅱ，是在此基础上对财务、销售等其他功能的扩展，众多中小企业并不是制造型企业，即使也会因缺乏数据准确的保障机制而难以发挥 ERP 软件的性能，更为重要的是，中小企业的业务模式更为灵活多变，其相对薄弱的资金人才储备要求实施周期更短、实施成本更低的信息化解决方案，传统的 ERP 虽然功能强大而成熟，但是由于实施周期长、资金投入大而限制了其在中小企业的推广。

在这种情况下，只有探索更为灵活的实施方式和服务模式，才能真正满足中小企业信息化的需要。移动 ERP 是商务与互联网、移动融合的产物，它以灵活的商业模式为中小企业信息化提供了一个可行的思路，也为传统 ERP 厂商从独立软件供应商向服务提供商的转变提供了一个良好的契机。

移动 ERP 具体是指将传统 ERP 融合移动通信网和互联网等多个网络系统，成为企业个性化管理的利器，使管理人员可以从 ERP 管理系统的海量数据中抽取信息，可以通过短信、手机上网及互联网 Web 进行 ERP 工作处理，随时随地实现个性化的信息化。

如今，企业面临越来越多变的市场环境，随时需要管理的要求越来越多，而移动ERP凭借无所不在的移动服务，出差在外的商务人士可以凭借手机等通信终端随时随地处理重要问题，实现随时随地管理的能力。

事实上，在零售、物流、金融、政府等各个行业，都可见到移动ERP的身影，移动ERP与传统ERP互补，形成企业完整的信息管理平台，真正帮助企业实现"实时企业、全球商务"的梦想。从功能的角度来看，可以将移动ERP划分为移动OA、移动CRM、移动供应链、移动报账和审批、移动市场调查等。根据企业应用移动ERP所要解决的问题，可将移动ERP应用大致分为如下几类：

（1）解决企业内部沟通不畅的问题。信息发布与数据采集是移动ERP应用的最主要形式，也是用户需求比较明显和集中的领域。

2006年，民政部在用友财务系统的基础上，增加了短信系统。民政部信息中心相关负责人介绍："民政部的财务管理情况比较特殊，类似于'大财务'。其下属的二三十家事业单位都具有独立的财务系统，民政部要对这些下属单位进行财务监管，下属单位完成数据录入的工作，而民政部在这些数据的基础上进行系统的财务分析。"

早在几年前，民政部上线OA系统时，就在其政务协同办公平台里嵌入了一套短信系统，用于会议通知。在此基础上，民政部将其与用友公司的财务系统对接，并开发和增加了两大功能：一是基于手机的电子工资单，员工如果在外地出差，可以随时了解到自己的工资发放情况；二是大额资金预警功能，这一功能主要为单位领导提供，如果资金超过设定的金额，系统会自动将资金的使用情况以短信的形式发送给领导，让其实时了解下属单位的大额资金流向。

某军工集团在信息化建设过程中，对原有的业务流程进行了重新规范和优化，但是，流程规范后，又随之带来了新问题，领导审批必须按照流程往下走，如果某个领导出差、生病或休假，没能及时审批，计算机中设定的流程就无法继续下去，严重影响了正常的工作。为此，他们采用了移动审批，领导可以通过手机随时随地进行审批，方便而快捷，使集团的业务流程可以顺畅、快捷地落地执行。

哈药六厂在全国共有上万个专柜或者专卖店，促销员的数量也达到几万人，如何快速地把一个消息统一传递给这么多促销员呢？短信显然是比电话和互联网更快、到达率更高、成本更低的手段。

（2）提升企业与销售渠道的互动效率。多变的市场行情对于山东某肉类企业来说是个考验——如何将每天都不断更新的猪肉价格发布给自己的员工和销售渠道呢？移动ERP帮助他们解决了问题，将最新的猪肉价格以短信的形式发布到员工和销售渠道的手机上，既快捷又方便，而且成本不高。

在收发短信的基础上，数据采集和门店经营是用户对移动ERP的另一个重点需求。移动数据采集是将分布在一定区域的某一个或一组实时发生的数据收集在一起，进行后续地分析和跟踪，通常用于终端销量、终端库存、业务员报告、竞争情报分析等领域。移动门店则要实现与所有终端的信息快捷沟通，使总部能够及时、全面地掌握各终端的经营状况，准确响应市场需求，缩短物流配送周期。最为关键的是，各终端信息要与总部的后台数据整合在一起，从而形成一个闭环的应用系统。

某电器分销商既有自己经营的门店，又与国美、苏宁这样的全国连锁品牌合作销售，如何将这些不同经营模式的销售数据采集上来呢？身在异地的销售人员又如何能够随时远程下订单呢？这些都可以通过移动 ERP 来实现。通过移动 ERP，采集点无须在终端上额外投资，也不需要专门的宽带网络接入，总部可以在第一时间内了解各地的销售情况和消费者的消费行为，为制定后续的产品销售策略提供依据。

（3）帮助企业维系和加强客户关系。在每年的中秋、国庆双节期间，很多公司通过短信有针对性地为客户送上节日祝福，还有公司通过短信将购物卡的账号和密码发送给客户，将其作为节日礼物，这种方法既方便快捷，又可以根据客户的年龄层次、购买习惯等因素进行有针对性的维护关系。

深圳发展银行拥有网上银行、基金通、网上缴费等八大业务，八大业务共享同一个客户信息。为了提高客户服务水平，深圳发展银行开通了网上银行客户营销系统，八大业务系统的信息最终都提交到客户营销系统上，客户营销系统则通过短信调度，支持八大业务的重复购买、交叉购买，并对用户进行新产品推广、交易提醒。

以往，企业给客户发短信都是漫无目的地群发，采用移动 ERP 之后，可以先分析用户的年龄、区域、购买行为等因素，再有目的、有针对性地发送，准确性和效果得到较大的提升。

当前移动 ERP 领域主要有三类厂商：一是传统的管理软件厂商，它们长期与用户打交道，了解用户的信息化需求，并具有广阔的用户群基础，因此诸如用友这类管理软件厂商在进军移动 ERP 领域时，具有一定的先天优势；二是专做移动 ERP 的厂商，它们通常是运营商的合作伙伴，譬如无限立通、商务通等；三是移动运营商本身，它们一直试图向企业客户转移，移动 ERP 将成为运营商实现战略转型的重要契机。

移动商务的浪潮不可阻挡，我们已经进入移动商务时代，如同 20 世纪末的互联网浪潮中局域网必然要与互联网结合一样，如今的信息化必然要与移动网络相结合。在互联网时代，PC 是 ERP 的执行终端，ERP 助推企业实现了内部流程优化、管理变革及跨地域的经营；在移动商务时代，手机将取代 PC 成为移动商务时代的重要执行终端，手机被视为企业经营管理的神经末梢。

通过移动 ERP，手机有效地解决了"信息化最后一公里"的难题，延长了企业的业务流程，并让信息化摆脱了 PC 和网线的束缚。研究显示，用户的移动商务需求将向企业应用系统纵深发展，并呈现出明显的上升趋势，由此可见，用"井喷"来形容移动 ERP 的应用前景并不为过。

实际上，在日、韩等移动信息化更为发达的国家，已经不仅是手机＋软件＋通信网络，它们还将二维条形码、RFID 等技术与移动 ERP 相结合，由此催生出更丰富、更有效的应用模式。在我国，随着 3G 的逐渐推广和普及，为移动 ERP 的发展带来了广阔的空间。IT 行业的发展最开始往往与硬件相关，然后与运营相关，最后与产品和服务相关，在这三个因素中，任何层面的改进与提升都会促进产业发展。

（三）移动 SCM

移动 SCM（Supply Chain Management，供应链管理）是一种利用现代移动终端技术、移动通信技术、计算机技术等，实现在移动中也能完成通常要在办公室里才能完成的供应链管理任务。移动 SCM 系统具有传统 SCM 系统无法比拟的优越性，它使业务处理摆脱了时间和场所的局限，随时随地进行与公司业务平台沟通，有效提高供应链管理效率，推

动企业效益的增长。

随着移动技术、计算机技术和移动终端技术的发展，移动供应链管理技术已经经历了三代。

以短信为基础的第一代移动供应链管理技术存在着许多严重的缺陷，其中最严重的问题是实时性较差，查询请求不会立即得到回答；此外，由于短信信息长度的限制使得一些查询无法得到完整的答案。这些令用户无法忍受的严重问题导致了一些早期使用基于短信的移动供应链管理系统的部门纷纷要求升级和改造系统。

第二代移动供应链管理系统采用基于 WAP 技术的方式，手机主要通过浏览器的方式来访问 WAP 网页，以实现信息的查询，部分地解决了第一代移动访问技术的问题。第二代移动访问技术的缺陷主要表现在 WAP 网页访问的交互能力极差，极大地限制了移动供应链管理系统的灵活性和方便性；此外，由于 WAP 用于加密认证的 WTLS 协议建立的安全通道必须在 WAP 网关上终止，形成了安全隐患，所以 WAP 网页访问的安全问题对于安全性要求极为严格的商务系统来说也是一个严重的问题。这些问题也使得第二代技术难以满足用户的要求。

新一代的移动供应链管理系统，也就是第三代移动供应链管理系统融合了 3G 移动技术、智能移动终端、VPN、数据库同步、身份认证及 Web Service 等多种移动通信、信息处理和计算机网络的最前沿技术，以专网和无线通信技术为依托，使得系统的安全性和交互能力有了极大的提高，为供应链管理人员提供了一种安全、快速的现代化移动执法机制。新一代移动供应链管理系统采用了先进的自适应结构，可以灵活地适应用户的数据环境，具有现场零编程、高安全、部署快、使用方便、响应速度快的优点。

移动 SCM 系统可以实现对企业进、销、存各个环节的一条龙全程实时业务管理，一直到业务流程处理完毕。移动 SCM 系统适用于超市、批发商、电子产品、仪器设备、机电、汽配、油料、家电、奶业、烟酒、饮料、食品、日用百货、服装鞋帽、图书及各种消费品等在内的零售、批发企业，以及连锁店、加盟店、专卖店、渠道商的管理，同样适用于制造和物流行业。

移动 SCM 系统除了实现对采购、库存以及销售环节的实时信息浏览、审批、定制查询及统计、运输管理、车辆和货物定位、库存管理、出入库管理、商品短缺报警、分店业务管理、渠道管理、价格管理、产销数据上报、结算管理、报表管理等移动 SCM 软件功能，还支持待办事宜、待阅事宜、电子邮件、移动审批、移动信息输入、SCM 信息查询、组织机构管理、日程管理、联系人管理、公文浏览、下载和转发、系统管理等常用的移动办公功能，用户可以根据自己的需要，方便地选择任何功能模块组合。移动进销存系统还可以集成手机定位技术，实现对人员考勤、货物及车辆定位等功能。

移动 SCM 能增加预测的准确性，减少库存，提高发货供货能力；减少工作流程周期，提高生产率，降低供应链成本；减少总体采购成本，缩短生产周期，加快市场响应速度。

随着互联网的飞速发展，越来越多的企业开始利用网络实现 SCM，即利用互联网将上下游企业进行整合，以中心制造厂商为核心，将产业上游原材料和零配件供应商、产业下游经销商、物流运输商、产品服务商以及往来银行结合为一体，构成一个面向最终顾客的完整电子商务供应链，目的是降低采购成本和物流成本，提高企业对市场和最终顾客需求的响应速度，从而提高企业产品的市场竞争力。

供应链管理是当前国际企业管理的重要内容，也是我国企业管理的发展方向，它将企业内部经营所有的业务单元，如订单、采购、库存、计划、生产、质量、运输、市场、销售、服务等，以及相应的财务活动、人事管理均纳入一条供应链内进行统筹管理。早期企业重视的是物流和企业内部资源的管理，即如何更快更好地生产出产品并把其推向市场，这是一种"推式"的供应链管理，管理的出发点是从原材料推到产成品、市场，一直推至客户端。随着市场竞争的加剧，生产出的产品必须要转化成利润，企业才能得以生存和发展。为了赢得客户、赢得市场，企业管理进入了以客户及客户满意度为中心的管理，因而企业的供应链运营规则随即由"推式"转变为以客户需求为原动力的"拉式"供应链管理，这种供应链管理将企业各个业务环节的信息化孤岛连接在一起，使得各种业务和信息能够实现集成和共享。

（四）移动 CRM

传统 CRM（Customer Relationship Management，客户关系管理）存在的最大障碍在于难以突破空间的局限，销售人员经常不在公司或者常驻外地时，常出现三个"无法管"（异地客户信息无法管、新的商机和动态无法管、销售员每天活动无法管）的尴尬局面。

移动 CRM 是一种利用现代移动终端技术、移动通信技术、计算机技术等，实现在移动中也能完成通常要在办公室里才能完成的客户关系管理任务。应用移动 CRM 让物理位置分散的员工通过手机及时、准确地汇报与客户沟通的情况，管理者可以在电脑端随时查看，便于统计，降低企业对异地客户信息、新的商机和动态、销售员外出等信息数据管理成本，让 CRM 管理变得轻松、快捷、简单。

使用移动 CRM，企业员工可以在外地或家中登录公司的移动 CRM 系统、企业资源规划（ERP）系统分享文件，并且，如果企业使用的软件允许的话，管理部门可以对企业活动进行集中管理，并对收集到的信息做实时的分析。有了移动 CRM，在大多数情况下，员工没有必要回到办公室进行附加操作或后续工作，就好像自己办公室的电脑一直在身边一样。

移动 CRM 并不只是改善内部流程，它也改善客户体验。当企业员工同客户交流的时候，移动 CRM 可以帮助该员工得到这名客户的全部资料，这对企业员工很有帮助。例如，使用移动 CRM 可以获得订单的状态，查看商品过去的购买趋势，获得最近一次买卖的型号，或者找出仓库中是否有某个特殊商品，这对提高销售体验的满意度和客户的忠诚度有极大的帮助。

可以说，第三代移动 CRM，是 CRM 历史的一个巨大飞跃。移动 CRM 提供了随时随地 360 度的"客户全景"，包括客户的基本信息、客户合同情况、客户回款、客户任务日程安排、客户销售机会与跟踪情况等，销售人员和客服人员可以通过"全景视图"了解、查询到每个客户的特性，为他们"说什么话、做什么事"及时提供精准参考，决策者能通过指尖就轻松获得关键任务信息。这就是移动 CRM 的重大价值体现。

移动 CRM 的主要功能有：

（1）客户管理。可以增加、删除、修改商家的客户资料，包括客户的基本信息、会员信息以及个人的兴趣爱好等，还可以根据客户信息对客户进行分组，便于商家搜索客户。客户管理中对客户的消费过程进行了记录，可以根据消费记录更改客户的 VIP 级别，并能通过短信及时将消费信息和 VIP 信息发到客户的手机上。

（2）促销推广。商家通过此功能可以组织一些促销活动，将促销信息发送给自己的客户，并可以查看这些活动带来的效益。

（3）客户关怀。在节假日以及客户重要的纪念日发送温馨祝福给客户，该功能能提醒商家在节假日以及重要的纪念日有哪些客户需要祝福。

（4）客户服务。商家通过该功能接收客户的多种信息，包括预约、问询以及投诉等。

（5）日程安排。企业成员可以通过移动CRM系统中的web页面来管理自己的工作日程，并可以针对这些任务设置短信提醒，系统可以在设定时间内自动提醒企业成员。

（6）会议电话。企业成员可通过IVR直拨、秘书台、web页面等多种方式发起电话会议，通过web发起时，还可通过监控界面了解会议成员状况，并对会议进行控制（设置单听、追呼、增加成员等）。

尽管移动CRM有如此多的优点，但是却没有在市场上表现出应有的热度，虽然一些企业已经实施了CRM，但是，CRM远没有发挥其功能和作用。究其原因，综合来看有以下几个方面：

（1）标准化作业成为纸上谈兵。信息化管理的核心是作业标准化，CRM系统也是如此，若日常的客户关系管理没有标准化，CRM将无用武之地。在实际管理中的例外情况太多，这导致客户管理按标准作业操作的难度很大。

（2）各移动设备间缺乏有效的整合。企业现有的各个信息化系统之间缺乏有效的整合，重复性工作比较多。移动设备将使社会发生改变，并且对人们彼此之间以及与周围环境的互动方式产生深远的影响，然而，要想把握住这个重大机遇，整个产业链必须通力合作。

任务实施

1．根据自身实际，选择一个熟悉的行业（如移动音乐）。

2．分析所选行业移动商务应用中涉及的主要技术。

3．分析所选行业移动商务的运营模式，包括市场范围、价值构成、收入来源、参与者在价值链中的角色等。

4．分析所选行业移动商务的目前发展和应用状况。

5．分析所选行业移动商务的未来发展前景。

任务拓展

一、移动阅读现状

（一）国外移动阅读现状

日本文部省曾做了一个号称电子书"上天入地"的计划，尝试将一些出版社联合起来提供电子书内容，通过卫星把内容传到电影院或地铁站的终端，然后让用户下载到手持阅读器上阅读，计划虽未能成功，但却是移动阅读实施的先驱者。在2002年的韩国，手机阅读服务逐渐时髦；2005年，日本掀起了一股用手机阅读图书的新热潮。

（二）国内移动阅读现状

在国内，多家报业集团与移动公司合作，2004年推出了全国第一家"手机报"——《中国妇女报·彩信版》。2006年，中文在线和中国移动梦网合作运营，推出移动书屋频道，移动书屋自 2006 年正式上线以来，用户呈指数级增长，很快发展到数百万读者；随后，他们又和空中网、掌上灵通、华友世纪等服务提供商开展合作，成为其内容 / 服务提供商。2007 年 5 月 30 日，康佳通信科技有限公司和北京方正阿帕比技术有限公司召开主题为"引领移动出版新视界"的新闻发布会，联手推动移动数字出版市场，今后康佳手机将全面预置方正阿帕比的电子书阅读软件，使用户可以方便地购买和阅读到有价值的电子书和数字报，让每一台手机都成为一个移动阅读器。同年，方正阿帕比与作家出版社等出版单位合作，为手机用户提供电子图书下载服务，让读者可以在手机上看到最新最畅销的正版电子小说。2008 年，上海市图书馆与方正阿帕比公司联合举办"上海图书馆数字移动阅读器外借体验活动"，此活动在全市范围内征集数百名读者进行移动阅读新体验，他们尝试将数字出版领域的先进技术引入到图书馆服务中，通过这种方式，读者可以随时随地了解上海市图书馆的最新服务，浏览馆中资源；外网用户也可利用 e 卡通方式下载阅读最新的数字资源。2009 年，中国出版与中国移动电子阅读基地正式建立合作关系，拟通过浙江大学出版社数字出版部的技术制作，尝试在中国期刊界首推学术期刊移动阅读版与印刷本同步出版的全新传播模式。2010 年起，中国出版顺利推出手机出版业务。《浙江大学学报（人文社科版）》手机版的正式开通，加上此前的电子版同步上传学报，与相关网站联合，全国首家推出以单篇论文为出版模式的在线优先出版（Online First），使得浙大社科学报的纸质、电子与移动媒体一体化同步出版得以实现，并成为全国首家在全媒体整合传播方面进行全新尝试的术期刊。

（三）移动阅读发展速度惊人

2006 年针对日本全国 i-mode 服务使用者的"日本手机电子书使用调查"显示，在受访者中有 24.6% 的人用过电子书的下载服务，有 60.5% 的受访者知道有电子书下载服务但却没有亲身体验过，仅有 14.9% 的受访者不知道有电子书下载服务，有 1/3 的电子书使用者至少每月会下载一本电子书来阅读。

在中国，近年来，移动书城、手机书等众多手机电子书网站迅速发展，至 2006 年底，移动书城注册用户数已达 300 万，并以每天 8000 ～ 10000 人的速度递增。手机上网的网民数显示出庞大的移动阅读现实和潜在读者市场，"手机阅读时代"正在逐渐成为现实。2010 年 4 月，由中国出版科学研究所主持的"第七次全国国民阅读调查"显示，2009 年我国 18 ～ 70 周岁的国民中，包括书报刊和数字出版物在内的各种媒介综合阅读率呈增长态势，数字化阅读持续增长。2009 年，我国 18 ～ 70 周岁国民中接触过数字化阅读方式的比例达 24.6%，比 2008 年的 24.5% 增长了 0.1 个百分点。在接触过数字化阅读方式的国民中，手机报是最主要的手机阅读方式。易观国际发布的《中国手机阅读市场用户调研报告 2010》称，手机阅读已经成为移动互联网用户使用频率较高的应用之一，每天阅读一次及以上的用户占比达到 45%。

二、全球定位应用服务市场发展

目前，全球 LBS 服务的主要发展区域包括北美、亚太以及欧洲三大市场，其中亚太市场的发展最早也最快，尤其是日、韩两国。在 2006 年之后，北美 E911（紧急救援服务）政策下的系统设备更新逐步完成，Sprint Nextel、Verizon Wireless 等运营商也开始积极推广 LBS 应用。在欧洲，也颁布了类似美国 E911 的紧急救援法令，不过由于技术更新或投

资回报率等因素而采取保守的推动策略，相对于亚太与美国，发展速度较慢。以下对各主要区域市场的发展状况进行分析。

（一）亚太地区：服务类型丰富，产业体系结构完整

在日本市场，由于移动数据服务市场竞争激烈，为了提供更多差异化的增值服务，运营商早在 2000 年就通过与平台供应商、内容增值服务商合作，开始推出移动定位服务，日本的 LBS 服务内容非常丰富，包括气象预报、电子地图、交通／乘车信息、餐厅／旅馆预约、城市导游、学童／老人安全追踪、行人导航、紧急信息以及车队／货物追踪管理等应用。以 KDDI 为例，其 LBS 服务项目已超过 120 种以上，用户数超过 100 万。

除了服务内容丰富之外，运营商与手机厂商以及相关第三方（平台供应商、应用开发商等）间的紧密合作也是日本 LBS 市场发展领先全球的另一个关键点。例如，NTT DoCoMo 推出的应用平台（DoCoMo Location Platform，简称 DLP）便于所有内容服务商能在统一的接口标准下开发定位服务，而 KDDI 则与多家手机厂商（Sanyo、Sony Ericsson、Toshiba、Hitachi、Kyocera、Casio）合作，推出款式多变且低价（定价普遍在 200 美元以内）的 A-GPS 手机供用户选择，强化用户使用 LBS 应用的意愿。

在韩国，除了 CDMA 网络发达、移动数据服务应用蓬勃发展等有利因素之外，韩国政府也是大力推广、推波助澜的功臣之一。目前，韩国已制定隐私权保护的法令，同时成立了相关的定位服务产业协会，驱动韩国市场的定位服务迅速发展，主要的 LBS 运营商包括 SKT、KTF、LGT 等都推出了相关 LBS 应用，内容涵盖商业（移动商务、移动付款、广告、出租车呼叫）与个人（老人、紧急救援、儿童追踪）市场，促进 LBS 产业体系迅速成长。

现阶段，日韩的 LBS 服务重点以一般民众感兴趣的应用为主，包括餐厅、旅馆等 POI 地点的指引以及交通状况、电子地图、当地天气资讯等以提供使用者所在地信息的应用服务，随着手持终端以及 POI、道路状况等资讯内容支持的逐渐成熟，车用以及行人导航应用也开始升温，成为下一波主打的 LBS 应用服务项目之一。此外，随着 A-GPS 手机的普及以及民众对自身安全意识的加强，未来包括老人、儿童与妇女等特定族群的安全追踪服务也将出现需求。相比之下，移动交友属于休闲、娱乐性质，需求较低，现阶段的开发对象以青少年等特定族群为主。

（二）美国地区：网络建设完成，开始积极布局 LBS 应用

美国是最早由政府部门制定法令推动移动定位服务的国家，理论上应该成为移动定位服务最发达的国家，但事实却不然。美国移动通信系统繁多，为配合 FCC 法令的执行，运营商必须先投入大笔资金用于网络系统设备的更新，因此，一开始都将心力集中在满足 FCC 的法令规范方面，而无暇兼顾 LBS 应用服务的开发；自 2006 年开始，随着 E911 政策下的系统设备更新的逐步完成，美国电信运营商开始在 LBS 应用的推广上出现大动作，例如 Sprint 在合并 Nextel 之后，除了原先以中小企业为主要对象的商业市场，开始横跨消费市场，锁定导航与家庭安全（追踪儿童安全的 family locator 服务）等应用服务，Verizon Wireless 也在 2006 年 1 月与 Motorola 合作，推出名为 "VZNavigator" 的导航应用与 POI 查询服务，这些都表明美国业者也开始将运营重心朝向 LBS 应用发展。

（三）欧洲地区：投资保守，以 Cell-ID 技术为主

欧洲跟随美国 FCC 脚步，于 2003 年 1 月颁布 E112 法令，但其规范要求比美国的

E911 宽松，采取由电信运营商自行选择定位技术与实施步骤的市场导向方案，因此，欧洲的 LBS 着眼于投资回报率的考虑。欧洲目前主要定位技术以 Cell-ID/TDOA 为基础（因为大多数的移动网络为 GSM/WCDMA 系统），服务内容多半局限于气象信息、交通路况指引、找特定点（如餐厅、旅馆）等地方信息服务，较少推出高定位精准度的应用服务。

在英国，FollowUs 是知名的 LBS 解决方案 / 服务提供商，提供包括车辆追踪、对象 / 仓库追踪、手机定位 / 追踪、手机移动追踪以及个人追踪等一套非常完整的 LBS 服务，针对不同的硬件设备，FollowUs 可提供不同的服务。要追踪手机或装置，仅需一台联网计算机，一旦启动追踪，该手机或装置就成了一个移动电子目标，使用服务商网站，用户即可查到该手机的位置。

以 FollowUs 在 2007 年 5 月发表的 GPS Person Locator 为例，这是针对家庭 / 商务人士以及企业用户推出的服务，不论是通过手机还是 FollowUs 特制的 Personal GPS Tracking Device，用户都能够在网页接口上监控并掌握儿童、老人或外勤员工的行踪。

FollowUs 提供低价且单次记费的服务，即做一次追踪只需付一次的费用，每次收费只要约 0.5 美元，这种价格加快了 LBS 在英国的推广。

在英国，类似 FollowUs 的服务商十分普遍，有多家业者提供相似的服务，其中以老人及儿童的定位追踪服务最为普遍，说明了此类服务的确有其需求。仓储和配送企业对移动追踪服务也非常有兴趣。随着手机追踪技术的进步，现在，办公室里的父母或是主管在网页上可以知道儿童或员工在外的行踪。

手机追踪技术的广泛使用引发了英国个人及数据隐私保护的担忧。针对此议题FollowUs 指出，由于管制十分严格，手机追踪技术并不会使用在其他用途上，没有用户许可，企业不能要求对某个手机进行追踪，必须经过企业员工许可才能对其进行追踪。英国政府规定，任何企业都必须向每个被追踪的手机用户发出随机警告，通知用户他们的手机正在被追踪。

（四）中国：起步较晚，发展迅猛

中国的位置服务业务开始于 2001 年 5 月，北京移动基于移动梦网卡推出位置服务，随后各省陆续推出，中国联通于 2003 年 7 月推出定位之星业务。位置服务业务在中国已经发展了近 10 年，但一直是不文不火，现有位置服务大都属于"模糊定位"的初级位置服务，且产品有限，加上主要角色推广力度不高，用户的潜在需求并未完全释放。

随着国内 3G 网络部署提速与电信重组的完成，GPS 手机的大力推广，定位技术限制的突破，用户对位置服务的认知度提高，作为继"团购"之后，移动互联网时代下一个爆发点的 LBS，无疑将成为众多企业的必争高地。LBS 将成为整个行业应用的标配，在移动互联网上，不管是搜索、社区、门户还是广告都会用到 LBS，并将它作为标准配置。

三、中国移动电视产业面临的主要挑战

尽管移动电视产业的前景一片光明，然而无论从产业技术与标准，产业链形成与壮大，还是市场的培育与开发等方面来说，目前中国移动电视产业尚处于起步阶段，预示着移动电视产业在中国的发展道路将很艰难。基于中国移动电视产业现状，目前该产业将面临的重要挑战有以下几个方面：

（1）研究与制定以三网融合为目标的产业技术与标准。现阶段，应加速推进 TD 网络及其产业链的形成与壮大，完善与确立基于 TD 网络的移动电视技术行业标准，并与广电部的行业标准融合形成移动电视的国家标准。另一方面，广电部还必须进一步完善 CMMB 行业标准体系，并加快其产业化进程，加快与有线电视网络的整合，以利于下一阶段与电信网络（3G 与无线城域网）的全面融合，为消费者提供一个全方位覆盖、双向沟通的移动电视平台。

（2）加快生产与提供移动电视内容。对于公交电视与户外电视，现有的内容只需要数字化就可以播放，而对于手持电视需要针对小屏幕的要求重新制作。从内容选择方面，需要对年轻时尚人群以及商务高收入人群提供有针对的内容，以满足这两类人群个性化需求，根据以往经验，这两类人群往往是最先使用新产品、新服务的。研究发现，年轻时尚人群希望通过移动电视看到娱乐、音乐、时尚、体育、电影类节目，而商务及高收入人群，更希望看到滚动更新的新闻、财经、实时的体育赛事，以及音乐、交通等节目。对于大众人群而言，社区新闻、娱乐、生活、天气等信息或节目是他们希望通过移动电视收看到的。

（3）开发与生产适合消费者需求的移动电视设备。移动接收设备对于公交电视与户外电视而言，不是一个重要障碍，可以多方投入的方式加快网络建设；手持移动设备如电视手机等，显而易见是产业发展的一个重要瓶颈。由于中国将会采用有自主知识产权的技术作为移动电视产业国家标准，国际相关知名企业基于技术保护等因素，可能会对中国标准持观望态度。国内相关产业在研发与生产适合于消费者需求的手持移动接收设备的能力，还处于初级阶段，距离产业成熟还有相当长的一段时间，中国主管部门只要坚持中国标准，以广阔的中国市场为筹码，国际知名企业迟早会采取与国内企业合作的方式进入产业。

（4）手持电视接收费用定价。根据电信部门在宽带接入方面的发展，以及广电部门在有线数字电视发展过程，客户端的高额设备费用以及高额使用费用，是产业发展初期的重要障碍，只有当设备费用降低或免除，以及使用费用采取分级包月之后，它们的用户数量增长才开始加速。移动电视产业从一开始就借鉴其他行业的经验，比如绑定一年使用免费送手持接收设备，这不失为一个迅速突破用户量瓶颈以加快发展的策略。同时，应加强与广告主、广告代理的合作，以增加自身的收入，尽快形成良性现金流循环。

四、案例阅读

宝洁借移动商务上演"生死时速"

宝洁公司除了一整套工业流程和品牌经理制度等商业运作的"硬功夫"之外，还具备一种"软功夫"，通过应用移动商务将销售数据采集时间从 2 周缩短到 1 天，而这 1 天如果应用在需要一对一营销或季节性较强的产品领域里，将在供应链方面抛下竞争对手而遥遥领先，成为挤垮对手的"生死时速"。

早在 1998 年，宝洁中国公司就引入了 PDA 移动设备，率先在中国"摸着石头"探索移动商务，之后它又在全国三个有代表性的城市测试移动商务的新型产品——"企业移动商务引擎"，并且一旦机会成熟，很快就在全国铺开。

（1）货车＋PDA：移动攻伐二级市场。在中国，宝洁绝对算得上是"移动商务"的首批"吃螃蟹者"之一。早在1998年，在中国尚未有"移动商务"这个概念之时，宝洁就率先试水，据说当时与宝洁首批实验移动商务的还有可口可乐等少数跨国外资巨头。

众所周知，宝洁公司在北京、上海等大城市的一级市场，已建立了强大的销售网络，而中小城镇及农村等二级市场，则一直是宝洁的软肋。为了攻克向来被国内众多日用消费品牌所把持的二级市场，宝洁当时启动了它的货车销售（Van-saling）模式。宝洁通过在二级城市与一些特别大的经销商合作，购买一些依维柯、昌河等货车，销售人员开着货车大街小巷地穿行在宝洁没有固定覆盖网络的二级城市和乡村，配备了PDA（掌上电脑）的销售人员坐在载满宝洁产品的汽车上，每到一家店，就与店主商谈，当时就地送货。

为了考核销售人员的供货能力和业绩，宝洁要求销售人员把PDA派上用场，把去了哪个城市、哪个商店的具体路线记录下来，把进到每间商店的具体时间，与哪个店主达成了哪些交易，具体是哪些品种、哪些规格，全部记录在PDA中，每天传回宝洁总部的中央处理器，这样，宝洁就把销售信息与网络，通过PDA延伸到了一些更加偏远的二级城市和农村地区。

（2）玉兰油与SKⅡ的电子柜台。在借移动商务掘金二级市场的同时，宝洁也没有放弃它在一级城市市场推广的可能性，只是应用的方式略有不同罢了。

1998年前后，宝洁推出玉兰油，实行专柜销售模式，玉兰油及相关产品，都有专属宝洁的柜台，专柜销售人员由宝洁公司招聘、培训、考核和工资发放，并给柜台配备PDA。

当时宝洁在天津、广州、深圳等三个城市100家左右的玉兰油专柜测试使用PDA。虽然宝洁当时的销售数据采集时间是2周左右，而它的竞争对手是3～4周，但宝洁一直想把时间缩短一些，并能细化到客户管理这一层次。由于专柜面积小，不可能使用PC机、POS机这样成本高达1～1.5万元的终端设备，加上在商场一般不愿为柜台拉专门的电源线、电话线等，所以选中了成本只有三四千元的、无须专门电源电话线的PDA。

当时宝洁希望专柜人员在为消费者服务过程中，通过PDA把客户的详细资料记录下来，看看这种模式的投入、产出怎样，效益怎样，因为宝洁当时非常想知道消费者对产品的真实反映，把固定消费者相关数据（如会员资料）记录下来，并把会员购买过哪些产品，还有哪些购买潜力，以及专柜每天销售具体各规格、品种产品销售业绩的体现，统统记录在案。通过远端PDA完成这些数据的采集后，每天传送到宝洁总部的中央处理系统，对这些数据进行统计和分析。一个曾参与设计该项目的咨询公司人士说，这种数据对于分析哪个年龄层喜欢购买什么产品、客户喜欢选用那种促销品等内容非常有用。

此外，宝洁公司还在内地及香港SKⅡ高挡化妆品柜台上使用了PDA。

（3）移动商务的"陷阱"。宝洁在二级市场的货车销售（Van-saling）模式计划虽好，但很快遇到了新的问题。

通过1998年上半年的试点，货车销售效果很不错，比如，从有些地方农村销售额一下子提高了80%，因此，到1998年底和1999年，宝洁就把该模式在全国全面铺开。但是，1999年下半年宝洁公司在全球实施的"2005计划"，很快就打乱了其在农村的移动商务战略，"2005计划"触动了全球各个国家和地区的销售方式、方法和计划，把中国很多正在

做的计划打乱了，客户网络、销售区域都作了调整，虽然后来部分宝洁在中国的分销商还在用PDA，但作为整体规划来说，宝洁中国的移动商务计划半途而废。

除因"2005计划"打乱部署之外，宝洁移动商务计划淡出，还有更深层次的原因，用PDA本来是想获得真实的销售信息，但"上有政策，下有对策"，在具体执行中却做得走样，出现了虚报数字的现象，因为报了销售数字有好处，销售人员多报能拿更高的工资奖金，经销商多报是为了多拿返利返点；其次，仅有先进的工具，没有相应的监督监管机制，依然是做不到位的。就如给每个人配备了最好的武器，但他不想去打仗，那再先进的武器也没有用。

（4）"企业移动商务引擎"不能完全取代电子柜台。玉兰油电子专柜碰到的，是推广PDA成本过高的问题。宝洁在全国有几千家甚至近万家玉兰油电子专柜，如果当时每个专柜都配备价格三四千元的PDA，总成本可能达三四千万元，并且后期还有繁重的系统维护重负，高昂的成本，使宝洁不得不停步观望。加上后来宝洁把玉兰油单价下调到几十元，成为大众的化妆品，放弃CRM管理模式，玉兰油像牙膏一样卖，这使其利用PDA全面收集客户资料已无太大必要，因此，玉兰油电子专柜后来始终停留在测试时的100家左右，并没有进行第二波的推广。至于SKⅡ，由于其作为价格在300～500元的高档化妆品，掌握这些高端客户资料有较大价值，加上其销售专柜非常少，所以PDA在该产品专柜中的使用相对广泛些，但即使如此，在内地与香港加起来也就50家左右。对于成本偏高问题，宝洁公司在接受采访时亦承认这确实是一大难题。

宝洁没有大规模推广以PDA为主要应用的移动商务，并不等于它放弃探索适合于自己的移动商务方案，2003年开始，宝洁公司在广州、武汉、中山三个城市的30多家玉兰油专柜中测试由高维信诚公司提供的"企业移动商务引擎"移动商务解决方案。

"企业移动商务引擎"主要是库存、销售数据采集系统。宝洁公司只需花45万元购买一套这样的软件，花一两万元购买一台服务器，把软件装上，玉兰油专柜的销售终端人员每天通过手机短信形式，把库存、销售数据按规定的标准格式发送到高维信诚公司与移动运营商合作建设的系统平台，信息数据就会自动分发到宝洁的中央服务器里。

玉兰油专柜可以利用每天下午5点钟生意相对不好的空隙时间，在一个小时内，全国上万家销售终端的销售和库存数据发送到宝洁总部的中央处理系统，这样，就可以把销售数据的收集工作，从原来靠手工记账方式和层层传递时间的1～2周，缩短到1天完成。

高维信诚公司认为这种采集库存、销售数据的方法，"对整个供应链来说，有一个革命性的改观"，但该公司亦承认，普通手机数据处理容量毕竟有限，如果想具体管理某种业务，做详细的会员管理，那还是得上成本比较高的PDA系统或其他把手机功能与PDA功能结合起来的产品，因为"企业移动商务引擎"难于实现相对复杂的商务管理。

五、思考与练习

1. 思考题

（1）什么是移动商务应用？

（2）移动商务模式有哪些主要特点？

（3）移动商务合同的特点有哪些？

（4）认证的概念是什么？移动商务认证机构具有哪些特点？

（5）移动商务能提供哪些信息服务？分析自己作为消费者经常会使用哪些信息服务？

（6）移动搜索业务的模式有哪些？在未来的发展中会有什么样的变化？

（7）在物流配送行业中，常见的移动定位技术有哪些？

（8）移动游戏与传统游戏相比，有哪些特点？

（9）移动音乐服务指的是什么？包括哪些具体的服务？

（10）移动电视的现状和前景如何？

（11）移动金融服务有哪些？

（12）移动商务在企业中有哪些应用？各类应用对企业的经营分别有哪些作用？

2．**技能训练**

以移动游戏为例，分析其应用模式，具体内容可包括该应用模式涉及的核心技术、运营模式（市场范围、价值构成、收入来源、参与者在价值链中的角色等）、目前发展和应用状况、未来发展前景等。

项目总结

通过阐述移动商务价值链和应用模式，以及本项目的学习和实践，旨在完成对移动商务价值链和应用模式的分析，达到熟悉移动商务的价值链构成和各成员之间的相互关系；了解移动商务价值链各成员之间的利益分配关系、移动商务的主要应用模式的目的。

项目三

移动商务支付

项目目标

1. 知识目标：通过本项目的学习，掌握移动电子支付的基本概念，熟悉移动电子支付的运营模式，了解有关安全问题及防范技术。

2. 能力目标：能够独立完成指定移动支付产品的申请、充值、查询、消费、转账等业务操作。

项目导入

在过去的几年里，移动支付一直是热点话题。目前的移动支付市场主要集中在以下几个方面：运营商代扣（Direct Carrier Billing）、手机钱包、线上线下销售、手机信用卡读卡器等。美国知名媒体 ReadWriteWeb 专栏作家 Dan Rowinski 在走访多位美国移动支付专家后，发现被专家提及最多的一句话是："这不是我购买冰箱会选择的支付方式。"那么，移动支付到底应用在哪些领域呢？

（一）前途未卜的近场支付

Dan Rowinski 对近场支付很悲观，直言不讳地表示：NFC 近距离无线传输很难大规模普及。目前 NFC 的技术比较成熟，但与之配套的基建设施却很缺乏，要想生产出一个标准的适配所有智能手机与金融机构的 NFC 读卡器是一项长期工程。在美国，最有可能被大规模采用的可能是万事达的 PayPass，但按照 PayPass 现在的普及程度继续演绎下去，Dan Rowinski 表示没有看到 NFC 能起飞的拐点。另外，用户需要升级软件才能使用 PayPass，这也减缓了 PayPass 的推广速度。

另一个挑战是多个利益相关方都想从 NFC 支付中获得一杯羹。Dan Rowinski 列举了谷歌钱包及美国三大电信运营商 Verizon、T-Mobile 与 AT&T 的联营支付公司 ISIS 的例子来说明，谷歌与万事达、花旗银行、Sprint、FirstData、Verifone、VivoTech、Hypercom、Ingenico 及 NXP 都达成了合作协议，而所有这些伙伴都想从 NFC 中获得更多的利益。

所有这些利益相关者分成后，还剩多少留给零售商？要知道，是零售商最终让用户付费购买了相应的商品或服务的，可悲的是，零售商并不是规则的制定者，由于 NFC 生态链太长，要想使零售商、NFC 服务提供商及各类基础设备对利益分配都满意还有很长的路要走。

（二）运营商代扣的成熟

那句"我自己本身是不会用这个买冰箱"的台词出自运营商的口中。运营商代扣是微支付和易支付的最佳土壤。以停车为例，如果你在街上停车只需用手机就能付钱了，难道你不觉得，这种便利性就价值好几美分了吗？

运营商代扣系统已经发展到了离线和在线都可使用支付的地步。Zong（被 eBay 收购作为 PayPal 集成）、PaymentOne 和 Boku 等是运营商代扣领域内的领先者，仅 PaymentOne 的手机支付交易额已突破 50 亿美元，其用户只不过是通过手机号码完成支付的，短信完成转账而已，Zong 同样具备与之相当的市场能力。

PaymentOne 推出的"One Care"功能，能让运营商代扣更为安全和低风险。付款过程中的透明度在手机支付中极其重要，因为用户目前不信赖手机掌控他们的钱。

最重要的是，运营商代扣收入分成机制已经转变了，此前，商家最多只能获得 40% 的分成，运营商和合作伙伴共同分走余下的 60%，即使高利润的交易，这样的分成方式也是不可接受的，如今，运营商代扣为商家提供 80% 以上甚至 95% 的分成。类似于 Zong、Boku 的国内领先的海外移动支付公司深圳黑鲨也在积极提高从各国电信运营商得到的分成比例。

（三）加密狗世界：智能手机充当读卡器

Square、VeriSign 和 Intuit（三者都是美国支付公司，主要通过信用卡方式支付）正在努力开设加密狗部门，Jumio 也在做同样的事情，只是没有加密狗。加密狗正在为庞大的手机用户群带来更为便利的读卡器。加密狗的竞争对手对此并不担心，因为在整个价值系统中它并没有真正威胁到他们的核心业务。Paypal 移动的 CEO Laura Chambers 表示：在竞争方式上，我们并不多虑。移动支付行业里有着很大的空间进行横向的发展。

项目实施

任务一　移动商务支付

任务描述

在实际消费需求的基础上，利用中国移动手机钱包，完成申请、充值、查询、消费、转账等业务。

一、移动电子支付系统

（一）移动电子支付概述

移动金融应用是移动商务应用中最为重要的一种，它包含若干应用，如移动银行、经纪人业务、移动资金转移业务和移动支付业务等。在移动金融应用中，最有前景的移动金融应用模式是移动电子支付业务。

移动电子支付是基于移动通信网络、互联网络以及近距离通信技术，通过手机、个人数字助理、掌上电脑等智能移动终端，所进行的交易、支付和认证等电子商务活动。移动电子支付可以真正使任何人在任何时间、任何地点得到整个商务网络的信息和服务。因其快捷方便、无所不在的特点，已经成为电子商务向新方向发展的重要组成部分。

在移动电子支付方式下，使用一部手机就可以方便地完成整个交易，而且在很多情况下可以缩短用户的等待时间，剔除很多无价值和乏味的活动，因而越来越受到移动运营商、商品零售商和消费者的青睐。在移动电话普及率较高的欧洲，越来越多的行业已经或者正准备采用手机付款方式。在日本，移动支付手段也非常流行。早在2001年，NTT DoCoMo公司就和可口可乐公司推出新一代自动售货机，这种被称为Cmode（C模式）的售货机采用无线技术，将Cmode同imode（i模式）手机相结合，用户可以不必使用现金而只需利用手机便可购买可口可乐的饮料。在中国，手机支付也已经进入实用阶段，上海移动通信有限责任公司与交通银行上海分行合作，在上海市率先推广了"手机钱包"业务，市民可以通过手机完成交纳手机话费、话费充值、买机票、投保等多种业务。

1. 移动支付的工作原理

从移动支付的工作原理来看，移动支付系统主要涉及三个方面：消费者、商家及无线运营商。移动支付系统大致可分三个部分，如图3-1所示。

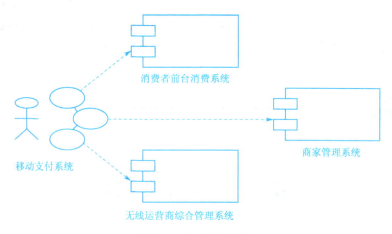

图3-1　移动支付系统

（1）消费者前台消费系统：保证消费者顺利地购买到所需的产品和服务，并可随时浏览消费明细账、余额等信息。

（2）商家管理系统：可以随时查看销售数据以及利润分成情况。

（3）无线运营商综合管理系统：是本系统中最复杂的部分，它包括两个重要子系统，即鉴权系统与计费系统。它既要对消费者的权限、账户进行审核，又要对商家提供的服务和产品进行监督，看是否符合所在国家的法律规定。最重要的是，它为利润分成的最终实现提供了技术保证。

2. 流行的移动支付流程

当消费者从网上商家选择好产品或服务后，发出购买指令，执行购买操作，商家从无线运营商处取得消费者信息，进行确认，由无线运营商代收取费用并告知商家可以交付服务或产品，形成完整的移动支付过程，如图 3-2 所示。

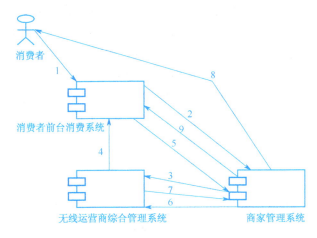

图3-2　手机支付流程

具体步骤如下：

（1）消费者通过 Internet 进入消费者前台消费系统选择商品；

（2）将购买指令发送到商家管理系统；

（3）商家管理系统将购买指令发送到无线运营商综合管理系统；

（4）无线运营商综合系统将确认购买信息指令发送到消费者前台消费系统或消费者移动终端上请求确认，如果没有得到确认信息，则拒绝交易，购买过程到此终止；

（5）消费者通过消费者前台消费系统或移动终端将确认购买指令发送到商家管理系统；

（6）商家管理系统将消费者确认购买指令转交给无线运营商综合管理系统，请求缴费操作；

（7）无线运营商综合管理系统缴费后，告知商家管理系统可以交付产品或服务，并保留交易记录；

（8）商家管理系统交付产品或服务，并保留交易记录；

（9）将交易明细写入消费者前台消费系统，以便消费者查询。

（二）移动电子支付方式

移动支付相对银行信用卡支付有其显著特点，主要表现为：移动用户普及速度快、重复率低，及时性、兼容互通性好，支付体系成本和复杂度低，移动运营商机构少，容易协调和实现一体化管理，支付成本低，信用与安全问题不突出。移动支付立足小额支付，克

服了商业信用体系难以健全和银行卡申请手续繁琐的问题，特别在小额支付市场，移动支付占据主导地位。随着移动技术的不断更新以及移动商务的发展，移动支付将成为电子商务的重要支付方式，成为传统信用支付的替代或补充方式。

根据银行业务形式，移动电子支付方式分为以下两种：

（1）移动电子小额支付。通过移动终端收取账单，用户在支付其移动终端账单的同时支付这一费用。这种代收费的方式使得电信运营商有超范围经营金融业务之嫌，因此其范围仅限于下载手机铃声等有限业务。

（2）移动电子钱包。费用从用户的银行账号（即借记账户）或信用卡账户扣除。在该方式中，移动终端（尤其是手机）只是一个简单的信息通道，移动电子钱包的用户若要使用移动支付业务，前提是须将手机号码与银行卡进行捆绑，此后在交易过程中所支付的金额会直接从银行卡上扣除。在此情况下，移动支付又可以分为下述两种形式。

①非面对面支付方式。用户希望不亲临现场就可实现支付交易，客户可使用手机短信、IVR、WAP、K-java（基于 J2ME 支付平台）、USSD（Unstructured Supplementary Service Data，非结构补充数据业务）等操作方式，完成日常生活中的水电煤气、物业管理、交通罚款等公共事业缴费，或者用于彩票购买、手机订票、手机投保等交易。这种支付模式不受时间、地点约束，无须排队，为客户提供了极大的便利。

②面对面支付。类似于人们在商场内的刷卡消费，用户的终端与商家的终端之间采用近距离无线通信方式，用户只需将手机靠近终端，再输入密码就可以完成支付。用户可使用 NFC（Near Field Communication，近距离无线传输）、RFID（Radio Frequency Identification，无线射频识别）等操作方式，完成商场内的购物消费。

二、移动电子支付的运营模式

移动电子支付价值链涉及多个方面：标准制定组织、技术平台供应商、网络运营商、金融组织、第三方运营商、终端设备提供商、商品或服务供应商以及消费者。移动支付的运营模式由移动支付价值链中各方的利益分配原则及合作关系决定。成功的移动支付解决方案应该充分考虑移动支付价值链中所有的环节，进行利益共享和利益平衡。目前移动支付的运营模式主要有四种：移动运营商运营模式、银行运营模式、第三方支付运营模式、银行与运营商合作运营模式。

（一）移动运营商运营模式

金融机构没有参加移动运营商运营模式，产业链关系比较简单。移动运营商是该产业链中的唯一业务提供者。移动运营商既是移动支付业务数据传输网络提供者，又是移动支付账户的管理者。移动运营商采用两种方式管理移动支付账户：一种是将移动支付款项直接记入电信账单；另一种是开设单独的账户专门结算移动支付款项，用户需要事先在账户中存入现金才能使用。

移动运营商的收益主要来自两部分：从商家获得每笔交易的服务佣金；从消费者获得通信费包括短信费、WAP 浏览费等。

这种运营模式的优势是产业链关系简单，运营商具有绝对的掌控权。劣势有三点：①运营商由于缺乏管理和运作金融类业务的经验以及处理金融风险的能力，支付额度受到极大的限制，只能开展支付额度较小的移动支付业务；②由于经营金融类业务受到严格的控制，运营商通常只能经营与移动通信业务相关的支付；③运营商的资费账单结算周期通常是 1 个月，这样的结算周期对商家来说过长（传统支付业务金融机构和商家的结算周期通常为 1 天）。

日本的移动运营商 NTT DoCoMo 最初提供的移动支付业务就属于这种模式，我国一些省份在没有银行的合作下推出的小额支付业务也采用这种模式，欧洲一些运营商如 Orange、Vodafone、T-mobile 等提供的小额支付业务也属于这种模式。

（二）银行运营模式

银行是移动支付产业价值链的另外一个核心。作为与用户手机号码关联的银行账户的管理者，需要为移动支付平台建立一套完整、灵活的安全体系，从而保证用户支付过程的安全通畅。与移动运营商相比，银行不仅拥有以现金、信用卡及支票为基础的支付系统，还拥有个人用户、商家资源。

银行也可以借助移动运营商的通信网络，独立提供移动支付服务。银行在个人账户管理和支付领域有足够的经验，以及庞大的支付用户群和他们对银行的信任，移动运营商不参与运营和管理，由银行独立服务于移动支付的用户，并对他们负责。

该模式产生的费用主要有三部分：一是数据流量费用，由移动运营商收取；二是账户业务费用，由银行收取；三是支付业务服务费用，由银行、运营商、支付平台分成。该模式的缺点是各个银行只可以为本行的用户提供手机银行服务，不同银行之间不能互通；特定的手机终端和 STK 卡换置会造成用户成本的上升。

银行独立运营的方式在韩国取得了瞩目的成效，所有提供消费金融服务的银行纷纷投资移动支付业务，截至 2004 年底已有两千多万个在线银行账户。银行希望人们投入到移动支付的行列，以大大减少成本，因为手机处理业务的花费比面对面处理业务的费用少得多。韩国央行曾对 2004 年 6 月的交易量做过一次统计，当月共有 58.1 万韩国人用手机完成了 400 万笔金融交易。中国工商银行的手机银行业务也是典型的例子，工行用户使用手机直接登录或发送特定格式的短信到银行的特服号码，银行按照客户的指令可以为客户办理查询、转账以及缴费等业务。

（三）第三方支付运营模式

第三方支付是具备一定实力和信誉保障的独立机构，采用与各大银行签约的方式，提供与银行支付结算系统接口的交易支持平台的网络支付模式。在第三方支付运营模式中，买方选购商品后，使用第三方平台提供的账户进行货款支付，由第三方通知卖家货款到账，要求发货；买方收到货物，并检验商品进行确认后，就可以通知第三方付款给卖家，第三方再将款项转至卖家账户上。

在第三方支付交易流程中，支付模式使商家看不到客户的信用卡信息，避免信用卡信息在网络上多次公开传输而导致信用卡信息被窃。以 B2C 交易为例，其交易流程大致如下：①客户在电子商务网站上选购商品，决定购买，买卖双方在网上达成交易意向；②客户选择第三方作为交易中介，客户用信用卡将货款划到第三方账户；③第三方支付平台将客户已经付款的消息通知商家，并要求商家在规定时间内发货；④商家收到通知后按照订单发货；⑤客户收到货物并验证后通知第三方；⑥第三方将其账户上的货款划入商家账户，交易完成。

可以看到，第三方支付具有下述显著的特点：

（1）第三方支付平台提供一系列应用接口程序，将多种银行卡支付方式整合到一个界面上，负责交易结算中与银行的对接，使网上购物更加快捷、便利；消费者和商家不需要在不同的银行开设不同的账户，可以帮助消费者降低网上购物的成本，帮助商家降低运营成本；还可以帮助银行节省网关开发费用，并为银行带来一定的潜在利润。

（2）较之 SSL、SET 等支付协议，利用第三方支付平台进行支付操作更加简单而易于接受。在 SSL 中需要验证商家的身份；在 SET 中，各方的身份都需要通过 CA 进行认证，程序复杂，手续繁多，速度慢且实现成本高。有了第三方支付平台，商家和客户之间的交涉由第三方来完成，使网上交易变得更加简单。

（3）第三方支付平台本身依附于大型的门户网站，且以与其合作的银行信用作为信用依托，因此能够较好地突破网上交易中的信用问题，有利于推动电子商务的快速发展。

在移动支付流程中，第三方支付提供了支付结算服务，独立的第三方移动支付提供商具有整合移动运营商和银行等各方面资源并协调各方面关系的能力，能为手机用户提供丰富的手机支付业务，吸引用户为应用支付各种费用。这种建立在产业链利益均衡基础上的第三方支付服务企业，市场反应更为灵敏。此外，为使用户放心使用虚拟支付，第三方支付服务企业会不断改善支付平台的技术和管理，把欺诈或篡改的机率降到最低。

第三方移动支付在实现支付结算服务的整个交易过程中的地位，主要体现在以下几个方面：①具有交易过程的中介服务作用；②具有资金转移安排的信用担保地位；③具有资金和货物安全的风险防范保证机制；④具有提供方便、快捷的通道服务的性质。

（四）银行与运营商合作运营模式

银行和移动运营商发挥各自的优势，在移动支付技术安全和信用管理领域强强联手，该运营模式在现实中最为普遍。

这种模式的特点是：移动运营商与银行关注各自的核心产品，形成一种战略联盟关系，共同控制整条产业链；双方在信息安全、产品开发和资源共享方面合作更加紧密；运营商需要与各银行合作，或与银行合作建立联盟关系。

欧洲国家的手机支付多数采用多国电信运营商联合运作的方式，银行作为合作者但不参与运营，业务模式往往通过 WAP、SMS、IVR 等方式接入来验证身份。这种模式已经被证明无法适应广泛的用户需求。在日本，移动运营商利用其在产业链中的优势地位来推动手机支付业务，整合终端厂商资源，联合银行提供手机银行业务。日本的 NTT DoCoMo 公司推出的 iMode Felica 是与 Visa 合作的结果，手机同时拥有信用卡的功能。早在 2001 年韩国电信运营商 SK 就推出了名为 MONETA 的移动支付业务，起初，MONETA 只是一种有"理财帮手"之称的多功能卡，后来通过与 VISA 等信用卡机构合作，凡持有 MONETA 多功能卡的用户，均可轻松使用信用卡、公交卡等支付功能。智能手机的使用普及了以后，SK 将 MONETA 移植到了手机上，至今韩国的移动支付业务还是非常成功的。

由于各国产业发展的状况的不同以及各方合作力度的不等，各国所采取的移动支付模式会有所不同。移动支付的运营模式又决定了价值链中各方利益的分配，从而影响到各个合作方的发展。成功的合作模式是移动支付能否被市场所接受并逐步走向繁荣的关键。在我国，移动支付刚刚起步，国内的移动支付品牌类似欧洲模式，多是由移动电信运营商独立发起的，并借助于银行或其他金融机构的资源进行移动支付的独立运营；移动支付形式主要是非现场支付，即通过短信、语音、互联网等通道进行移动支付的身份认证和支付确认。从我国国情来看，以移动运营商为主体或是以银行为主体单独经营都存在很大的困难，因此，在移动运营商和银行之间或许需要引入一个第三方来承担协调和整合任务，这个第三方手机支付服务提供商既是移动运营商和银行之间联盟关系的桥梁，也是协调各个银行之间的不同标准，实现跨行支付的主要技术力量。第三方手机支付服务提供商的身份灵活，可以是银联，也可以是手机支付平台，这对于中国手机支付的快速发展可以起到决定性作用。

手机支付业务逐渐成为增值业务的新趋势，是对目前消费模式的极大创新，可以为最终用户的消费生活带来方便与快捷。但是现有的手机支付业务模式受到安全性、易用性和普及度等多方面因素的限制，未来需要解决的问题还有很多。

三、移动电子支付的安全与防范

移动支付在实际运作过程中面临非常复杂的环境，它不仅同普通的电子商务安全体系一样存在被外部恶意攻击的可能，而且由于移动支付的参与者存在着种种利益方面的冲突，使得一些不诚实的参与者有向系统发起攻击的可能。加上网络带宽不足、终端计算能力相对较弱等，这种种因素为安全的移动支付系统的设计和实施带来了相当大的困难。移动支付系统的主要安全问题有如下方面：

（1）移动支付信息的机密性。商家向移动支付平台传递的产品信息、买家付费的账户信息以及在移动支付平台上传输的机密信息，有可能在网络上传送或存储的过程中被他人窃取、泄露或披露给未经授权的人或组织，造成用户损失。不安全的移动终端也有可能使个人账号、密码等敏感信息受到病毒、木马程序的攻击，威胁用户银行账号安全。移动支付的 WAP 协议中存在一个安全漏洞：服务器到 WAP 网关用 SSL（安全套接层）加密的信息需在 WAP 网关解密后，再用 WTLS（Wireless Transport Layer Security，无线传输层安全）加密后发送出去，这样尽管内容服务器到网关，网关到终端用户是安全的，但信息层以明文形式在网关上存在了一段时间，这就有可能被攻击者窃取，造成安全隐患。

（2）移动支付信息的完整性。敏感机密信息以及买卖双方与移动支付平台之间的数据可能被未授权者修改、嵌入、删除、重复传送，或由于其他原因使原始数据被更改。如果没有一种让持卡人认可的措施来确保支付过程是安全的，将极大彰响用户选用移动支付的信心和积极性。

（3）移动支付多方身份的认证性。移动支付是在支付各方互不见面的情况下，使用移动终端通过移动通信网进行的交易。移动用户与服务提供商之间不存在固定的物理连接，很难确认彼此的合法身份，建立信任关系，保证支付全过程的安全进行。

（4）移动支付的不可否认性。与传统商务活动相比，移动支付是无纸化支付，支付行为难以留下凭证，不便于对支付过程进行记录、分析、管理和追踪。对于信息发布、支付谈判、支付合同签署等关键交易步骤，一旦有一方予以否认，另一方没有已签名的记录作为仲裁的依据，并且即使进入法律程序，由于缺乏配套的法律法规支持，使得诉讼请求不能得到合理的支持。

（5）移动支付服务的不可拒绝性。由于移动支付网络中存在拥塞、单点失效、效率和

服务质量不高的问题，无法保证授权用户在正常访问信息和资源时不被拒绝，也就无法保证为移动用户提供稳定的服务。

在整个移动支付的过程中涉及的参与者包括消费用户、商户用户、移动运营商、第三方服务提供商、银行。消费用户和商户用户是系统的服务对象，移动运营商提供网络支持，银行方提供银行相关服务，第三方服务提供商提供支付平台服务，通过各方的结合开展业务。移动支付需要考虑以下安全问题：①移动终端接入支付平台的安全，包括用户注册时，签约信息的安全传递，以及用户通过移动终端登录系统，其间传递的数据如签约用户名、签约密码等的安全性；②支付平台内部数据传输的安全，即支付平台内部各模块之间数据传输的安全性；③支付平台数据存储的安全，涉及签约用户机密的银行卡账户、密码、签约用户名、签约密码等的安全性。

（一）安全技术与标准

移动支付系统按照交易金额的大小分为微支付和宏支付。在微支付系统中，交易的费用是从用户的话单中扣除的，不涉及银行的直接参与；在宏支付系统中，用户购物时，银行是直接参与者之一，用户的交易费是从与用户手持终端绑定的银行账户中扣除的，由于数额较大，宏支付对安全性的要求较高。

1. 安全技术

移动支付涉及的安全技术有以下内容：

（1）防火墙技术。防火墙就是在网络边界上建立相应的网络通信监控系统，用来保障计算机网络的安全。它是一种控制技术，既可以是一种软件产品，又可以制作或嵌入到某种硬件产品中，所有来自 Internet 的传输信息或发出的信息都必须经过防火墙，这样，防火墙就起到了保护诸如电子邮件、文件传输、远程登录、在特定的系统间进行信息交换等安全的作用。防火墙虽然能对外部网络的攻击实施有效的防护，但对网络内部信息传输的安全却无能为力。实现防火墙技术的主要途径有分组过滤和代理服务两种。

①分组过滤是一种基于路由器的防火墙，它是在网间的路由器中按网络安全策略设置一张访问表或黑名单，即借助数据分组中的 IP 地址确定什么类型的信息允许通过防火墙，什么类型的信息不允许通过，防火墙的职责是根据访问表（或黑名单）对进出路由器的分组进行检查和过滤。这种防火墙简单易行，但不能完全有效地防范非法攻击。目前，80% 的防火墙采用这种技术。

②代理服务是一种基于代理服务的防火墙，增加了身份认证与审计跟踪功能，它的安全性高，但速度较慢。审计跟踪是对网络系统资源的使用情况提供一个完备的记录，以便对网络进行完全监督和控制。通过不断收集与积累有关出入网络的完全事件记录，并有选择地对其中的一些记录进行审计跟踪，发现可能的非法行为并提供有力的证据，然后以秘密的方式向网上的防火墙发出有关信息（如黑名单等）。

（2）数据加密技术。在电子商务中，数据加密技术是其他安全技术的基础，也是最主要的安全措施，贸易方可根据需要在信息交换的阶段使用。目前，加密技术分为两类，对称加密和非对称加密。

①对称加密又称为私钥加密。发送方用密钥加密明文，传送给接收方，接收方用同一密钥解密。其特点是加密和解密使用的是同一个密钥。使用对称加密方法简化了加密的处理，每个贸易方都不必彼此研究和交换专用的加密算法，而是采用相同的加密算法，并

只交换共享的专用密钥。比较著名的对称加密算法是美国国家标准局提出的 DES（Data Encryption Standard，数据加密标准）。对称加密方式存在的一个问题是无法鉴别信息发起方或信息最终方，因为双方共享同一把专用密钥，双方的任何信息都是通过这把密钥加密后传送给对方的。

②非对称加密又称为公钥加密。公钥加密法是在对数据加解密时，使用不同的密钥，通信双方各具有两把密钥，一把公钥和一把私钥。公钥对外界公开，私钥自己保管，用公钥加密的信息，只能用对应的私钥解密，同样地，用私钥加密的数据只能用对应的公钥解密。RSA 算法是非对称加密领域内最为著名的算法。该方案实现机密信息交换的基本过程是：甲方生成一对密钥并将其中的一把作为公钥向其他人公开，得到该公钥的乙方使用该密钥对机密信息进行加密后再发送给甲方；甲方用自己保存的私钥对加密后的信息进行解密；甲方只能用其私钥解密由其公钥加密后的任何信息。

为了充分发挥对称加密体制和非对称加密体制各自的优点，在实际应用中通常将这两种加密体制结合在一起使用。比如：利用 DES 来加密信息，而采用 RSA 来传递对称加密体制中的密钥。

（3）数字签名技术。仅有加密技术还不足以保证支付信息传递的安全，在确保信息完整性方面，数字签名技术占据着不可替代的位置。目前数字签名的应用主要有数字摘要、数字签名和数字时间戳技术。

①数字摘要是对一条原始信息进行单向哈希（Hash）函数变换运算后得到的一个长度一定的摘要信息。该信息与原始信息一一对应，即不同的原始信息必然得到一个不同的摘要信息。若信息的完整性遭到破坏，信息就无法通过原始、摘要信息的验证，成为无效信息，信息接收者便可以选择不再信任该信息。

②数字签名实际上是运用非对称加密体制使信息具有不可抵赖性。其具体过程为：文件的发送方从文件中生成一个数字摘要，用自己的私钥对这个数字摘要进行加密，从而形成数字签名；这个被加密的数字签名文件作为附件和原始文件一起发送给接收者；接收方收到信息后用发送方的公钥对摘要进行解密，如果解出了正确的摘要，即该摘要可以确认原始文件没有被更改过，说明这个信息确实是发送者发出的。这就实现了对原始文件的鉴别和信息的不可抵赖性。

③数字时间戳技术（Digital Time-Stamp，DTS）是对数字文件或交易信息进行日期签署的一项第三方服务。数字时间戳技术与数字签名技术本质上如出一辙。加盖数字时间戳后的信息不能进行伪造、篡改和抵赖，并为信息提供了可靠的时间信息以备查用。

概括来说，移动支付的安全需要依靠三个方面的支持：一是信息技术方面的措施，如防火墙、网络防毒、信息加密、身份认证、授权等；二是信息安全管理制度的保障；三是社会的法律政策与法律保障。只有三管齐下，才能最终保证移动支付的安全。

2. 安全标准

当前，移动设备的大量普及为实现移动支付提供了必要的条件，但在实施中存在许多问题的制约，如移动终端的计算环境和通信环境都非常有限，需要对相应的安全认证做一些特殊要求。

WPKI（Wireless PKI）是有线 PKI 的一种扩展，它将互联网电子商务中 PKI 的安全机制引入到移动商务中。WPKI 采用公钥基础设施、证书管理策略、软件和硬件等技术，有

效地建立了安全和值得信赖的无线网络通信环境。它以 WAP 的安全机制为基础，通过管理实体间关系、密钥和证书来增强电子商务安全。WAP 安全机制包括 WIM（WAP Identity Module，无线应用协议识别模块）、WMLSCrypt（WML Script Crypto API，WML 脚本加密接口）、WTLS（Wireless Transport Layer Security，无线传输安全层）和 WPKI 四个部分，这几个部分对实现无线网络应用的安全分别起着不同的作用。WPKI 作为安全基础设施平台，一切基于身份验证的应用都需要 WPKI 技术的支持。它可与 WTLS、TCP/IP 相结合，实现身份认证、私钥签名等功能。WPKI 的主要组件包括终端实体应用程序（End-Entity Application，EE）、PKI 门户（PKI Portal）、认证中心（Certification Authority，CA）、目录服务（PKI Directory）、WAP 网关，在应用模型中还涉及数据提供服务器等设备。

在 WPKI 中，代替 RA（Registration Authority，注册机构）的功能组件是 PKI 门户（PKI Portal）。它是一个网络服务器，负责把 WAP 客户的需求转发给 PKI 中的 RA 和 CA。CA 主要负责生成证书、颁发证书和刷新证书等，WAP Gateway 负责处理客户与源服务器之间的协议转换工作。WTLS 是经传统网络的 TLS 协议改进和优化而得来的，主要保证传输层的安全。WPKI 也是对 IETF PKIX 标准的优化，使之更适合于无线环境。

WPKI 是通过管理实体间关系、密钥和证书来增强电子商务安全的。与 WAP 安全标准相比，WPKI 所采用的 ECC（Elliptic Curve Cryptography，椭圆曲线密码）密码系统更适合在无线设备中使用。同样强度的密钥，ECC 的密钥长度（163bit）只是其他方案的 1/6（1024bit），但 163bit 的密钥长度对穷举密钥攻击几乎是绝对安全的，因为穷举 163bit 的密钥个数有 1.156×10^{49} 个，按每秒钟测试 1 亿个密钥计算，也要 3.6×10^{32} 年。

与 RSA 算法相比，ECC 算法具有以下优点：①安全性能更高：如 160 位 ECC 与 1024 位 RSA、DSA 有相同的安全强度；②计算量小，处理速度快：在私钥的处理速度上（解密和签名），ECC 远比 RSA、DSA 快得多；③存储空间占用小：ECC 的密钥尺寸和系统参数与 RSA、DSA 相比要小得多，所以占用的存储空间小得多；④带宽要求低。ECC 的这些特点使它必将取代 RSA，成为通用的公钥加密算法，SET 协议的制定者已把它作为下一代 SET 协议中缺省的公钥密码算法。

（二）移动支付的风险防范

移动支付潜在的风险包括 3 个方面：技术风险、法律风险和信誉风险，其中最大的风险是技术风险。客户在交易过程中，银行会采用多种方式有效保障客户的资金安全：一是手机银行的信息传输、处理采用高强度的加密传输方式，实现移动通信公司与银行之间的数据安全传输和处理，防止数据被窃取或破坏；二是手机银行对客户对外转账的金额有严格限制；三是将客户指定手机号码与银行账户绑定，并设置专用支付密码。

为了防范移动支付的潜在风险，就必须建立完善的技术安全机制。

（1）移动终端的安全。针对移动终端有可能受到的安全威胁，开发商开发的手机应用程序首先要提交给运营商指定的代理商进行数字签名，提交到应用下载服务器，用户在此下载的软件包是经过数字签名的，保证了软件包在存储和传输过程中不会被更改。开发商可以指定软件包中二进制执行文件等关键的数据文件不可更改，否则将无法启动软件，从而防止了文件被外部改动而带来的风险。软件被下载到手机上会生成一个跟卡号相关的签名文件，在每次启动程序的时候，首先要检查当前卡跟签名文件授权的卡是否一致，只有两者一致才能正常启动程序。

（2）用户与 SP（Service Provider，服务提供商）平台之间的安全通信。用户登录到 SP 平台，处理余额查询、转账、支付等业务，在这一过程中需要用户输入其卡号和密码等关键信息。要保证这些信息不被窃听和篡改，可以让 SP 平台配置由 CFCA 签发的服务器证书，手机端程序中包括 CFCA 的根证书，在用户和 SP 平台之间采用 HTTPS 协议，手机端通过证书对服务端进行身份认证，在传输过程中使用 HTTPS 协议进行加密传输，保证了数据不会被窃听和篡改。

（3）用户与银行系统之间的安全通信。用户与银行公共支付平台之间并不建立直接的数据连接，但是在用户和银行联系系统之间要保证用户密码是端到端安全的，在中间的 SP 平台不能得到用户的密码明文信息。

对基于 SMS（短消息服务）的移动支付可以采用的安全措施有：银联系统生成一对 RSA 1024 位密钥，其中公钥随客户端程序分发到手机上。用户在手机上输入密码后，先用公钥对密码进行加密处理，然后只把加密后的密文随同其他信息一起通过 HTTPS 协议传送给 SP 平台；SP 平台再按照银行公共支付平台的接口，把支付请求数据发给公共支付平台，其中密码仍然是密文形式；由于 SP 平台没有对应的 RSA 私钥，所以不能通过密文得到用户的密码，保证了密码在手机和银联公共支付平台之间是端到端安全的。

对基于 WAP 的移动支付由于 WAP 与后台之间的通信要用 B/S 方式，不能够在客户端对用户密码先进行加密处理，再通过 HTTPS 传输。为了保证用户密码的安全，在银行系统内设置一台代理加密服务器，用来代理客户端进行用户密码的加密工作，手机与代理服务器之间使用协议。由代理加密服务器使用 RSA 公钥对密码进行加密处理，然后把密码的密文以及其他信息通过重定向命令发给手机，通知手机把密码密文和其他信息重定向到 SP 平台，这样 SP 平台只能收到密码密文信息，保证了密码在手机和银联公共支付平台之间是端到端安全的。

任务实施

1. 申请开通中国移动手机钱包。
2. 在中国移动手机钱包充值。
3. 在支持中国移动手机钱包支付的网站上购物。
4. 使用中国移动手机钱包完成货款支付。

任务拓展

一、典型的移动电子支付系统

（一）NTT DoCoMo 的移动支付业务

日本移动通信龙头企业 NTT DoCoMo 是移动支付业务开展得最好的运营商之一，采用的技术是日本索尼公司研发的 FeliCa IC 智能芯片，属于 NFC 技术的一种应用。其所以能够大获成功，原因主要有以下几点：

（1）选择在日本已有广泛基础的 FeliCa IC 技术作为移动支付技术，保证适用范围足够广泛。

（2）三井住友银行和 DoCoMo 联合推出的 ID 借记卡业务使得 DoCoMo 的移动支付业

务突破了小额支付的界限，DCMX 信用卡业务使 DoCoMo 的移动支付业务渗透到消费信贷领域。此外日本公交系统和自动零售机系统也能兼容它的手机钱包功能，真正实现了将不同业务有机地结合在一起。

（3）出于安全性上的考虑，DoCoMo 还规定，消费额超过预存款和 DCMX 移动信用卡业务每笔消费超过 1 万日元都需要输入 4 位验证密码。用户可以通过已注册电话或者公用电话告知 DoCoMo 锁定移动支付业务；针对 DCMX 信用卡业务推出的定制手机中有指纹和面部识别功能，使安全性更高一层。

由此可见，日本的移动支付很好地满足了安全、便捷、多功能、适用范围广的要求，因此能够如此蓬勃发展。

（二）MONETA 移动支付业务

早在 2001 年，韩国运营商 SK 就推出了名为 MONETA 的移动支付业务品牌。起初，MONETA 只是一种有"理财帮手"之称的多功能卡，后来通过与 VISA 等信用卡机构合作，凡持有 MONETA 多功能卡的用户，均可轻松使用信用卡、公交卡等支付功能。智能手机的使用普及了以后，SK 将 MONETA 移植到了手机上。发展至今，韩国的移动支付业务还是非常成功的。

申请了 MONETA 业务的移动用户可以获得具有信用卡功能的手机智能卡，移动用户只要将具有信用卡功能的手机智能卡安装到手机上，就可以在商场用手机进行结算，在内置红外线端口的 ATM 上提取现金，在自动售货机上买饮料，还可以用手机支付地铁等交通费用。在韩国有几万家餐馆和商店拥有能用手机通过红外线读取信用卡信息的终端，使顾客能够通过手机进行消费，适用性广泛，同时支持多种不同的支付手段。

在韩国每个月都有超过 30 万人在购买新手机时，会选择具备特殊记忆卡的插槽，用以储存银行交易资料，并进行交易时的信息加密，以满足移动支付的安全性需求。

（三）Google Wallet

Google Wallet 是一种软硬件结合的移动支付技术，依托 Google Wallet 软件和手机上安装的 NFC 硬件。与其他技术方案相比，它有不少优越之处。

Google 跟大量商户合作，支持 Google Wallet 的服务已经涵盖了 30 万个万事达卡的购物点，Google 还宣布得到了 Visa payWave 的全球授权，全球发行 Visa 卡的银行支持账户持有者将自己的信用卡、借记卡和预付费账户整合到 Google Wallet 移动支付服务中。这些举措使得 Google Wallet 适用范围扩大，NFC 技术在美国本身使用非常广泛，有利于用户平滑迁移。此外，Google Wallet 开放的 API 使得第三方开发者能够在其之上定制自己的支付程序：超市可以向用户提供基于 Google Wallet 的储值卡，公司可以向雇员发放基于 Google Wallet 的门禁身份识别卡，餐厅可以向用户提供基于 Google Wallet 的优惠卷……但遗憾的是由于目前支持 Google Wallet 的设备在市场上仅有一款，因此可以使用此服务的用户非常有限，将来这个问题会有所改善。

在安全性与便捷性上，Google 找到了一个平衡点。对于储值卡、优惠卡或会员卡，用户只需要从程序中将其选中，并在屏幕开启的情况下接触读卡器即可完成支付或验证；对于用户的银行卡等限额较大的支付操作，则需要输入 4 位数的安全码。此外，程序和设备本身也可以通过采取各种安全措施来阻止非法使用，基于 NFC 技术的硬件安全保护和独立的硬件数据存储芯片较其他软件方案有更多的优势。在监管上，Google Wallet 也做到了很好的突破。由于基于 Android 的设备通常具有网络功能，用户可远程锁定设备，清除设备上的所有数据，也可以选择直接拨打银行电话取消信用卡。

为了能让用户使用支付业务时有更多的选择，并尽可能多地替代现有支付方案，Google 现在已经支持花旗银行的信用卡和 Google 预付费卡。开放的 API 还将为用户带来更多的业务，Google 在自己的官方主页上宣称"未来你唯一需要携带的塑料片就是你的手机"，可见其野心之巨。

（四）PayPal

PayPal 不光宣布在未来将支持像 Google 一样的 NFC 支付方式，还推出了一种软件的解决方案，用户只需要在手机上点击就可以向另一个账户付款，也可以向其他账户收款，并进一步支持分摊付费、集资等交易方式。但目前 PayPal 的支付方式其缺点十分明显：无法向支付方提供付费人的身份识别信息，一切都要手动输入，人工确认，因此无法使用 PayPal 付公交车费，也没法用它在超市买单，因为没人会愿意在这些地方输入自己的 PayPal 账号，更没有商家会愿意主动索取。此外，由于安全性要求，数据存放在远端服务器内，所以它还需要联网。中国银联推出的手机支付软件与之类似。

2012 年 3 月，PayPal 推出了"PayPal Here"服务，这是一款全球移动解决方案，帮助小型企业通过使用免费的移动应用程序和一个全加密的微型读卡器接受多种形式的付款。PayPal Here（见图 3-3、图 3-4）服务可以帮助任何 iPhone 或 Android 智能手机用户接受信用卡、借记卡和 PayPal 付款，同时将款项实时转入其 PayPal 账户。

图3-3　PayPal Here读卡器

图3-4　PayPal Here使用示意图

商户无须履行烦琐耗时的手续开设企业账户，他们只需注册一个 PayPal 账户，在智能手机上下载 PayPal Here 商户应用程序，对 PayPal Here 读卡器发出接受付款指令即可。商户可以接受多种方式的付款，包括读卡器刷卡、手机摄像头扫描卡片、手动输入卡片信息，以及 PayPal 付款，他们还能够直接从应用程序发送发票并设定支付条件。读卡器在刷卡时会对卡内信息加密。

（五）Bump

Bump 是由 Bump 科技公司为苹果 IOS 和谷歌 Android 操作系统创造的应用程序。Bump 可以让用户手机间发送联系信息、照片和其他信息，在碰撞手机之前每位用户选择他们希望互相发送给对方的信息。使用该应用时，两个用户将他们手机相互碰撞，在5～10秒钟之间，屏幕会在双方手机上显示允许他们相互希望传递的信息。当两位用户碰撞他们的手机时，数据会自动经网络服务器传送到各自用户手机上，可以帮助检测任何使用该项应用的两个手机之间的相互碰撞。Bump 的服务器会根据设备间撞击的时间、地理位置、IP 地址等数据来识别身份，通过撞击的时间来判断哪两台设备需要连接。

不知不觉中 Bump 意识到了自己得天独厚的优势：实现近距离通信而无须增加设备。于是团队将 API 公开，一个新的生态圈就此成立。2011 年 5 月，ING Direct 上线，这是一个由美国最大的网上银行—— ING Direct 银行开发的 APP。因为利用了 Bump 的技术，所以利用它除了能查看用户账户信息以外，还能实现设备间的快速转账——近距离支付。

Bump 的优势是显而易见的，它不需要增加任何设备，不过对网络连接和手机传感器准确性的依赖较大，且在安全性上还有待考证。

（六）Square

2011 年 5 月，美国移动支付科技公司 Square 发布了自己新的支付软件，利用 iOS5 的"Geo-fence"技术，用户在支持 Square 支付的零售店，挑选想要的东西，然后只需要向商家提供姓名即可实现付款。其工作原理如下：根据地理位置信息，向附近的零售店提供访问用户账户信息的权限，在用户说出姓名买单时，店员就能够通过姓名检索用户的账户，并向其收费，用户随后会收到确认请求，单击"完成"按钮即可付费。显然该方案对网络依赖较重，且便捷性不如 Google Wallet 的 NFC 技术方案高。

此外，Square 还有另一种增加硬件的支付方案，要为设备增加一个可以使用手机耳机插孔连接的专用刷卡器。这个刷卡器把信用卡磁条的信息转换成音频，然后 iPhone、Android 的 Square 应用会把音频再转换成数字信息，并把这些付款信息用加密的方式传输到服务器端，服务器端随后返回刷卡是否成功的信息。这个设备主要提供给不愿意增加 POS 机的小型商户，以增加支付途径，本质上并不能让用户的支付行为变得更为便捷。

（七）支付宝

支付宝手机用户端是一个安装在手机操作系统上的软件，用户可通过它用手机登录支付宝，无须增加任何硬件设备就可以使用。与 PayPal 类似的是，它也支持点到点的交易服务，但此外还增加了非常有中国特色的彩票购买、手机充值，缴纳水费、电费、燃气费、固话/宽带费，购买游戏点卡以及 Q 币等功能。作为解决即时交易的一种尝试，支付宝还支持扫描用户手机上的条形码或二维码即可向用户发起收银或支付。支付宝也是依赖网络的，所有数据都放在远程服务器上。

（八）中国移动手机钱包

手机钱包业务是指中国移动开发的基于无线射频识别技术（RFID）的小额电子钱包业务，用户可利用手机在与中国移动合作的商户中进行 POS 机刷卡消费。用户开通手机钱包业务后，在中国移动营业厅更换一张手机钱包卡（支持 RFID 功能的专用 SIM 卡，该卡比原 SIM 卡增加终端刷卡功能），就可以使用手机在配备有中国移动专用 POS 机的商家（如便利店、商场、超市、公交）进行现场刷卡消费。

它是以银行卡账户为资金支持、手机为交易工具的业务，将用户在银行的账户和用户的全球通手机号码绑定，通过手机短信息、IVR、WAP 等多种方式，用户可以对绑定账户进行操作，实现购物消费、代缴费、转账、账户余额查询并可以通过短信等方式得到交易结果通知和账户变化通知。"手机钱包"是将手机与信用卡两大高科技产品融合起来，演变成一种最新的支付工具，为用户提供安全、便捷、时尚的支付手段。

它目前支持的业务包括：移动话费自缴和充值、话费代充、话费代缴、手机彩票、手机捐款、话费余额查询、银行卡余额查询等。

二、案例阅读

江苏移动支付平台

网上支付作为一种新的服务手段，可以帮助企业，特别是银行在竞争越来越激烈的市场上继续保持优势，同时可以帮助企业扩大其服务范围，获取国内、国际客户，提高企业的竞争实力。GPRS 网络快速接入、高速传输、按流量计费、永远在线等特点为建设移动电子商务提供了坚实的基础。江苏移动针对 SIM（STK）卡功能单一的问题，建设了移动支付平台将其功能延伸为具有移动和银行支付功能的一卡通。

（一）系统架构

江苏移动支付平台是基于 BEA TUXDO 和 J2EE/J2ME 体系结构的多层系统，各层之间相对独立，提高了系统的可靠性和负载能力，同时具有良好的伸缩性。

（1）客户端。使用何种终端需要依据具体的应用。对于个人用户，客户端为具有 WAP 功能、KJAVA 运行环境或 STK 卡功能的手机；对于集团用户（如厂商），客户端为具有 WAP 功能、KJAVA 运行环境或 STK 卡功能的无线 POS 机。

（2）协议。ICP 应用服务器支持具有 STK 功能、WAP 功能和 J2ME 功能的客户终端，因此支付系统必须支持 SMTP 协议、WAP 协议和 HTTP 协议等。

（3）接口。

①终端接口。ICP 应用服务器支持具有 STK 功能、WAP 功能和 J2ME 功能的客户终端，因此 ICP 应用服务器必须有支持 SMTP 协议、WAP 协议和 HTTP 协议的应用接口。

②交易接口。ICP 应用服务器与移动支付平台有一个交易接口，通过该接口，可实现交易数据的传输。对于采用预付费进行交易的用户，支付系统与 BOSS 系统（Business Operations Support System，业务运营支撑系统）有一个交易接口，客户的行为分析、交易信用度和交易金额的实时划扣，均由该接口完成。

对于采用银行划账进行交易的客户，支付系统与银行交易系统有接口。为了保证双方系统的安全性，可采用代理服务器，基于 Socket 通信的方式来实现。为了节省资源，实现资源共享，可利用目前 BOSS 系统与银行的接口来实现。

（4）系统安全。

① 客户端与支付系统之间：STK 卡方式，对发送的信息进行卡段加密；WAP 方式，WAP2.0 协议解决了无线传输中数据的安全性，WAP 终端 WIM 技术实现了用户的认证和加解密技术；WTLS 实现了 WAP 终端与 WAP 网关的安全传输；SSL 实现了 WAP 网关

与 ICP 应用服务器端的安全传输；J2ME（KJAVA）方式，HTTP 协议和 SSL 协议保证了 KJAVA 终端与支付系统的代理服务器端的安全传输。

同时辅助以下安全措施：CA 认证；三要素登录（数字证书＋用户名＋口令）；多道防火墙；GEMPLUS 读卡器和 CPUIC 卡；交易采用支付密码或数字签名。

② ICP 应用服务器与支付系统之间：支付系统与 ICP 应用服务器之间采用 DDN/Internet 相连，两个网络之间采用防火墙进行安全认证等。

③ BOSS 与支付系统之间：支付系统与 BOSS 系统之间采用 DCN 相连，两个子网之间采用防火墙进行安全认证等。

④ 银行与支付系统之间：支付系统与银行系统采用各自系统前的代理服务器进行通信，代理服务器与应用系统之间采用防火墙进行隔离。

（二）系统实现流程

（1）用户申请和认证。用户到营业前台或通过网上营业厅申请开通移动支付功能，根据 BOSS 系统中用户的信用度判断用户是否有权开通。

① 预付费用户。申请电子钱包功能，将一部分预付费移植到电子钱包里，类似于招商银行的网上支付账号。

② 全球通用户。申请电子钱包功能，该用户电子钱包具有透支功能，根据用户的信用度给以相应的透支金额。

③ 银行划账用户。如果用户不想通过话费来支付，基于 WAP 或 J2ME 的方式可以做到实时扣账；如果基于 SMS 方式，考虑到 SMS 的延迟因素，可以与银行达成一些协议，银行方收到交易通知消息（包括相应的交易金额）时，先在用户的账户中冻结这部分金额，等收到交易确认时再扣除。

（2）交易受理。用户通过手机或无线 POS 机进行商品购买或费用支付（如煤气费、水电费等）时，在终端输入相应的费用信息并提交后，应用服务器（网上商场或煤气等交费系统）通过短信方式或 WAP PUSH 方式向用户发送消费确认信息；如果用户确认，则应用服务器向支付系统发送交易数据包，进行解包，并将数据入库，每条记录有唯一的流水号，以便以后用于对账，同时向账务系统或银行系统发送扣账请求。

如果扣账成功，支付系统对此交易数据贴上成功的标志，同时向应用服务器发送交易成功信息；如果交易失败，则取消该交易所有操作，同时以 SMS 或 WAP PUSH 方式通知用户交易失败。

（3）费用结算。如果通过话费进行支付交易，则每月由移动公司和 ICP 进行费用结算。

（三）应用前景

将该系统成功投入使用，并由许多 ICP 进行配合，应用在商场、宾馆、银行、证券、煤气、水电部门等多个领域，可使移动用户无须信用卡，只需一张 SIM 卡就可以完成购物、住宿、交费等许多交易，真正实现电话消费一卡通的梦想。

三、思考与练习

1. 思考题

（1）什么是移动电子支付？移动电子支付方式有哪些？

（2）什么是移动电子支付系统？移动电子支付系统运营模式有哪些？

（3）移动电子支付安全性有哪些特点？移动电子支付安全技术与标准有哪些？

（4）移动电子支付的安全机制有哪些？如何做好移动电子支付的风险防范？

2. 技能训练

根据自己的实际情况，选定银行和移动运营商，开通手机银行，并利用手机银行完成消费支付业务。

项目总结

介绍了移动电子支付的概念和典型的移动电子支付系统，阐述了移动电子支付的运营模式，包括移动运营商模式、银行运营模式、第三方支付运营模式、银行与运营商合作运营模式等类型，探讨了移动电子支付安全与风险防范，涉及安全技术标准、安全认证以及移动电子支付的风险防范。通过本项目的学习和实践，旨在掌握移动电子支付的基本概念，熟悉移动电子支付的运营模式，了解有关安全问题及防范技术，完成移动支付产品的申请、充值、查询、消费、转账等业务操作。

项目四

移动商务整合

项目目标

1. 知识目标：通过本项目的学习，能对整合移动商务有比较全面的了解。
2. 能力目标：能够对移动商务与基于PC的系统、资源进行整合的方案做初步设计。

项目导入

对于企业信息化建设来说，系统整合是一个十分重要的课题。在中间件技术以及全球移动商务快速发展的推动下，ERP系统已经开始脱离传统的桌面束缚，正式向移动商务平台进军。这两个系统应用整合在一起，可带来随时随地审批ERP系统中的单据、查询物料库存、以图形化界面呈现ERP系统、随时报警等四大益处。

（一）随时随地审批 ERP 系统中的单据

传统的ERP系统应用中，经常会出现由于人不在计算机面前，入库单没有及时审核而导致物料发不出去的情况。这是传统ERP系统存在的一个弊端。

随着移动商务技术的发展，通过移动商务平台，能够很好地解决这个问题。如果用户通过手机等移动平台来审核ERP系统中的单据，可以摆脱电脑与网线的束缚，让用户随时随地进行单据的审批。

其实，在技术上这两者结合难度并不是很大。比如单据的创建者，如果要将某个单据送交审批，可以发出一个审批的请求；此时如果与移动商务平台结合，系统就可以发送一条消息给审批者；审批者觉得没有问题，就可以回复一条信息；如回复1表示同意或者回复2表示不同意等；系统收到信息之后，就会采取相应的操作，如审核或者拒绝操作。

（二）随时随地审批 ERP 系统中的单据查询物料库存

移动商务与 ERP 系统进行有机整合之后，就可以在移动商务平台上，通过输入物料代码以及命令参数，从 ERP 系统中查询到相关的结果。这些查询功能，对于出差在外的用户非常有效，如企业的一些销售人员，在客户那边拜访，如果客户提出需要采购某个物料，并询问交货时间，销售人员就可以现场查询物料库存；如果有库存，并且这个库存没有被其他客户占用的话，就可以现场表态可以马上交货。这对于提高客户的满意度是很有帮助的。

（三）以图形化界面呈现 ERP 系统

如果要用到一些比较复杂的功能，只能通过导航菜单，进行多次交互之后才能够得到正确的结果。3G 时代的来临，使用户可以在手机平台上，通过 3G 网络，以图形化的界面来访问 ERP 系统。在实际中，图形界面往往比较复杂，会产生较大的数据流量，从而带来通信费用上的负担。

在实际项目中，一般会给移动商务平台专门设置一个客户端。在这个客户端中，会尽量将一些图片简化掉，然后将相关的图片保存在手机等移动平台的客户端上，不用每次访问系统，都从网络上下载图片。这不仅可以减少流量，而且还可以提高访问的速度，同时，采用专业的客户端之后，安全也会有很大的保障。

（四）移动商务平台与 ERP 系统的整合，实现实时的警报

在实际工作中，警报对于用户来说，是很重要的，如无法按时向客户交货、客户延迟付款、新订单的输入等，都需要及时的提醒。由于终端的限制，相关的信息用户可能无法及时收到，如果能够将移动商务平台与 ERP 系统整合，那么用户无论在什么地方，都可以准时收到相关的信息。

项目实施

任务一　移动商务资源整合

任务描述

根据实际要求，选定某企业的 ERP 系统，设计 ERP 系统与移动商务进行整合的方案。

知识准备

一、基础整合

（一）固网资源和移动资源的整合

随着移动通信业务的快速扩张，固网业务的萎缩态势十分明显。在中国的电话用户中，移动用户已经远远超过了固定电话用户，中国移动不但拥有了世界级别的网络规模，还有

令所有通信业同行羡慕不已的庞大客户群体。在移动通信的替代效应下，固网业务无论是用户数量还是业务收入和利润都在不断下降。

在设备制造商眼中，固网终端利润微薄、市场暗淡；在运营商眼中，固网业务价值提升缓慢，增量不增收；在用户眼中，固定电话远没有手机智能便利。中国移动、中国电信、中国联通的 2013 年营业收入分别达到 6302 亿元、3215.84 亿元、2950.40 亿元，较上年分别增长了 8.3%、13.6%、18.5%。三家运营商仍维持着"一强两弱"格局，移动、电信、联通 2013 年净利润分别达到 1217 亿元、175.45 亿元、104.1 亿元，较上年分别增长了 -5.9%、17.4%、46.7%，电信和联通加起来也远远不及移动。由于移动业务对固定业务的替代作用，世界范围内的固网电信企业都面临着固话业务收入增长缓慢甚至不断萎缩的难题，固网和移动网的融合成为电信领域全球性的趋势。专家指出，固网有自身的优势，移动网络也有弱点，二者在一定程度上可以互相补充。固网覆盖比较密集，成熟度高，传输质量比较好，保密性强，技术基础扎实，所以在发展中需要在业务面上拉长应用服务的链条，可以借鉴移动通信，利用技术平台，集合众多的内容服务商及终端厂商，形成价值增值链。

概括地说，移动资源就是无线移动网络中对各种节点访问的信息，这些信息在一定的权限内可以被自由地访问和传输，它们存储在各个移动终端、接入点服务器以及 Internet 上。移动资源存储的方式根据移动终端体系结构的不同而多种多样，但主流的存储方式有两种，一种是基于移动数据库存储的移动资源，另一种是基于文件存储形式的移动资源。移动数据库是移动计算环境中的分布式数据库，由于移动数据库的应用大都嵌入到诸如掌上电脑、PDA、车载设备等移动终端中，所以移动数据库成为移动资源的一种重要形式。基于文件存储形式主要是基于标准化文件，这些文件存储的方式需要移动终端具有统一的编码和解码程序，从而将各种移动资源进行标准化的资源交换。

固网资源与移动资源的整合是当前世界通信业发展的战略目标。早在 2005 年，英国电信历经两年试验后推出了全球首个固定移动融合（FMC，Fixed-Mobile Convergence）服务——"BT Fusion"。"BT Fusion"服务通过特制的"蓝色电话"终端实现，这是一种在固定网络和移动网络中都能使用的新型终端，支持 25m 范围内在固定和移动网络之间无缝切换，让用户在家庭、办公室等场所通过蓝牙和 WLAN 技术支持宽带接入点，将通话无缝转接到固定网络。"蓝色电话"虽然实现了固网和移动融合的历史性突破，但是真正进入商用还有许多尚待解决的问题，还需进一步改进和提高，需要运营商、设备制造商和政府部门不断去研究和完善。政府监管部门应对当前的管制政策进行一些调整，以改善目前的管制环境，规范市场竞争，力争彻底解决网间互连互通和资费结算等问题，同时有必要指导固网和移动运营商分别对网络进行技术改造，为固定网络和移动网络融合的技术改造和创新创造一个良好的环境。

固网与移动的整合显然给固网运营商带来了一次巨大的发展机遇，FMC 业务可以实现固定网络和移动网络的优势互补，增强企业竞争力，同时向用户提供各种形式的 FMC 业务和"一站式"服务，减少客户流失。FMC 必然成为全球电信业发展的大趋势，目前各国运营商都在加紧拓展相关的领域，可以说没有融合的优势，在未来的全球电信竞争中缺失最重要的竞争筹码。从用户角度看，FMC 的目的是使用户通过接入不同网络，享受相同的服务，获得相同的业务。其主要特征是用户订阅的业务与接入点和终端无关，也就是允许用户从固定或移动终端通过任何合适的接入点使用同一业务。FMC 可以使用户在一个终端、一个账单的前提下，在办公室或家里使用固定网络进行通信，在户外则通过无线／移动网络进行通信；FMC 同时也包含了这样一个概念，就是在固定网络和移动网络之间，终端能够无缝漫游。

调查显示，45% 的国内企业有明确的移动商务需求。相对于图铃、音乐、视频下载等个人消费市场，企业移动商务市场潜力巨大，然而，移动资源明显不如固网资源充足，很大程度上限制了移动商务的发展，尤其在当前移动业务快速发展，而在固网业务严重萎缩的形势下，如何将固网资源与移动资源整合已成为主要研究课题。要把移动商务开展起来既要发挥移动资源的动态运营、动态决策优势，又要发挥固网资源充足、信息量庞大的优势，只有把这种分散优势变成整合优势，才能发挥移动商务的巨大力量和作用，真正解放信息化生产力，构建资源节约型社会、资源节约型企业。

（二）移动商务和网络电子商务的整合

网络电子商务是为了实现企业与相关利益者（包括媒体和消费者）的共同利益，借助网络营销工具，充分利用网络媒体的特性，将消费者有序地纳入到企业营销的价值工程中。也就是说，以有限的营销预算可靠地实现营销的目的，使参与各方都得到超值的满意度，并借以积累企业品牌资产。网络电子商务的基本形式包括网上调查、网上采购、网上营销、网上支付和网上资金结算等，在此基础上，企业可以根据商务开展的具体需求，策划衍生出很多新的商务运营模式和网络营销模式。移动商务是利用手机、掌上电脑、呼机等移动通信设备与互联网有机结合进行的电子商务活动，包括移动支付、无线 CRM、移动股市、移动银行与移动办公等，能提供个人信息管理（Personal Information Management，PIM）、银行业务、交易、购物、基于位置的服务（Location Based Service，LBS），以及娱乐等服务。移动商务的主要特点是灵活、简单、方便，它能完全根据消费者的个性化需求和喜好定制，设备的选择以及提供服务与信息的方式完全由用户自己控制。通过移动商务，用户可随时随地获取所需的服务、应用、信息和娱乐。

移动商务与网络电子商务的整合首先是网络信息的共享。网络经济产生了一种独特的资源——网络信息，并使其迅速成为当今经济发展的重要战略性资源之一，网络信息因其时效性强、准确性高和便于存储等优点，逐渐受到人们的青睐。信息资源不是物质资源，不能直接物化，但信息与其他商品一样，具有劳动价值和使用价值。信息的收集、筛选和评价都要付出劳动，因而信息是具有劳动价值的；信息能够传递给用户，为用户所接受、理解和应用，信息又是具有使用价值的。对于现代企业来说，如果把人才比作企业的支柱，信息则可看作是企业的生命，信息资源是网络经济中的主要资源。移动商务应用的通信技术丰富了获取信息的途径，不再局限于网络线路的限制，使应用终端更加多样化、便捷化，但是与网络电子商务相对比，其信息量局限，不能满足发展的需求，因此，网络信息的共享是移动商务与网络电子商务整合的前提。

其次是网络技术与通信技术的融合，带动商业模式的创新。毋庸置疑，以移动技术的发展带动的移动商务，改变了商务活动的沟通和互动形式，将网络电子商务的网络营销、网上采购、网站管理、电子支付等有关网络信息资源的应用功能扩展和延伸，并且与网络电子商务整合，探索新的营销手段、互动模式和支付模式等。在营销模式方面，企业不仅仅限于网络营销、移动营销的简单使用，多种手段和方法融合的整合营销、精确营销被越

来越广泛的应用，为企业带来更多商务融合解决方案。在互动模式方面，移动商务的交互优势也与网络电子商务互动互补，势必将企业商务推到更高的发展平台。

移动商务的发展，导致移动商务信息需求的扩大，而移动商务信息量远远不能满足这样的发展需求，网络电子商务信息的利用和共享可以有效地解决这样的瓶颈。显然，将移动商务的技术平台优势和网络电子商务信息量的优势有机的融合，将现代商务提升到新的平台，实现移动商务与网络电子商务的融合和互补，创新出新的业务模式和商业模式是研究的主要课题，也是企业商务发展的必然趋势。

（三）移动商务和中间件的整合

1. 中间件

中间件是一类连接软件组件和应用的计算机软件，是一种独立的系统软件或服务程序，连接两个独立应用程序或独立系统，分布式应用软件借助这种软件在不同的技术之间共享资源。它位于客户机／服务器的操作系统之上，管理计算机资源和网络通信。它包括一组服务，主要目的是便于运行在一台或多台机器上的多个软件通过网络进行交互，相互连接的系统，即使它们具有不同的接口，但通过中间件相互之间仍能交换信息。

从整体架构来看，中间件建立在操作系统、网络的上层，应用软件和数据库的下层，管理计算资源和网络通信，为应用软件提供运行与开发的环境，帮助用户灵活、高效地开发和集成复杂的应用软件。中间件不仅仅实现互连，还要实现应用之间的互操作。中间件主要应用于企业级用户，如金融、电信、政府、制造业等，用来集成用户的关键业务系统和应用系统软件。

在全球范围内，中间件正在成为软件行业新的技术与经济增长点，互联网的蓬勃发展和网络计算的需求剧增，使位于操作系统、硬件与应用程序之间的中间件产品崭露头角，不论在何种平台上，用中间件都可以在企业范围内定位、访问、操纵和移动数据，而无须深入地了解企业信息系统和网络的复杂性。中间件能够解决网络分布计算环境中多种异构数据资源的互联共享问题，实现多种应用软件的协同工作。此外，利用中间件还可以大幅提高应用软件系统的开发效率，增强系统的稳定性，使系统的维护管理工作更为简易，可伸缩性和可扩展性更为理想，以便充分保护用户投资。

中间件具有如下特点：

（1）集成性。中间件能无缝地连入应用开发环境中，应用程序可以很容易地定位和共享中间件提供的应用逻辑和数据。

（2）移植性。中间件与平台有关的细节对于应用程序透明，因此可以在不改变应用程序代码的情况下改换计算机底层硬件、操作系统或通信协议。

（3）改进性。中间件实现的功能对应用程序透明，所以可以对局部进行改进而不影响系统的其他部分。

（4）高可靠性。中间件是可靠的，它提供接管和恢复功能，保证事务及关键性业务不被丢失。

（5）使用性。中间件能与同构或异构环境下的多种数据源通信，同时能管理数据间的公共逻辑约束。

中间件本质上是对分布式应用的抽象，因而抛开了与应用相关的业务逻辑的细节，保留了典型的分布交互模式的关键特征，将复杂的分布式系统经过必要的隔离后，以统一的层面形式呈现给应用，应用在中间件提供的环境中可以更好地集中于业务逻辑上，并最终在异构环境中实现良好的协同工作。中间件是基于分布式处理的软件，最突出的特点是其良好的网络通信功能。

2. 移动商务的中间件架构

作为移动商务应用集成的关键之一，不管移动商务应用分布在什么硬件平台上，使用了什么数据库系统和复杂的网络，电子商务应用的互连和互操作是电子商务中间件首先要解决的问题。在通信方面，移动商务中间件要支持各种通信协议和通信服务模式，传输各种数据内容、数据格式翻译、流量控制、数据加密、数据压缩等。移动商务中间件要解决名字服务、安全控制、并发控制、可靠性和效率保证等；在移动商务应用开发方面，要能提供基于不同平台的丰富的开发接口，支持流行的开发工具和异构互连接口标准等；在管理方面，解决电子商务中间件本身的配置、监控、调谐，为移动商务应用的易用易管理提供保证。针对不同的 Web 应用环境，对移动商务中间件有各种不同的要求：对工作流应用，需要根据条件以及条件满足状态，将信息、响应状态从一个应用传递到另一个应用；对联机事务处理，需要保证分布式的数据一致性、不停机作业、大量并发的高效率；对于一个数据采集系统需要保证可靠传输等。

如图 4-1 所示，移动商务中间件的架构包含以下层次：

（1）移动商务安全平台：是建立在一系列相关国际标准之上的、以公钥和私匙加密算法为核心的一个开放式安全应用开发平台，基于安全平台可以开发、构造各种安全产品或安全应用系统，如用于文件加密、解密的安全工具、认证系统（CA）、虚拟专用网（VPN）、安全网关及其他需加强安全机制的应用系统。

（2）移动商务应用平台：提供移动商务不同应用类型的生成工具软件，如移动电子支付等。

（3）移动商务交换平台：对内集成企业内部各种与移动商务相关的业务系统，对外连接商业

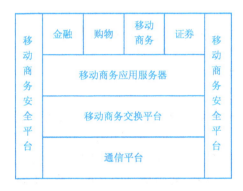

图4-1　移动商务中间件架构图

合作伙伴，如银行、供应商、客户、配送机构，完成各种不同业务系统之间数据的转换和整合。

（4）移动商务基础平台：用来支持大量移动终端客户的开发访问，使应用开发商快速开发出灵活多变的电子商务应用，尽快把信息系统和商务活动放到互联网中。

在移动商务交换平台和移动商务基础平台中都不能没有中间件的存在。可以说，没有中间件就不能支撑今天的网络应用。移动商务应用体系是各种现有应用的扩充和新应用形式的增加，对跨越不同硬件平台、不同网络环境、不同数据库系统之间互操作的需求，依靠传统的系统软件或工具软件已经不能满足需要，中间件技术至关重要。

二、内部整合

（一）移动商务与 ERP 的整合

ERP（Enterprise Resource Planning，企业资源计划）是一种科学管理思想的计算机实

现，它将企业内部所有资源整合在一起，对采购、生产、成本、库存、分销、运输、财务、人力资源进行规划，从而达到最佳资源组合，取得最佳效益。它在 MRP II 的基础上，通过反馈的物流和反馈的信息流、资金流，把客户需要和企业内部的生产经营活动以及供应商的资源整合在一起，可以说是完全按用户需要进行经营管理的一种全新的管理方法。

现代企业处在日新月异的市场机遇、价格和服务水平等的挑战环境中，必须不断改善企业经营模式，提高企业竞争力，以往仅仅关注改善企业内部的流程，提高产品开发和制造水平已经不足以面对现时的市场环境。事实说明，处在现代竞争环境的企业要保持生存和持续发展必须与商业合作伙伴充分协调，建立一个具有竞争优势的价值链。ERP 软件的合理运用可以帮助企业内部业务操作合理化，同时运用功能丰富的协作／合作技术，帮助企业在跨合作企业群体和贸易伙伴之间提高管理水平，扩展企业竞争空间和提高综合能力。

电子商务所带来的丰富的企业竞争手段和工具，能够帮助企业更好地运用 ERP 将广阔的网络商机和传统信息系统中的企业资源信息有效地结合起来，企业、客户、供应商、交易商和企业员工以前所未有的方式通过网络结合在一起。

1. ERP 的功能及特点

（1）ERP 是面向供应链管理的管理信息集成系统。ERP 除了传统的制造、供销、财务功能外，还增加了支持物料流通的运输管理、仓库管理；支持在线分析处理、售后服务及质量反馈，实时准确地把握市场需求；支持生产保障体系的质量管理、设备维修和备品备件管理；支持多种生产类型或混合型制造企业，汇合了离散型生产、流水作业生产和流程型生产的特点；支持远程通信、Web/Intranet/Internet/Extranet、电子商务、电子数据交换；支持工作流（业务流程）动态模型变化与信息处理程序命令的集成。此外，它还支持企业资本运作和投资管理，各种法规和标准管理等。

（2）系统功能模块化。运用程序模块对供应链上的所有环节实施有效的管理，将物流、财务、人力资源模块集成起来，相互协作，共同处理企业中的经营管理任务。

（3）实现信息的高度共享。ERP 系统除了已经普遍采用的诸如图形用户界面技术、SQL 结构化查询语言、关系数据库管理系统、面向对象技术、第四代语言／计算机辅助软件工程、客户机／服务器和分布式数据处理系统等技术外，还要实现更为开放的不同平台之间的相互操作，采用适用于网络技术的编程软件，加强用户自定义的灵活性和可配置性功能，以适应不同行业用户的需要。通信技术和网络技术的广泛应用，使 ERP 系统可以实现供应链管理的信息高度集成和共享。

（4）ERP 系统同企业业务流程重组密切相关。信息技术的发展加快了信息传递速度和实时性，扩大了业务的覆盖面和信息的交换量，为企业进行信息的实时处理、做出相应的决策提供了有利的条件。

2. 移动商务与 ERP 的关系

移动商务的实质是通过通信技术手段，使企业经营管理各个环节信息化的过程得到延伸和深化。移动商务与 ERP 都属于企业的信息系统，但从两者的职能范围来看，还是有很大区别的。ERP 系统是由 MRP、MRP II 等企业管理思想发展来的，管理范围侧重于企业内部。相比之下，移动商务主要是解决企业与外部世界的通信、连接和交易，利用互联网以及相关的网络技术来解决商业交易问题，降低产、供、销成本，开拓新的市场，创造新的商机，从而增加企业利润的商业活动。因此，移动商务与ERP之间存在着密切的关系，具体表现为两者的兼容性和互补性。当前电子商务和ERP建设中存在诸多问题，移动商务的整合在解决这些问题中起到关键的作用。

（1）电子商务与ERP被分裂开来，没有统一规划和统一设计。企业引入移动商务，为传统的企业管理和电子商务提供一种重要的沟通和互动形式，推动电子商务和ERP的共存和互补。

（2）电子商务与ERP两个系统下的采购数据、销售数据和财务数据没有进行合并，使数据失去一致性和完整性。移动商务实现了数据信息传递的便捷，深化企业电子商务的应用，促进了两个系统的融合，深化了两个系统数据的合并和整合，提供了电子商务和ERP系统连接的桥梁和纽带。

（3）软件资源、硬件资源和数据资源没有充分共享，造成建设成本过高和存储空间浪费。企业电子商务的开展一般都是企业自主开发，建立网络营销模式，应用网络资源进行企业商务智能的规划和设计，而ERP则直接采用市场上的商品软件，不能有效实现两者的会话与融合。移动商务信息势必带动移动资源信息、网络资源信息和企业内部信息的有效整合，并且得到充分利用和共享，有利于企业成本的有效利用。企业电子商务和ERP的整合也将创新出新的模式和管理方法，这是移动商务和ERP整合的发展趋势。

如果企业前端的电子商务和后台的ERP系统脱节，会导致很多关键的信息和数据被封闭在相互独立的系统中，部门间重复着冗杂的工作，不能对客户做出迅速、及时、有效的响应，使企业工作效率下降以及运营成本上升，从而给企业自身带来极大的损害。ERP必须能够适应互联网的应用，可以支持跨平台的多组织的应用，并和移动商务之间的应用具有广泛的数据、业务逻辑的接口，在建好后台ERP的同时，做好与前端电子商务系统的高度融合。从电子商务网站载体为主的传统电子商务发展到以移动终端为主要沟通和互动载体的移动商务，它不再仅仅局限于一个"电子贸易"市场的概念，企业不只是在上面发布信息，进行交易，而是真正实现企业管理的网络化、智能化，使得企业在使用ERP和电子商务过程中的各种瓶颈问题得到有效的解决。

最为关键的是，企业在电子商务运用上能够向更高层次发展，移动商务和ERP的整合系统也将引入企业，通过移动技术的过渡和衔接，将采购、生产计划、市场营销、销售、库存、财务等模块功能进行扩展，与企业电子商务的网站管理、网上营销和电子支付等模块功能融合、延伸，进一步扩充和提升ERP的应用功能。

3. 移动商务与ERP整合的途径

企业ERP要实现与移动商务的整合，必须根据发展战略和业务流程，进行重组配合，同时，也要求应用软件各模块合理划分和有机集成。新的整合系统可以分为5个层次，即物理层、网络层、操作系统层、数据库层和应用层。其中应用层各模块的重新组合与集成在系统设计时尤为重要，需要充分考虑以下几个问题：①网络营销模式和移动营销模式都必须为市场需求分析和市场供给分析提供数字依据；②网络营销模式和移动营销模式都可以共享相关数据，并且保证数据的完整性、一致性、准确性；③资金的收入和支出，包括应收应付，都必须反映到财务分析中去。在实现ERP与移动商务整合时，ERP方面应优先考虑采购、生产计划、市场营销等与物流、资金流密切相关的模块，移动商务方面应考虑通信终端技术、短信服务、网站管理、移动营销、移动支付等模块，把这些模块集成在

一起，构成一个新的整合系统，并且要为今后模块的扩充留有接口。

移动商务与 ERP 的整合途径有以下三种。

（1）基于供应链的兼容性实现整合。一般来说，企业中存在三种流：物流、资金流和信息流。其中，信息流不是孤立存在的，它与物流和资金流密切相关，反映了物资和资金流动前、流动中和流动后的状况。对应于这三种流分别存在三条供应链，即物资供应链、资金供应链和信息供应链。虽然 ERP 首先使用了供应链管理思想，但供应链并不依赖于 ERP 而存在。供应链是企业中客观存在的，任何企业应用系统都可以使用供应链管理的思想与方法，通过组织结构和业务流程的重组，移动商务就可以纳入供应链中。

（2）基于业务流程的辅助性实现整合。ERP 系统作用于企业的整个业务流程，它的应用层次有三个：决策层的数据查询与综合分析、中间层的管理与控制、作业层的业务实现。移动商务可以为各个层次提供辅助性支持。

（3）基于应用的互补性实现整合。根据企业目前的内外部条件，企业在引进移动商务时，不会完全摒弃传统的采购与销售模式，而是两种模式、两个系统的共同存在和互为补充。

总而言之，移动商务和 ERP 的整合，既是一种技术上的创新，也是一种经营管理上的创新，可以为企业提供强大有效的移动业务辅助支持。

（二）移动商务与人力资源的整合

人力资源是指包括组织内部成员与其所能运用的外在人力。人力资源可引申为人所具有的知识、技能、态度、理想、创造力等特质，以及应用上述特质可获得的所有价值。从人力资源的定义可以看出，企业人力资源管理的根本目的在于结合企业战略发展的需要，获得企业所需要的水平能力或员工，并且创造条件以保证员工能完全投入工作，充分发挥他们的潜能。

目前对企业来说，人力资本的价值已经超过了物质资本及货币资本的价值，成为企业最为重要的生产要素。为了使企业更好地利用自身的人力资本，作为企业在全球化竞争中赢得先机的人力资源管理部门，必须配合企业主管拟订完善的策略，以协助企业在重组过程中新流程和组织设计能够顺利执行，并通过人力资源的电子化为企业内部员工提供高品质、高效益的服务。为达到这一目的，在经历了 HRIS（Human Resource Information System，人力资源信息系统）和 HRMS（Human Resource Management System，人力资源管理系统）发展阶段后，人力资源管理进入了 E-HR（E-Human Resource，电子化的人力资源管理）时代。随着互联网、通信技术、移动商务的发展，E-HR 已经被赋予了崭新的意义，在运用信息科技执行人力资源管理工作的同时，将人力资源工作网络化，从而提升人力资源管理绩效。其主要优势有以下几个方面：

（1）突破了时间与空间限制，随时随地可执行 HR 工作，提供服务。

（2）突破了人数限制，允许多人同时操作，支持多人同时接受系统服务。

（3）缩短了作业时间，降低了作业成本，节省人力资源管理的直接成本和间接成本。

（4）网络化提供了更便捷、更准确的服务，提升了作业品质。

（5）使人力资源管理者从单调、重复、繁重的行政事务中解放出来，致力于人力资源战略层面的工作，为企业提供更大的人力资源竞争优势。

（6）缩短管理周期，消除不必要的人为干扰因素，使员工自主选择 HR 信息和服务。

（7）随时随地向管理层提供决策支持，建立支持 HR 部门积累知识和管理经验的体系。

移动商务是一种全新的商业运作模式，无论从深度上还是广度上，都强烈地冲击着传统的管理模式，给传统的管理理论和方法带来了严峻的挑战，同时也产生了许多新的管理问题。在移动商务环境下，企业内外部的运作方式将会有很大的变化。首先，无线通信技术与互联网的融合，大大缩小了时间和空间的距离，企业内部部门和员工之间的沟通模式将有很大变化；在内部工作和业务流程的控制方面，企业将会主动地大量采用移动交互模式进行交流。其次，随着移动商务的广泛应用，企业对外的接口界面大大扩展；传统的系统一般只能给系统使用者提供计算机终端，而移动商务时代的终端可以是多种多样的，除了固定的或可以移动的计算机之外，还有更广泛的各类数字终端，这就要求企业的信息系统能很好地利用这些资源。再次，企业管理的内涵在进一步延伸，除了传统的企业财务、库存、销售、采购、生产等管理以外，还涉及整个企业价值链的许多环节也被要求进入管理范畴，其中包括人力资源管理。

E-HR 中的 "E" 包含了两层含义：不仅仅是 "Electronic"，即电子化的人力资源管理，更重要的是"Efficiency"，即高效的人力资源管理。E-HR 的定义中包含了"电子商务"、"互联网"、"人力资源业务流程优化"、"以客户为导向"、"全面人力资源管理" 等核心思想在内的新型人力资源管理模式。E-HR 系统以一些核心的人力资源管理业务功能为基础，比如招聘、薪酬管理、培训、绩效管理等。

从人力资源管理电子商务的角度来讲，E-HR 既包括 B2E（Business to Employee），即在企业人力资源管理与开发活动中，通过企业与员工的网上互动完成相关事务的处理，员工从网上获得人力资源部门提供的服务，又包括 B2B，指企业人力资源业务对外部服务商，比如咨询公司、招聘网站、E-learning 服务商等的各类人力资源的管理服务，甚至还包括 B2G，即人力资源管理活动中的有关与政府劳动人事部门发生业务往来的事务处理。移动商务给企业的人力资源管理带来的变化是人力资源管理在业务流程优化、全面管理等思想的指导下更快捷、更准确的崭新模式，使得人力资源配置进一步优化，市场配置人力资源的作用得到进一步强化。

（三）移动商务与运营资金的整合

移动商务作为一个新型商务模式，它的特点决定了其发展必须得到金融市场的大力支持，移动商务的发展壮大过程就是不断融资的过程。为移动商务提供金融安排的主体包括：风险资本与商业银行、投资公司、共同基金等机构的资金供给；政府金融手段的供给；股票市场资金出口的供给等。从纯粹金融供给的角度来考察，金融供给主要包括股权性质的资本和债券性质的资本两种。

归纳起来，移动商务的股权融资渠道主要包括核心资本、风险资金及创业板市场等，股权包括多种形式，主要有所有者的股权、普通股和认股权证。许多像 Microsoft 公司这样成功的电子商务企业都是由一个或几个人提供启动资金从事较小业务，然后将企业所获得的利润用于再投资而发展起来的。这些企业所有者带来的资金就是所谓的所有者股权，它为企业业务的增长以及最终的成功奠定了基础。对公开上市的企业而言，筹集股本的传统方法是以一个市场愿意接受的价格来发行普通股。新上市企业的发行价格一般由发行机构（如投资银行）估算而确定，对已上市企业的发行价格则以当前市场的价格为基础。已上市的企业并不经常使用普通股来为它们的新项目和经营活动筹资，但普通股仍是最广泛

使用的筹资的手段。普通股是一种简单的证券，比较容易理解和估价。

一些企业开始将目光投向普通股以外的股权融资手段，比如认股权证、风险资本。认股权证是由企业发行的一种证券，赋予持有人在有效期内以固定的价格购买企业股票的权利。风险资本通常由一个或几个投资者为私人企业提供股本资本，作为回报，他们取得企业的部分所有权。债券性质的资本主要包括银行和非银行金融机构资本的金融供给，公司发行的债券，它们大多通过信贷资本的供给方式提供资金。债务的主要种类有银行借款和债券，借款的最初来源是商业银行，它们根据借款人可觉察的风险程度对放款计息。对于公开上市的大企业而言，银行借款以外的债务融资手段可以是发行各种债券，发行债券可以使融资风险为众多的金融市场投资者所分摊。

三、外部整合

（一）移动商务与 CRM 的整合

网络的出现和迅速普及是一项划时代的变革，网络经济的诞生带来新型的商务模式——电子商务，使社会生产模式由大批量生产转变为大批量定制，也使企业的经营模式由"以产品为中心"转变为"以客户为中心"。基于电子商务的客户关系管理（Customer Relationship Management，CRM）的研究和应用顺应了网络经济时代的要求，为企业"商务 e 化"的发展提出了明确的方向和依据。电子商务充分利用信息技术特别是以互联网来提高企业所有业务运作和管理的效率和效益，而 CRM 则是专注于同客户密切相关的业务领域，主要涉及呼叫中心、营销自动化、销售自动化、服务自动化等方面，通过在这些领域内提高运作效率来提高客户满意度和忠诚度，从而提高企业核心竞争力。移动商务是电子商务的延伸，尤其是移动商务改变了沟通和联系方式，使得企业的经营模式由"以客户为中心"延伸到"以客户关系为中心"，强化了 CRM 系统的功能实现。以 E-CRM 为代表的基于电子商务的客户关系管理思想也相应地进行了功能的扩展和服务的延伸。

客户关系管理是通过围绕客户细分来鼓励企业满足客户需要的行为，并通过加强客户与供应商之间的联系等手段，用来提高盈利、收入和客户满意度的商业策略。E-CRM 本身是一种管理方法，借助于信息技术迅速发展成为软件，它是综合运用数据库、网络、图形图像、多媒体、人工智能等技术，整合先进的管理思想、业务流程、人及信息技术于一体，构筑出现实信息平台的一种管理系统，用来完善客户体验，提高客户忠诚度。

移动商务通过移动资源和固网资源有机地将伙伴合作企业组织进来，共同为客户运营提供全面的解决方案。移动商务通过网络实现包括从购买原材料、产品订购，到成品的储运以及电子支付等一系列贸易活动。显然，一个企业的发展仅靠 CRM 是不够的，还要实现与移动商务的完美整合。

移动商务为 CRM 提供技术支持，网络技术和信息技术的发展使电子商务的功能更加强大。在移动通信技术的支持下，CRM 可以在网络中实现同步操作，利用大型数据库来管理客户的基本信息，如联系方式、地址，对产品的需求，对产品的态度等；利用数据挖掘和数据仓库技术对海量的客户数据和一些商业数据进行智能化分析，对客户的购买习惯行为进行分类整理，根据不同客户的不同消费模型建立相应的沟通方式和促销内容，以非常低的成本实现一对一的服务；针对不同的客户进行需求分析，通过"量身定做"满足其要求，提供个性化的服务。这样就能极大提高客户的满意度和忠诚度。

企业电子商务平台还可以 24 小时全天候为全球的客户提供服务,让客户运用移动通信技术,采用手机短信、语音、视频等形式来获取企业的便利的在线服务;可以利用声音、图像、动画等多媒体手段介绍自己的企业情况和产品,不断地向客户提供各种他们所期望的信息,以便能提供更加个性化和专业化的服务,进而影响客户行为,留住老客户,发展新顾客,实现企业将合适的产品在合适的时间通过合适的渠道与客户进行交易。

企业和客户在网络中交互的需求日益增加,企业所获得的市场和利润往往与交互能力的好坏密切相关,实施 CRM 可以使移动商务活动更有针对性、更有效率,并且可以使企业获得尽量多的利润。E-CRM 就是整合在电子商务平台中的 CRM,在前端,E-CRM 能够提供统一的呼叫中心的功能,它结合了网页、电话、手机、电子邮件、传真等与客户互动的能力,在后端提供客户消费行为追踪,以及专用于客户服务及客户营销的资料分析等功能,让企业能进行一对一的营销服务,真正满足每一位顾客的实际需要。

(二)移动商务与 SCM 的整合

企业电子商务的应用与实现在逐步拓宽,这是一个循序渐进、从基础到高级的发展过程,但是在企业电子商务发展过程中,各系统软件在功能上会出现交错与互补,企业资源内部分散、相对独立,形成一个个信息孤岛等问题。怎样利用现代企业管理技术,在资源集成、信息集成、功能集成、过程集成的基础上,通过集成化管理支持企业全面、合理、系统地管理生产和经营过程,最大限度地发挥企业内外部资源和技术的作用,大幅度提高企业经济效益和市场竞争力,已成为各企业当前的主要任务和目标。

SCM(Supply Chain Management,供应链管理)整合上下游厂商间的物流、资金流及信息流,保持上下游间供给与需求的平衡,通过 SCM 系统,从客户下订单一直到货物送到客户手中,这中间的各项信息,企业、材料供应商、物流业等上下游厂商都能共同使用,使备料、生产、运输、配送等流程都能同步进行与协调,让产品能在最短的时间内,以最低的成本送到客户手中。SCM 着眼于企业与供应商/客户之间供给与需求的平衡,在最小成本满足客户需求的水准下,对从供应商到客户之间的整个渠道进行全面的管理。但是在企业经营中,一个普遍的事实是:无论是厂商、经销商还是供应商,在其推进企业信息化的过程中,宁愿投入资金、技术建立自己的供销组织和营销网络,也不愿选择公众网络平台运行相关业务。企业商务的协同必须建立在企业内部 ERP 基础之上,并且变原有的封闭式管理平台为价值链层面的有限开放环境,其开放性保证了供应链各环节的信息流、物流的共享和协同,其有限性保证了系统的安全和有效。SCM 缺乏来自企业后台的动态信息,无法实现实时信息处理,使业务层和数据层之间出现断层,客户交易信息很难实时响应。

移动商务的出现打破了原有的平行结构,把供销存统一集中在一条垂直的价值链上,这种相互关联的体系要求价值链上的各环节必须做到信息共享,因为这是供应链管理实施的前提。企业应该更新营销理念,进行基于互联网以客户为中心的信息化建设,整合企业内外部资源,使前后端紧密连接。在电子商务环境下,整合 ERP、CRM 和 SCM,实现企业各方面资源的充分调配和均衡,将资源与业务、管理相结合,减少因为 ERP、CRM 和 SCM 单独运行时产生的"信息孤岛",实现信息处理由事后走向实时,提高物流、信息流动作的效率,消除中间冗余环节,从而全面提高企业的经济效率,增强企业的竞争力。

移动商务利用通信技术和信息技术使信息流、物流和资金流协调、高效、优化地运

行，它推动了整个企业价值链的运动，使其趋于规范、有序、高效、优化，最终使得整个价值链上的各个环节的主体都能获得最大的利益。

电子商务的开展直接导致企业核心业务流程的改革与重组，使企业在供应链管理、电子采购、客户关系管理等环节都实现转变，并将这些部分连接起来融合为一体，在企业内部实施整合，这就是移动商务系统，也是企业经营追求的目标。

在移动商务环境下，企业实现 ERP、CRM 与 SCM 的整合，需要业务流程重组相配合，同时，也要求应用软件各模块合理划分和有机集成。ERP 应优先考虑采购计划、生产计划、销售计划、人力资源、财务管理等模块；CRM 主要考虑市场营销、售后服务、产品促销、远程服务等模块；SCM 主要考虑订单管理、物流管理、库存管理、物料管理、网上采购等模块。通过整合后的企业系统实现客户信息部分、业务流程部分、决策支持部分以及一般信息交流部分的完全整合，从而便于企业在新经济时代高效管理各业务流程和客户关系，赢得企业长久的竞争优势。

随着移动商务的开展，以及管理思想和营销理念的变革，现代企业电子商务建设的内容随之发生了变化，企业不仅要专注企业内部信息化建设的整合，还必须进行内外整体的信息化建设，以达到内外资源畅通无阻、被最佳利用的效果。

任务实施

1. 对选定的企业 ERP 系统进行功能分析。
2. 对 ERP 系统与移动商务之间在功能方面的移植、兼容、互补等进行分析。
3. 根据需求，分析移动商务与 ERP 的整合途径。
4. 对整合方案进行初步设计。如果采用指令方式，则设计常用的交互指令；如果采用移动客户端的方式，则对客户端的流程、功能、界面等进行设计。

任务拓展

一、基于移动商务的 CRM

随着移动通信技术和移动商务的兴起和迅速发展，CRM 的功能和价值提高到了一个新的水平。基于移动商务的 CRM 全面支持电子商务的发展战略，具备整套电子化解决方案，将在呼叫中心、整合营销、自助式销售和自助式服务等方面得到延伸和加强。

（一）呼叫中心

呼叫中心是 CRM 的核心功能组件。随着通信技术、计算机技术、视频技术的飞速发展，基于互联网的呼叫中心的功能进一步扩充，真正实现手机、固话、PDA、电子邮件、传真、WAP、Web、Face to Face 等与客户互动的多种渠道的融合，实现了呼入和呼出功能的进一步集成。CRM 系统通过呼叫中心可以全面地收集客户个性化的资料，了解客户需求和市场动向，可以实现客户按自己的交流渠道偏好来与企业沟通，企业也可依客户的交流渠道偏好来与客户互动；可以在统一全面的客户资料数据库的基础上，实现以客户为中心的企业市场、销售和服务等部门的协同工作，为多渠道的客户沟通提供一致的信息和个性化的优质服务，敏捷快速地响应客户请求，有效地提高客户满意度和忠诚度。

（二）整合营销

整合营销是移动商务的一项应用，是移动营销和网络营销整合的营销模式。企业开展电子商务活动，通过整合营销的综合应用，丰富和巩固 B2B 或 B2C 的营销模式，提高 CRM 的营销自动化程度，从而有利于企业降低成本，增加销售额，提高市场占有率。整合营销在广域性、实时性、互动性、个性化和低成本等方面优势明显。整合营销可以将网络营销延伸和扩展至全球范围，无论在在线或是离线状态下，全天无限即时传播、送达和反馈，从而实现与国际市场的接轨，吸引更多客户，增强企业柔性，把握更多的市场机遇。基于移动商务的 CRM 可以充分利用整合营销的互动性，让客户参与到产品设计和生产活动中，最大限度地满足客户的需求，从根本上提高客户的参与性和积极性，提高客户满意度和忠诚度，改善和巩固企业与客户的关系。通过与每个客户的互动沟通，利用数据库技术准确分析和存储客户信息、需求和偏好等，相应地采取不同的营销策略，为客户提供个性化服务；与客户逐一建立持久、长远的"双赢"关系，增加每个客户的忠诚度。另外，整合营销还大大降低了企业采购成本、促销成本、运输成本，从而达到了降低总成本的目的，使得 CRM 的"一对一营销"的核心理念得以深化。

（三）自助式销售

自助式销售可为销售人员提供客户信息、产品信息，可对销售方法、销售预测、销售佣金、销售区域进行管理，可与营销系统、商业智能系统、企业资源计划系统进行集成，从而帮助销售人员高质量地完成销售工作。

（四）自助式服务

基于移动商务的 CRM 的客户自助服务系统可使客户方便地提交服务请求，查询知识管理系统、已购买产品的资料、订单处理的进度和历史记录等；通过手机短信、电子邮件等回馈、送达、回应客户请求；还可以通过与呼叫中心的链接和 BBS 等手段，营造一种闭环的客户支持环境，实现"实时一对一服务"。一方面，它降低了运营成本，将客户服务系统从"成本中心"转变为"利润中心"，通过向上销售、交叉销售和后继销售的方式将额外的产品和服务推荐给客户，提高企业获利能力，缩短客户响应时间，提高服务质量；另一方面，客户与企业进行实时的互动沟通，获得"量体裁衣"式的服务，极大程度地满足个性化需求。总之，CRM 与移动商务的紧密结合，使企业和客户之间实现了实时的、互动的、便捷的以及个性化的服务，建立了新颖的客户关系，增加了服务的价值，降低了服务成本，加快了服务速度，提高了客户的满意度和客户关系管理水平，能给企业带来新的商机。

二、案例阅读

移动商务：整合是硬道理

2009 年 5 月 27 日，国内首家移动商务专业联盟——中国移动电子商务产业联盟在北京正式启动。该联盟的成员，除了三大电信运营商、用友移动、UCWEB、百度无线、腾讯无线、大头无线等移动商务上下游企业之外，还有北京邮电大学、人民邮电报、艾瑞咨询等学术研究、媒体、咨询机构参与其中。这一更广义产业联盟的形成，表明中国的移动

电子商务产业已经到了必须整合的时候，而这一整合由谁来主导，如何完成，新成立的移动电子商务产业联盟已经给出了答案。

（一）整合产业链：运营商主导

"移动电子商务产业发展是一项非常复杂的社会工程。它的产业链比较长，涉及运营商、网络设备商、服务商、终端厂商等各个方面，产业资源能否有效整合至关重要。"中国电子商务协会理事长宋玲表示，产业联盟恰恰是整合上下游资源的最好平台，这也是启动中国移动电子商务产业联盟的初衷。

业界专家吕廷杰教授表示，要进行移动电子商务，鉴于移动行业特殊的行业结构，移动运营商的地位举足轻重，是各移动商务企业绕不开的关键因素。通过用户信息登记、经营分析系统等方式对用户信息和消费行为的分析，移动运营商能掌握较为全面的用户移动通信消费行为和需求，可以有效发现互联网目标客户，提升营销的针对性。

也有专家认为，电子商务需要高度专业化，这种高度专业化与移动运营商的主业相差甚远，因此，对于移动运营商来说，应当与专业电子商务企业紧密合作，发挥双方优势，提升自身在移动电子商务领域的品牌影响力，打造一个协同发展的移动电子商务产业链，共同做大做强移动电子商务产业。

（二）整合技术标准：不打乱仗

移动商务的一大瓶颈是支付，而这也正是目前技术创新最活跃的领域。中国移动自主研发了以 RFID 与 SIM 结合替代 NFC 技术的项目；中国联通在上海发布了首个基于 3G 网络的增值业务——基于 NFC 技术的手机支付；支付宝的手机支付业务是在"用户通过手机绑定一个支付宝账号，并在定制手机支付服务"的前提下，通过手机 SMS 短信向一个特定的短信特服号发送特定的短信指令来完成转账、购物等的支付方式；以握奇智能为代表的 SIMPass 和以 DoCoMo 为代表的 NFC 是竞争的主力阵营；诺基亚连接 SIM 卡的 NFC 支付手机可以"取代钱包里的多种支付卡"；中兴通讯等国内厂商也在不同场合表示出对手机支付的极大兴趣。

正是手机支付在技术和实现方式上的多样性，使得手机支付具有多种用户难以辨认的业务形态。在基于 NFC 等技术及短信、WAP 等应用的基础上，手机支付的业务形态还将衍生出更多"变种"，然而，对于众多潜在用户而言，这种业务形态上呈现出的散沙状并不利于手机支付的市场推广和普及，甚至会给消费者造成一种很诡异和难以搞明白的模糊认识。

实际上，从产业层面看，手机支付在业务形态上的这种散沙状，所折射出的正是手机支付在技术标准和运营上的不规范，同时也反映出手机支付产业化过程中各运营商、金融机构、第三方支付公司等散兵游勇、各自为政的现实，以及在市场推广上如何将手机支付进行有效的品牌化营销和概念化推广的问题。因此，许多专家提出产业链各方要从长远发展的角度考虑，减少为眼前利益的单打独斗，多一些能发挥产业链合力的合作，以实际行动将手机支付的散沙聚成塔，只有这样，才能真正推动手机支付的健康、快速发展。移动电子商务产业联盟的成立，其目的之一就在于此。

三、思考与练习

1. 思考题

（1）移动商务整合的内容包括哪些方面？

（2）如何看待移动资源的快速发展？

（3）如何看待移动商务和网络电子商务的整合。

（4）简述为什么要进行移动商务的整合。

（5）简述中间件包含哪些方面。

（6）如何实现移动商务的外部整合？

2. 技能训练

以某单位 OA 系统和实际需求为背景，设计 OA 系统与移动商务进行整合的方案。

项目总结

介绍了移动商务的整合，包括基础整合、内部整合和外部整合。通过本项目的学习和实践，旨在对整合移动商务有比较全面的了解；能对具体的系统与移动商务的整合方案进行初步的设计。

项目五

移动商务营销

项目目标

1. 知识目标：通过本项目的学习，掌握移动商务营销的基本概念，熟悉移动商务营销的方法和策略，对移动商务营销的相关知识有一个比较深入的了解。

2. 能力目标：根据实际需要，针对特定的产品、消费者、市场环境和既定的营销目标等，进行移动商务营销方案策划，并能够书写方案书。

项目导入

移动互联网被视为传统互联网之后的又一座金矿，移动营销是移动互联网中的热门项目，所以移动营销被很多人看好。

在广告界有一句名言：我知道广告费有一半被浪费了，但我不知道被浪费的是哪一半。这句话道出了大众广告时代的硬伤。每个营销人员都知道，广告的核心是将合适的信息传递给合适的人看，但在大众广告时代却难以做到这点。

广告与消费者的相关程度往往与产生转换的可能性成正比，正是因为这个原因，用户的个人信息，包括行为信息、位置信息、时间信息等对营销人员有非常大的吸引力，移动定位服务恰恰能够为营销人员提供这些信息。

（一）定位即时需求

在传统的营销环境中，营销人员无法清晰地了解对象的即时需求，所以他们有一套固定的营销模式：先分析不同媒体的受众人群，然后根据自己的需求选择媒体来投放广告。例如，在晚间电视剧播放时投放生活类商业广告；在体育类节目播放时投放体育用品的广告；在报纸的财经版投放房地产、汽车的广告；然后等待陌生的读者或观众来读取这些可能有用的商业信息。

移动营销可以借助所建立的信息数据库和定位技术，通过对时间、地点、人物三要素的结合，推断出用户的即时状态，并进一步明确其当前的消费需求和可能的潜在需求。例如，通过 GPS 定位技术，知道中午 12 点有一个用户在商城附近，根据数据库和时间、地点来分析出用户状态，得出用户有可能去吃饭或者想去购物等行为，就可以向用户推送商城附近餐厅的优惠券和购物的优惠券。通过对时间、地点和信息数据库分析出用户现有的状态来推送信息，能使广告投放更加精准，而且这些信息很可能是用户所需用的资信，更容易让用户接受。

（二）定位群体需求

通过定位用户的移动轨迹，可以知道用户曾经去过哪些地方，哪些地方是经常去的，通过这些轨迹描绘出一张非常具有价值的消费地图。

比如。一间酒吧准备搞个活动，那么消费地图可以把不同的目标人群清晰地呈现出来：第一种群体，那些经常光顾本酒吧的人，这些人是最有希望参加这次活动的；第二种群体，经常去酒吧的，而且曾经光顾过本酒吧，但来的次数不多的人群，这些人很有可能参加这次活动，第三种群体，经常去酒吧的，但从来没来过本酒吧，这群人也有可能参加这次活动，但概率不大。

商家可以根据消费地图上所呈现的群体制订不同的宣传内容，比如对第一种群体，商家应该注重活动的内容还有和目标用户的互动，可以不附带酒吧的地点；对第三种人则应该注重活动内容和给用户带来的优惠，而且一定要附上酒吧的地点，必要时附上地图。

消费地图不仅让商家清晰地知道哪些是目标人群，而且可以根据不同的人群制订不同的宣传内容，这样，广告投放目标不仅精准，而且非常个性化，符合不同的群体。

（三）存在的问题

移动营销相对于传统营销来说更加精准、实时、互动，但移动营销也有它自己的问题：

（1）如何把握量的问题。如果人们每到达一个地方都有一条或数条广告信息，谁能承受这么频繁的信息？人们承受信息的能力是有限的，那么如何把握好量呢？

（2）隐私的问题。这是移动营销不得不面对的问题，相信绝大多数人都不愿意被定位或追踪，但移动营销的核心是用户的信息，在收集信息的过程中已经可能有意或无意地冒犯了用户的私人空间。

虽然移动营销存在着很多这样或那样的问题，但相信在未来会有好的方法来解决这些问题。历次技术革新提示我们，对一种具有普遍性和适用性的新技术而言，在其扩散的过程中，它的商业价值也同步凸显。

项目实施

任务一　移动营销方案策划

任务描述

根据自身实际，选择熟悉的情境，针对特定的产品、消费者、市场环境和既定的营销

目标等，进行移动商务营销方案的策划，并书写方案书。

知识准备

一、移动商务营销概述

（一）移动商务营销的特点

市场营销中最重要也是最本质的是在组织和个人之间进行信息广泛传播和有效的交换，如果没有信息交换，任何交易都会变成无本之源。移动技术和互联网技术的发展与成熟，以及其方便性和低廉的成本，使得任何企业和个人都可以很容易地进行信息沟通和交换。移动商务营销相对于传统市场营销和基于互联网的电子商务营销，在许多方面具有明显的优势，移动商务营销呈现出以下一些特点。

（1）随时随地的即时通信。移动商务使得交易超越时间和空间的限制，企业能有更多的时间、在更大的空间中进行营销。

（2）交互式。在移动商务环境下，企业可以更方便地通过短信、移动网络对消费者进行即时信息收集，消费者也可以对产品从设计到定价和服务等一系列问题发表意见。这种双向互动的沟通方式提高了消费者的参与性和积极性，更重要的是它能使企业的营销决策有的放矢，从根本上提高了消费者的满意度。

（3）有效性。借助移动终端进行促销具有一对一、理性化、消费者主导的特点。由于手机号码具有唯一性，手机 SIM 卡上存储的用户信息可以确定一个用户的身份，用户的身份是可识别和可记录的。一般而言，用户均会对其手机上的信息进行阅读，因此，移动商务信息发布的有效性较高，用户信用认证也有了基础。

（4）成长性。全球移动用户数量飞速增长，而新增用户中大部分是年轻的、具有较高收入和较高教育水准的，由于这部分群体的购买力强，而且具有很强的市场整合力，因此，移动商务是一个极具发展潜力的商务模式，具有很强的市场开发潜力。

（5）整合性。移动商务可以完成从商品信息的发布，到交易操作的完成和售后服务的全过程，这是一种全程的营销渠道。企业可以借助移动网络将不同的传播营销活动进行统一的规划和协调，通过统一的传播咨询向消费者传达信息，从而可以避免不同传播渠道中的不一致性产生的消极影响。随着 3G 网络商用化进程的加快，移动网络的信息传送和承载能力更加强大，移动网络会完成有线互联网所有的功能，移动商务营销的整合性功能加强。

（6）超前性。移动网络是一种强大的营销工具，兼有渠道、促销、电子交易、互动客户服务以及市场信息分析与提供等多种功能，并且它具备一对一的营销能力，迎合了定制营销以及直复营销的未来趋势。

（7）技术性。移动商务营销是建立在移动技术基础之上的，企业在实施移动商务营销时必须有一定的技术投入和技术支持，必须改变企业传统的组织形式，提升信息管理部门的功能，引进懂营销和移动技术的复合型人才，才能具备和增强本企业在移动商务市场上的竞争优势。

（二）移动商务营销的内容

基于移动通信网的移动商务营销，基本的营销目的和营销工具与传统的营销大体上是

一致的，但在实施与操作过程中与传统方式有较大的区别，具体来讲，移动商务营销包括下面一些主要内容。

（1）移动商务市场调查。移动商务市场调查是指企业利用移动终端的交互式信息沟通渠道来实施的市场调查活动，采取的方法有向用户发布问卷进行调查，通过电话调查。移动网上调查的特点是快速，调查效率高，但调查时间不宜过长。

（2）移动商务消费者行为分析。移动商务消费者群体具有与传统市场的消费者群体不同的特性，因此，要开展有效的移动商务营销活动必须深入了解移动商务消费者群体的需求特征、购买动机和购买行为模式。

（3）移动商务营销策略。企业采取移动网络营销实现其营销目标时，必须制订相适应的营销策略。这些营销策略包括产品和服务策略、价格营销策略、渠道策略、促销与广告策略等，企业在制定营销策略时，应充分考虑移动商务的特点。

（4）移动商务营销管理与控制。依托移动网络开展营销活动，面临传统营销活动无法碰到的许多新问题，例如产品的质量不确定性问题、消费者隐私的保护问题以及信息的安全问题等，这些问题都是在开展移动商务营销过程中必须重视和进行有效控制的。

二、移动商务的市场开发

（一）移动电子市场的特征

从市场运作机制看，移动商务市场具有网络市场的一般特征：

（1）无店铺的经营方式。运作于网络市场上的是虚拟商店，它不需要店面、装饰、摆放的货品和服务人员等，它使用的媒体为互联网网络。

（2）无存货的经营方式。网上商店可以在接到顾客订单后，再向制造的厂家订货，而无须将商品陈列出来，只需在网页中展示货物菜单以供选择。这样，店家不会因为存货而增加成本。商品售价比一般商店要低，有利于增加网络商家和"电子空间市场"的魅力和竞争力。

（3）无时间限制的全天候经营。虚拟商店不需要雇佣经营服务人员，可不受劳动法的限制，也可摆脱因员工疲倦或缺乏训练而引起顾客反感所带来的麻烦，而一天24小时，一年365天的持续营业，对于平时工作繁忙、无暇购物的人来说，有很大的吸引力。

（4）无国界、无区域界线的经营范围。互联网创造了一个即时的全球社区，消除了同其他国家客户做生意的时间和地域障碍。面对提供无限商机的互联网，国内企业可以通过网络，开展全球性营销活动。

（5）精简化的营销环节。顾客不必等待企业的帮助，可以自行查询所需产品的信息；客户所需信息可及时更新，企业和买家可快速交换信息。

除了具备以上所述的网络市场一般特征外，移动商务市场还有以下特征：

（1）随时随地的优点。与传统的电子商务相比，移动商务的最大优点是"随时随地"和"个性化"。传统电子商务已经使人们感受到了网络所带来的便利和乐趣，但它局限于台式计算机携带不便，移动商务可以弥补传统电子商务的这种缺憾，让人们随时随地购买彩票、炒股或者购物，感受独特的商务体验。

（2）用户规模大。截至2013年12月底，中国网民数量达到6.18亿，手机用户数量突破10亿，手机网民规模达到5亿。显然，从计算机和移动电话的普及程度来看，移动

电话远远超过了计算机；从用户群体来看，手机用户中基本包含了消费市场中的中高端用户，而传统的上网用户中缺乏支付能力的 30 岁以下的年轻人占 50% 以上。由此不难看出，在某种程度上说，以移动电话为载体的移动商务不论在用户规模上，还是在用户消费能力上，都优于传统的电子商务。

（3）有较好的身份认证基础。对传统的电子商务而言，用户的消费信用问题是影响其发展的一大"瓶颈"，而移动商务在这方面显然拥有一定的优势，这是因为手机号码具有唯一性，手机 SIM 卡上存储的用户信息可以确定一个用户的身份，对于移动商务而言，这就有了信用认证的基础。与西方国家相比，目前我国银行卡的使用率不高，使用网点少，商业信用体系尚不健全，个人信用体系缺位等现实问题的存在，都给移动商务发展提供了机遇。一些专家认为，在我国，以移动终端为载体的移动小额支付，有可能代替信用卡，弥补整个社会消费信用制度的缺位，成为人们较为容易接受的新型电子支付方式。

（4）更加开放。移动商务平台不仅具有丰富的特性和极高的运行性能，而且具有绝对的开放性。对消费者而言，移动商务能完全根据消费者的个性化需求和喜好定制，设备的选择以及提供服务与信息的方式完全由用户自己控制。通过移动商务，用户可随时随地获取所需的服务、应用、信息和娱乐，满足不同需求；对企业而言，移动商务能够帮助企业以最短的时间、最少的费用随时随地获取和传递关键信息，扩展企业电子商务应用，进一步提高企业的生产效率，使其在市场中更具竞争力，得到更好的投资回报率；对应用开发商而言，利用移动商务技术进一步扩展传统解决方案的功能，将获得更大的利润空间；此外，移动商务能让用户随时随地获取关键数据。

未来软件的发展很大程度上将以移动终端应用的方式实现，对用户的影响也不仅局限在今天对个人计算机的占领，而是对各种移动信息终端的占领。如何让功能随用户需求而动，也许就是移动商务客户体验与发展的未来模式。

（二）移动商务的市场与消费者

1. 移动商务市场的消费者特征

移动商务的出现，使得消费者的消费观念、消费方式和地位发生重要的变化，主要体现在以下几个方面。

（1）注重个性消费。工业化和标准化的生产方式使得消费者的个性被淹没于大量的低成本、单一产品的洪流中，然而没有一个消费者的需求是完全一样的。每一个消费者都是一个细分市场，心理上的认同感已经成为消费者作出购买品牌和产品决策的先决条件，个性化消费正在也必将再度成为消费的主流。

（2）消费需求差异大。消费者的个性化消费，以及在收入水平、年龄、文化程度上的不同，使得移动商务的需求呈现出较大的差异性。

（3）消费的主动性加强。由于用户通常随身携带移动终端，对手机具有较强的依赖性，随着移动商务服务种类的增加和服务的便利性，越来越多的消费者主动寻找他们所需要的服务，消费的主动性大大加强。

（4）消费者的年龄趋于年轻化。数据表明，在目前的移动用户中，30 岁以下占据主要部分。

（5）消费需求的超前性和可诱导性。利用移动网络购物的消费者的经济收入较高，这部分消费者比较喜欢超前和新奇的商品，也比较容易被新的消费动向和商品介绍所吸引。

2. 移动商务消费者类型

移动商务的在线消费者可以分为两类：个人消费者和机构买家。前者引起更多媒体的关注，而后者占了网上购物的绝大部分市场份额。机构买家包括政府、私人公司、转售商和公共组织。消费者可以分为以下三类：冲动型消费者，购买时行动迅速；耐心型消费者，在进行一些比较后才购买；分析型消费者，在经过大量的研究后才做出购买决定。另外，还有一些"橱窗消费者"，他们以浏览为乐。

（三）移动商务的市场目标与定位

目标市场是企业准备进入和服务的市场，企业进行市场细分的目的就是选择目标市场。从移动商务的行业应用来看，其目标市场可以分为贸易、银行、购物、购票、基于位置的服务、娱乐业（主要是游戏和博彩业）6个方面。从事移动商务的企业选择什么样的目标市场，与企业自身所具备的资源和能力有关，当然，还与它所提供的产品或服务本身的特点、竞争对手的市场策略等有关。

市场定位，是指营销企业为产品或服务确定某些方面的特征和优点，使本企业产品在目标市场顾客中形成某种区别于竞争对手的印象与评价，更好地适应消费需求，巩固客户关系。市场定位的实质是使本企业与其他企业严格区分开来，使顾客明显感觉和认知到这种差别，从而在顾客心目中占有特殊的位置。市场定位与产品差异化有密切的关系，在营销过程中，市场定位是通过为自己的产品创造鲜明的个性，从而塑造出独特的市场形象来实现的。企业从事移动商务，也应该根据自身所提供产品或服务的特色进行市场定位，以建立独特的市场形象，赢得顾客的认可。

市场细分一般可以采用以下标准：

（1）地域因素细分。一般而言，处于不同地域的消费者基于当地的自然条件、经济发展水平、文化或生活方式以及消费观念，在消费和购买行为上存在较大的差别。按地域细分市场，对于研究不同地区消费者的需求特点、消费总量及其发展变化的趋势具有一定意义，有利于开拓不同区域市场，扩大市场份额。

（2）人口因素细分。人口因素主要包括年龄、性别、职业、收入、教育、宗教信仰等多个方面。人口统计因素与消费者的欲望、偏好和购买力有十分明显的因果关系。人口因素细分的具体标准很多，总体市场可以分为几十个甚至上百个细分市场，例如，不同收入阶层的人对移动商务的需求不同。

（3）心理因素细分。人们常常发现，利用地域因素和人口统计因素进行市场细分后，同一细分市场上的消费者对于同类产品的需求并不相同，这主要是心理因素作用的结果。消费者的生活方式、购买动机、消费观念都可以作为细分的标准。"白领"和"蓝领"阶层的购买动机有明显的差异。在营销实践中，心理活动对营销效果影响比较大。

（4）行为因素细分。用于市场细分的行为变量主要有消费者进入市场的程度、消费的数量、品牌忠诚度、代购阶段等。

（5）按服务类别分。除了以上分类方式外，移动商务还可以按服务类别划分其市场。移动商务市场主要集中在以下几个领域：①自动支付系统：包括自动售货机、停车场计时器、自动售票机等；②半自动支付系统：包括商店的收银柜机、出租车计费器等；③移动互联网接入支付系统：包括商业的 WAP 站点等；④手机代替信用卡类支付以及私人之间的账务结算。

（四）移动商务调查

市场调查的目的是找出描述消费者、产品、营销手段和商家之间关系的信息，从而发现市场机会，制订营销计划，更好地理解购买过程和评估营销成果。市场调查过程一般包括4个阶段：①定义要调查的问题和调查目标；②确定调查方法和数据收集计划；③收集数据；④进行数据分析和综合，给出调查结果。

移动商务的市场调查有在线市场调查和离线市场调查两类。在线调查基于移动网络，通过移动网络可以更快、更可靠地收集和处理市场信息，甚至是多媒体信息。

在线市场调查可以通过移动电话访问、电子邮件和短信互通、在聊天室里聚集消费者群互动、引导消费者到网站进行调查等方式进行。在线市场调查允许与消费者进行个别交流，使调查机构能更好地了解消费者、市场和竞争情况。例如，它可以及早发现产品和消费者转向的趋势，使商家找到市场机会，并开发出消费者真正需要的产品。在与消费者交流过程中，可以在网站上使用游戏、奖品、小测验或奖金等形式作为报酬，顾客只有回答了调查问卷上的问题，才能玩游戏、赢得奖品或免费下载软件。

移动商务市场调查包含的内容有：①移动商务市场环境调查，包括政策环境、经济环境、社会文化环境的调查；②移动商务市场基本状况的调查，主要内容包括市场规范、总体需求量、市场的动向、同行业的市场分布占有率等；③销售可能性调查，包括现有和潜在用户的人数及需求量、市场需求变化趋势、本企业竞争对手的产品在市场上的占有率、扩大销售的可能性和具体途径等；④对移动商务消费者及消费需求、企业产品、产品价格、影响销售的社会和自然因素、销售渠道等开展调查。

三、移动商务营销的策略

广义上讲，移动商务是传统电子商务的延续，因此，应该分析传统网络营销的策略和方法，围绕以服务客户为中心的宗旨，结合目前移动商务发展的现状和特点以及未来发展的趋势，来制订移动商务营销策略。

（一）移动商务的营销理念

本着"移动通信＋互联网＋电子商务＝移动商务"的全新思路，在移动商务营销过程中应遵循方便、个性化、创新的理念。移动商务与其他商务形式最大的区别是其方便性，消费者可以随时随地进行网上消费。无线网络的兴起使"端口＋网线＋节点"的固定建网模式成为过去，取而代之的是无线基站建网模式。基站实际上就是一定区域内无线网络信号的发射源，凡是在基站无线网络信号可以覆盖到的区域，电子商务交易者就可以利用各种设备与商务平台互联，实现实时交易，从而打破了固定网络硬件框架的限制。

无线网络技术使得电子商务交易的便利不断向消费者倾斜。根据电子商务交易参与者的身份，通常将电子商务区分为B2C、B2B和C2C三大类。在这三类电子商务活动中，主要的参与主体有两类——企业和消费者。就企业而言，无论是经营电子商务网站的商务平台企业、提供交易商品的生产型企业还是提供网络交易渠道的中间商企业，由于其办公地点相对固定、商务平台运行设备专用、要求在线时间相对较长、处理数据量较大等因素的限制，除去远程控制等特殊情形外，一般情况下仍会使用光纤宽带入网模式，无线网络技术的便利性优势并不突出。消费者与企业相比，具有更大的流动性和交易的随机性，因此对开展电子商务的时空条件提出了更广泛的要求，而无线网络技术正好满足了消费者的这一商务需求，为消费者参与电子商务提供了更大的便利，使得无线网络时代的B2C、C2C电子商务获得了更大的发展契机。

（二）移动商务营销4I模型

移动商务营销的"4I模式"是指：Individual Identification（个体的识别）、Instant Message（即时信息）、Interactive Communication（互动的沟通）、Individuation（个性化）。相对传统电子商务以及市场营销而言，移动商务独具的个人化、地域性、网络化的优势，决定了移动商务营销应首先在识别用户身份的基础上实现市场细分，差别化营销；在识别目标用户后提供个性化的服务和针对性的产品推广，是移动商务营销的直接目的；个性化的实现必须基于即时性的用户位置定位以及互动沟通。

在营销模式从4P到4C的不断发展中，营销的理念已逐步由企业转向消费者。4I模型的建立是在移动设备和移动网络新技术优势的基础上，以用户为中心，进行差别化的营销投入，实现企业营销推广的最终目的。

（1）Individual Identification（个体的识别）：即识别沟通的分众对象并与其建立"一对一"的关系。分众的精细化是目标个体，就是说目标消费者已经不是抽象的某一个群体，而是差别化的个体了。移动商务营销是利用移动终端与差别化的个体进行"一对一"的沟通，同时，这种目标个体是可识别的，即分众的量化，这种识别包括不同消费者之间的个性需求识别，以及同一消费者在不同地点、不同时间段的特定需求。个体的可识别，就可对目标消费的个体进行量化管理，在现实中，每个消费者都是独一无二的。传统营销理论回避了到底哪个消费者是谁的问题，消费者的关系建立是模糊的、不可识别的，消费者有需求，但是"谁"的需求，"他"到底在哪里，却不能回答；消费者是"见利忘义"的，这种"见利忘义"体现在大量的促销活动可以轻易地使消费者对所喜爱品牌的转移，使消费者的品牌忠诚度更难把握和琢磨，所以移动商务营销需要做到分众识别、个体锁定和定向发布广告。

（2）Instant Message（即时的信息）。即时性体现出了移动商务营销的随时性和定时性。移动终端的便利性使得移动商务营销可以及时地与目标消费者进行沟通；移动商务营销的即时性可快速提高市场反应速度。在相互影响的市场中，对经营者来说最现实的问题不在于如何控制、制订和实施计划，而在于如何站在顾客的角度及时地倾听顾客的希望、渴望和需求，并及时答复和迅速做出反应，满足顾客的需求，移动商务营销的动态反馈和互动跟踪为这种营销策略提供了一种可能。需要强调的是移动商务营销的即时性，对于企业来说意味着广告发布是可以定时的，这是因为当企业对消费者的消费习惯有所觉察时，可以在消费者最有可能产生购买行为的时间发布产品信息，这需要对消费者的消费行为进行量化的跟踪和调查，同时在技术上有可以随时发布信息的手段。另一方面也要求在识别用户地理位置后即时触发营销行为，主动推送营销信息。

（3）Interactive Communication（互动的沟通）。互动就是参与。顾客忠诚度是变化的，他们会随时选择品牌转移，要保持顾客的忠诚度，赢得长期而稳定的市场，需要依赖于"一对一"的无线互动营销，它可以与消费者形成一种互动、互求、互需的关系。在移动商务营销活动中，"一对一"的互动关系必须对不同顾客的关系营销的深度、层次加以甄别，对不同的需求识别出不同的个体，才能使企业的营销资源有的放矢，互动成为相互了解的有效方式。

（4）Individuation（个性化）。手机、便携式计算机、PDA 的特性为个性化、私人化、功能复合化及时尚化的实现提供了得天独厚的优势，这也逐渐形成评价一部移动终端能否满足用户需求的默认标准。利用移动终端进行的移动商务营销活动具有强烈的个性化色彩，"让我作主"、"我有我主张"、"我的地盘我作主"、"我运动我快乐"、"我有，我可以"、"我能"等在消费生活中人们高喊的口号，无一不传达出越来越明显的市场个性化特征，这种消费诉求要求市场的营销活动要具有个性化，所传递的信息也要具有个性化，人们对于个性化的需求将比以往任何时候都更加强烈。3G 时代的移动商务营销模式是可识别的、即时的、互动的、个性化的。

四、移动广告

（一）移动广告的定义

移动广告是随着移动数据业务的发展而兴起的，它隶属于移动增值业务的一种，开始是作为移动位置服务（LBS）与广告服务融合的一种延伸。对移动广告目前尚没有统一的定义，只能参照其他相关概念，对其进行界定。美国移动营销协会（Mobile Marketing Association，MMA）将移动营销定义为：介于品牌和终端用户之间作为通信和娱乐渠道的移动媒体的使用。移动营销是随时随地都能够带来即时、直接、交互沟通的一种亲身渠道，就是通过移动渠道来规划和实施想法，对产品或服务进行定价、促销、流通的过程。但移动广告与移动营销不完全相同。MMA 对广告的定义是：特定的广告主通常以付费的方式通过各种传播媒介，对商品、服务或观念等信息进行的非人员介绍和推广。IMAP 将移动广告定义为：使用移动媒体来传送广告信息，鼓动人们购买产品和服务的商业活动。该定义强调了购买，却没能充分表达广告的含义。结合以上有关定义和移动媒体的特点，可以将移动广告定义为：通过移动媒体传播的付费信息，旨在通过这些商业信息影响接受者的态度、意图和行为。移动广告实际上是一种互动式的网络广告，它由移动通信网络承载，具有网络媒体的一切特征，同时比互联网更具优势，因为移动性使用户能够随时随地接受信息。

移动广告被认为是未来商业广告中以用户数据库为基础进行的精准营销，广告主有目的性地筛选出适当的人群进行有针对性的商业信息传播。移动广告的最大亮点在于把移动终端和广告结合起来，形成客户、商家和运营商三方受益的局面。

（二）移动广告的特点

移动广告作为一种全新的广告形式，与其他媒体广告相比，具有以下一些主要的特点：

（1）精准性。相对于传统广告媒体，移动广告在精准性方面有着先天的优势，它突破了传统的报纸广告、电视广告和网络广告等单纯依靠庞大的覆盖范围来达到营销效果的局限性，在受众人数上有了很大超越。移动广告可以根据用户的实际情况和实时情境将广告直接送到用户的移动终端上，实现"精准传播"。例如，广告主可以针对不同地区、客户类型、背景资料、兴趣爱好找到适合产品向特定的客户投放广告，这样既节省广告的投放费用，又会有较高的命中率。

（2）即时性。移动广告的即时性来自于移动终端的可移动性，手机是个人随身物品，它的随身携带性比其他任何一个传统媒体都强，绝大多数用户几乎每天都会把手机带在身边，有的人甚至一天 24 小时不关机，所以手机媒介对用户的影响力是全天候的，广告信息的到达也是最及时有效的。因此，移动广告突破了时间和地域的限制，用户可以在任何时间、任何地点迅速地接收广告信息，这样的传播速度是此前的任何媒体都无法相比的。

（3）互动性。移动广告的互动性为广告商与消费者之间搭建了一个互动的平台，让广告主能更及时地了解客户的需求，使消费者的主动性增强，提高了自主地位。作为互联网技术和移动通信技术完美结合的手机媒体，可以充分发挥互动功能的优势，将互动元素融入手机媒体广告的创意中，使用户随时随地进行广告接收后的反馈互动。

（4）扩散性。移动广告的扩散性，即可再传播性，是指用户可以将自认为有用的广告转发给亲戚朋友，向身边的人扩散信息或传播广告，避免了传统广告只能通过消费者口口相传的缺憾，同时也避免了传播过程中信息的失真。

（5）整合性。移动广告的整合性优势得益于 3G 技术的迅速发展，移动广告可以通过文字、声音、图像、动画等不同的形式展现出来，手机不仅是一个实时语音或者文本通信设备，也是一款功能丰富的娱乐工具（影音、游戏终端，移动电视等），同时又是一种实时的金融终端（手机电子钱包、证券接受工具等）。一部手机整合多种媒体和软件资源，将传统的电视媒体、报纸报刊和金融服务融为一体，使手机广告的形式和内容更加丰富，更具有融合性。移动广告的这种整合性优势将给企业营销带来巨大的机遇，原先支离破碎的媒体手段重新被 3G 技术整合在一起，向同一传播目标传递同一个声音、同一种形象，从而实现广告传播效果的最大化。

（6）可测性。对于广告主来说，移动广告相对于其他媒体广告的突出优点在于它的可测量性或可追踪性，可准确统计受众数量。广告主可同移动通信运营商积极展开合作，定时定向追踪和监测广告效果；借助于精确统计出来的数据评价广告效果，进一步审定移动广告的投放策略，并利用移动媒体的互动和实时特点，按照用户需要，及时变更移动广告的形式和内容，增强广告的宣传效果。

（7）低成本。所有的广告主都愿意支出最低成本，将产品投入到更加细分化的市场上，引起消费者对产品的关注与热情。3G 手机作为广告媒体恰恰具有强烈的分众性和个人化特点，可以实现市场细分，对潜在的目标受众提供与之对应的广告和信息，因此，与传统媒体广告相比，移动广告具有突出的成本优势，并且还有可能将 CPA（按效果计费）的收费方式变为现实。按效果计费是指：在移动广告形成闭环销售的情况下，从用户接收到广告信息开始直到交易最终完成，运营商和广告服务提供商对于用户提交的每一个申请均有记录，并以此判断所投放的广告是否真正对产品的销售产生了直接影响。对于确实产生实际销售的移动广告，广告运营商将根据协议向广告主收取占销售额固定比例的广告费用；作为交换，对于那些没有起到形成直接销售的移动广告，企业只需要按数量、流量或者时间等向运营商支付基本的通信费用。

（三）移动广告的类型

按照不同的标准，移动广告可以进行不同的分类。按内容形式来分，可以将移动广告分为文本广告、图片广告、视频广告、音频广告以及混合形式广告等；按推送方式来分，可分为推式广告（Push）和拉式广告（Pull），其中推式广告（Push）具有很高的覆盖率，

但容易形成垃圾信息，拉式广告（Pull）是基于用户定制发送的广告信息；按发布形式来分，可分为信息类广告、终端嵌入类广告、语音类广告、视频类广告、WAP类广告、移动搜索类广告、无线定位类广告等。

下面以发布形式为分类标准，对移动广告进行详细的说明。

（1）信息类广告。信息类广告是移动广告最早的表现形式，尤其是以短信为主的强制性手机广告，它依然是目前最主要的移动广告形式。信息类广告多为用户被动接收，其发布的形式主要是短信、彩信和小区广播信息。目前，因为具有费用低廉且潜在广告对象群体巨大、短信覆盖面广等特点，短信传播仍然具有不可替代性。

彩信广告以其图文并茂、色彩鲜艳等特点受到用户的青睐，这也正是彩信最大的特点。它支持文字、图像、声音、数据等多媒体功能，使广告信息更具表现力，广告效果大大增强。彩信其实就是短信的延伸，它除了支持多媒体功能外，本质上与短信没有区别。但是，彩信需要用户开通相应的数据业务，并且有移动终端的支持才能正常使用，同时，用户还需承担流量费才能下载，成本较高，所以无法大规模传播。

小区信息广告业务借助了手机的定位技术，当用户进入到某一特定区域内时，系统就将自动向该用户发送短信或彩信，如果这些短信、彩信上承载的是广告信息，那么就形成了小区短信、彩信广告。例如，当用户到达新的省市、商场、酒店、机场时，即可接收到与此地点相关的广告信息。

（2）终端嵌入类广告。终端嵌入类广告包括终端嵌入式和业务嵌入式两种形式。

终端嵌入式广告是指广告主与移动终端厂商合作，在出厂之前将广告直接置入移动终端中，通过图片、屏保、壁纸、开关机画面、铃声、视频和游戏等形式呈现的。这种广告的优势是强制用户浏览，并且长期存在移动终端里，可以多次观看；其劣势是制作要求较高，广告成本也较高，更新率低。

业务嵌入类广告指将广告以文字、图片、声音、视频等形式嵌入到用户的增值业务中。例如，游戏嵌入式广告是将广告穿插在手机游戏中，利用消费者对游戏的爱好和游戏本身的互动性及娱乐性，把游戏作为载体进行广告宣传；也可以指将品牌信息和产品形象内置在游戏当中，设计成新颖的道具或者场景，让用户在娱乐中体会产品的特点和性能，进而培养用户对产品品牌的认同感。例如，对于赛车类游戏，可以与汽车厂商合作，在游戏中将赛车的信息变成该汽车厂的各系列赛车，让用户在游戏中能够了解车型、性能等，对该车的品牌有所印象。

（3）语音类广告。语音类广告包括语音服务电话的广告收听和彩铃广告，是指将广告内容以语音片断的形式加入运营商为手机用户提供的语音增值业务服务中。语音服务电话的广告收听，是指用户主动拨打某个特定的号码，收听广告；彩铃广告是指用户通过下载广告彩铃的方式向其自身的交际圈传播广告。

（4）视频类广告。视频类广告包括视频点播和手机电视两种广告形式。伴随着移动终端的研制和3G技术的发展，更大、更清晰的屏幕，更长久的电池供应，更快速的数据传输能力使各种业务的实现成为可能，同时，极大提高了3G时代移动广告的表现能力。常见的视频类广告如手机流媒体视频广告，除了具有传统电视广告信息承载量大、视觉感官体验好的特点外，与传统电视广告相比更具有精确性、随身性和便携性的优势。可见视频广告有很大的发展空间，但是流量资费的问题还有待进一步的解决。

（5）WAP 类广告。WAP 类广告是指将文字、图片或视频广告嵌入用户所浏览的 WAP 门户的页面，类似于互联网用户在访问网页时所看到的广告。不同的是，手机 WAP 类网站可以掌握用户的个人信息（如手机号码等），通过分析用户具体身份信息、浏览信息等，细分用户类型，以用户数据库为基础定向营销，达到精确广告的目的；同时，在无线互联网上，企业还可以通过 WAP 互动平台与用户展开形式丰富的互动，从而达到广告的目的。

（6）移动搜索类广告。移动搜索类广告是指用户使用移动终端，通过 SMS、WAP 等多种方式进行信息、资讯、生活、娱乐等内容的搜索应用。移动搜索是搜索技术基于移动通信网络在移动平台上的延伸，是互联网与移动通信产业融合的产物。从硬件支持来看，与有线互联网搜索相比，移动搜索最大的不同在于使用者享受搜索服务的便利性，但由于终端不统一的特性，移动搜索引擎不仅要完成信息的获取，同时要对获取的信息进行相关处理，即把不同内容提供者、不同类别的信息进行整合，并建立相关性，再将所有信息进行相关处理，转换成适合终端使用的信息。移动搜索广告与互联网的搜索广告类似，有移动搜索服务提供商运营的关键词广告和竞价排名广告。研究发现，用户使用 WAP 搜索服务，一般在查询一些急需信息和等待时（等车、等人、等餐）使用，这两类情形的使用比例均在 60% 以上。值得注意的是，在睡觉前，用户使用移动搜索服务的比例达到 40.7%，而在其他休闲，如课间 / 上班休息时，乘坐交通工具、上课 / 上班时也是用户经常使用 WAP 搜索服务的场合。

（7）无线定位类广告。无线定位广告又称位置广告，是利用无线网络的定位功能，及时根据定位用户的地理位置，为其主动提供服务的一种广告模式。3G 位置服务功能为用户提供包括位置信息、城市导航、行车指南、位置广告等服务，其中位置广告更加具有贴近性，更加人性化，是 3G 时代移动广告的发展方向及制胜的关键。

任务实施

1. 确定移动营销目标主题。明确营销目标，确定一定的时空范围、具体产品、所针对的消费者群体等。

2. 收集资料。围绕既定的移动营销目标，在既定范围内有针对地开展调查，通过多种方法收集产品、消费者、市场等有关信息资料。

3. 整理资料。综合市场调查过程中收集的一手资料和现成的二手资料，进行分类、筛选，整理出对目标主题有用的信息。

4. 提出具体营销创意。根据调查所得的资料和企业的具体实际，提出移动营销策划的具体创意。

5. 选择可行方案。将符合目标的主体创意，变成具体的可执行方案。

6. 制订实施细则。根据选定的方案把各功能部门和任务加以详细分配，分头实施，并按进度表与预算表进行监控。

7. 制订检查办法。对移动营销策划方案提出详细、可行的检查办法和评估标准。

8. 撰写移动营销策划书。在已制订可行的移动营销方案、实施细则、检查办法等的基础上，撰写移动营销策划书。

任务拓展

一、4R 营销理论

4R 营销理论以关系营销为核心，注重企业和客户关系的长期互动，重在建立顾客忠诚，它既从厂商的利益出发，又兼顾消费者的需求，是一个更为实际、有效的营销制胜术。对于谁是 4R 营销理论的提出者尚存争议，有的认为是艾略特·艾登伯格（Elliott Ettenberg）于 2001 年在其《4R 营销》一书中提出了 4R 营销理论；另外的观点认为是唐·舒尔茨（Don E. Schuhz）在 4C 营销理论的基础上提出了 4R 营销理论。

1. 4R 营销理论的内容

4R 营销理论的营销四要素为：

（1）关联（Relevance）。即认为企业与顾客是一个命运共同体，建立并发展与顾客之间的长期关系是企业经营的核心理念和最重要的内容。

（2）反应（Reaction）。在相互影响的市场中，对经营者来说最现实的问题不在于如何控制、制定和实施计划，而在于如何站在顾客的角度及时地倾听顾客的希望、渴望和需求，并及时答复和迅速做出反应，满足顾客的需求。

（3）关系（Relationship）。在企业与客户的关系发生了本质性变化的市场环境中，抢占市场的关键已转变为与顾客建立长期而稳固的关系。与此相适应产生了 5 个转向：从一次性交易转向强调建立长期友好的合作关系；从着眼于短期利益转向重视长期利益；从顾客被动适应企业的单一销售转向顾客主动参与到生产过程中来；从相互的利益冲突转向共同的和谐发展；从管理营销组合转向管理企业与顾客的互动关系。

（4）报酬（Reward）。任何交易与合作关系的巩固和发展，都涉及各方的经济利益，因此，一定的合理回报既是正确处理营销活动中各种矛盾的出发点，也是营销的落脚点。营销目标必须注重产出，注重企业在营销活动中的回报，一切营销活动都必须以为顾客及股东创造价值为目的。

2. 4R 营销理论的特点

（1）4R 营销以竞争为导向，在新的层次上提出了营销新思路。根据市场日趋激烈的竞争形势，4R 营销着眼于企业与顾客建立互动与双赢的关系，不仅积极地满足顾客的需求，而且主动地创造需求，通过关联、关系、反应等形式与它建立独特的关系，把企业与顾客联系在一起，形成独特的竞争优势。

（2）4R 营销真正体现并落实了关系营销的思想。4R 营销提出了企业和顾客如何建立关系、长期拥有客户、保证长期利益的具体操作方式，这是关系营销史上的一个很大的进步。

（3）4R 营销是实现互动与双赢的保证。4R 营销的反应机制为建立企业与顾客关联、互动与双赢的关系提供了基础和保证，同时也延伸和升华了营销便利性。

（4）4R 营销的回报使企业兼顾到成本和双赢两方面的内容。为了追求利润，企业必然实施低成本战略，充分考虑顾客愿意支付的成本，实现成本的最小化，并在此基础上获得更多的市场份额，形成规模效益，这样，企业为顾客提供的产品和追求回报就会最终融合，相互促进，从而达到双赢的目的。

3. 4R 营销理论的缺陷

4R 营销同任何理论一样，也有其不足之处。如 4R 营销所要求的同顾客建立关联关系，需要实力基础或某些特殊条件，这并不是所有的企业都可以轻易做到的，但不管怎样，4R 营销提供了很好的思路，是经营者和营销人员应该了解和掌握的。

几乎所有的市场营销理论都在强调如何抢占市场和争取客户，以夺取利润为最大目标，但市场行为本身就是一种风险博弈，也可以说在市场上什么都是可变的，只有利润和风险是永恒的，所以学习该理论时候能再加上 0.5R，即 Risky Control，相信能够把握好风险控制的管理者才能拥有更长久的发展动力和空间。

4. 4R 营销的操作要点

（1）紧密联系顾客。企业必须通过某些有效的方式在业务、需求等方面与顾客建立关联，形成一种互助、互求、互需的关系，把顾客与企业联系在一起，减少顾客的流失，以此来提高顾客的忠诚度，赢得长期而稳定的市场。

（2）提高对市场的反应速度。多数公司倾向于说给顾客听，却往往忽略了倾听的重要性。在相互渗透、相互影响的市场中，对企业来说最现实的问题不在于如何对计划制定、实施和控制，而在于如何及时地倾听顾客的希望、渴望和需求，并及时做出反应来满足顾客的需求。这样才有利于市场的发展。

（3）重视与顾客的互动关系。4R 营销理论认为，如今抢占市场的关键已转变为与顾客建立长期而稳固的关系，把交易转变成一种责任，建立起和顾客的互动关系。而沟通是建立这种互动关系的重要手段。

（4）回报是营销的源泉。由于营销目标必须注重产出，注重企业在营销活动中的回报，所以企业要满足客户需求，为客户提供价值，不能做无用的事情。一方面，回报是维持市场关系的必要条件；另一方面，追求回报是营销发展的动力，营销的最终价值在于其是否给企业带来短期或长期的收入能力。

二、案例阅读

某产品的移动营销推广策划方案

（一）市场环境及调查

（1）中国的 3G 用户多达 8000 万，智能终端约 9000 多万，一些相关的软件及硬件日渐完善，给用户提供了免费、安全的服务。这种趋势正在日益增长。

（2）在 PC 上流量低的时候，正是移动终端用户使用手机的最高峰。

（二）移动营销的目的

抢在别人之前开发移动终端用户，抢占移动用户网购市场。为企业带来除了 PC 电脑之外的流量以及成交量。

（三）推广方法

（1）利用淘宝站内资源，在淘宝后台开通免费手机店铺，让客户可以随时随地购买产品，同时结合一系列的推广和营销方法，推动手机店铺的发展。

利用淘宝站内资源进行手机店铺运营及推广的具体方法如下：

① 普及手机上网购物的知识。由于很多人还不知道，也不会通过手机进行购物，因

此首先需要普及手机网购的知识。这可以通过在掌柜说里、帮派里发说说或者帖子来进行。普及知识包括手机购物的好处、教程、方法等。

② 在 PC 上展示手机店铺的信息。让客人知道，企业网店除了可以用计算机登录外，还可以在空闲时间利用手机享受购物的乐趣，具体方法是在店铺上设置一个链接，消费者单击"链接"按钮，输入手机号就可以把手机店铺的店址发送到消费者的手机上。

③ 投放移动信息时，利用一定的优惠和折扣来吸引消费者注意。很多商家已经认识到移动终端用户市场的重要性，都要拼血本拉拢移动用户，所以在手机店铺上投入了较大的折扣和优惠力度。例如，淘宝网内部的一些活动（公车秒杀、疯狂免单等）、手机淘宝首页展示、手机淘宝天天特价等。

④ 推广时注意客户的体验。

第一，从客户登录开始。手机登录网页的方法有三种：一是手机网页登录；二是客户端登录（需要手机软件支持）；三是二维码的登录方式。二维码是一种值得推广的方式，可将手机店铺店址信息制作成二维码，消费者输入二维码的代码，或通过二维码扫描软件使用摄像头扫描，就可以直接登录相应的店铺。

将二维码放在店铺的首页，便于消费者下载登录，客服要加强对手机淘宝方面的指导。另外，可以单独做一个页面放在店铺里，作为教程和宣传。

可以印刷一些优惠券，上面有二维码和优惠券的代码，客户如果是利用手机通过二维码进入店铺购物的，可以使用赠送的优惠券。优惠券面额可以设置得大一些，比如 50 元左右，但仅限本店非特价产品，并满 300 元（不含邮费）才可使用。

第二，登录页面展示的优化。一要考虑手机上网，图片显示的问题；二要考虑手机店铺是否美观，以吸引人浏览及购买。

第三，定价的优化。要考虑到产品的价格是否具有吸引力。

第四，关键词的优化。手机淘宝店跟 PC 不一样，能显示的信息量不及计算机上，很少有人有耐心翻到手机展示的第十页以后，所以关键词、搜索的优化是移动终端取得成功的重中之重。

第五，还要注意产品质量、发货、付款的控制等。

（2）利用站外资源。除了淘宝网内部的一些资源外，还可以积极使用一些淘宝站外的资源来扩大店铺的知名度，提升市场份额。站外的资源很多，除了旺旺，还有 QQ、飞信、微博、手机邮箱、百度、搜狐等即时通信工具和网站，简单地说就是短信＋手机上网（微博、手机网站等）＋彩信＋邮箱的模式。具体方法如下：

① 利用支付宝账号是邮箱地址或手机号码的特点，可以往客户电子邮箱或手机邮箱发送电子邮件，这是免费的。另外，可以给客户发送彩信周刊，使他们不仅能看到店铺的文字描述，还能看到图片，加深了印象。还可以使用 wap push，其特点是只要接收就可以进入网页。

② 利用微博。手机绑定微博和手机上微博都是现在很普遍的。工作人员在刷粉积累粉丝的，等粉丝积累到一定量的时候，就可以利用自己的微博进行宣传。在这之前，也可以去一些人气较高的明星微博那里发帖留言来增加曝光度。

③ 利用网络。可以通过博客、论坛等，寻找一些好的主题切入，写一些文章，或回答别人的一些问题，同时宣传自己的店铺，也可以将自己的手机店铺作为一个手机网店成

功范例，在网站中进行宣传，以增加消费者对本店铺的好感。

（四）分阶段的实际操作计划

第一阶段，时间为两天。在店铺里设置手机收藏店铺和二维码的下载界面，同时做一个图片页面进行用户普及，介绍操作流程和使用说明。

第二阶段，时间为两天。分析哪些产品适合上自己的店铺，同时进行优化以及手机店铺装修。

第三阶段，时间为一天。分析关键词以及上下架时间，对产品进行搜索的优化；在分析的基础上对营销方案作必要的调整。

第四阶段，为期一周。根据计划方案，使用站内和站外相结合的方式对手机店铺进行全面的推广和宣传。

三、思考与练习

1. 思考题

（1）试述移动商务营销的特点及内容。

（2）简述移动商务市场的特征。

（3）简述移动商务的 4I 模型。

（4）简述移动广告的特点和类型。

（5）简述移动商务营销的策略。

2. 技能训练

根据自身实际，明确合适的移动营销目标，确定一定的时空范围、具体产品、消费者群体等，进行移动商务营销方案策划，并书写方案书。

项目总结

主要介绍移动商务营销的相关知识，包括移动商务营销概述、移动商务的市场开发、移动商务营销的策略以及移动广告等知识。通过本项目的学习和实践，旨在对移动商务营销相关的知识有深入的了解；能针对特定的产品、消费者、市场环境和既定的营销目标等，进行移动商务营销方案策划，并能够撰写方案书。

项目六

移动商务保障

项目目标

1. 知识目标：通过本项目的学习，熟悉移动商务安全的主要技术、移动商务涉及的主要法律问题；了解移动商务的安全需求和安全问题，以及各国移动商务的立法情况。

2. 能力目标：能够对实际的移动商务项目安全技术体系进行初步的分析，并为项目制订初步的安全方案；能对具体的移动商务活动所涉及的法律问题进行分析，并拟定具体活动中所要注意的法律问题。

项目导入

从运营商的网上商城纷纷开业，到淘宝网高调推出三款定制手机，近年来，国内移动商务的竞争迅速升级，而中国移动入股浦发银行更是为这个本已激烈竞争的市场添了一把火。可以说，继固定互联网之后，移动互联网成了电子商务的第二个主战场，不过，困扰着电子商务的安全问题依旧是移动商务发展道路上的主要障碍，也是现阶段亟待解决的问题。

（一）安全问题突出

手机购物、手机支付逐渐普及，移动商务的信息安全和支付安全问题日益凸显，而目前在手机和电子商务网站上尚未实施实名制，影响了移动商务的健康、安全发展。

移动商务要健康运行离不开安全的环境，移动商务对安全的要求大致包括有效性、机密性、完整性、真实性和不可抵赖性等方面。这些安全性要求无疑对运营者提出了巨大的挑战，他们其中很多并非专业的电子商务经营者，也不是身份认证机构或信息安全服务提供商，如何构建安全的电子商务环境成为摆在他们面前的一道难题。

（二）认证机制或可行

目前，在电子商务领域，安全认证是较为通行的一种做法，它是以数字证书应用为核心的密码技术，以 PKI 技术为基础，对网络上传输的信息进行数字签名和签名验证、加密和解密。

从整个电子商务平台及其用户来看，安全认证采用数字证书认证来鉴别登录系统用户身份的唯一性、合法性，实现了可靠的身份认证；在数据传输过程中，安全认证采用基于SSL 协议安全性最高的双向身份认证的密钥协商，密码算法使用各种标准的加密算法，保证了重要数据的安全性。

（三）亟待提到法律高度

除了从技术层面确保电子商务的安全之外，法律层面的保障也不可或缺。据了解，早在 2005 年国家制定《2006～2020 年国家信息化发展战略》时，就将"制定完善电子商务等法律法规"明确写入。不过《电子商务法》进展缓慢，目前，我国还没有出台专门针对网络购物进行规范的法律和行政法规，遇到网络购物纠纷，主要还是依据《合同法》、《消费者权益保护法》、《产品质量法》等法律及国家有关"三包"规定进行处理，为此，一些专家建议我国应尽快制定和完善相关法律法规，以引导和规范电子商务活动，防范和减少网上交易风险。

一些专家建议，应将安全认证作为一项条款写进《电子商务法》，《电子商务法》应该是一个完整的法律体系，电子签名及认证是其中必备的内容之一。《电子商务法》管理的是交易主体的交易行为，如果缺乏必要的保障措施，那么《电子商务法》实行起来非常困难，为此，有必要将安全认证等提至法律高度，防范和减少网上交易风险。

项目实施 ....

任务一　移动商务的安全保障

任务描述

根据自身实际，选择具体的移动商务项目，对其所采用的安全技术体系进行分析，并为该项目制定进一步的安全保障优化方案。

知识准备

一、移动商务的安全需求

在移动商务中，应确保交易各方的合法权益不受非法入侵者的侵害，满足数据的公平性、认证性、可追究性、不可否认性、保密性、完整性等要求。它主要涉及以下几个方面的内容：

（1）公平性需求。公平性就是合法的参与方能按照协议规范产生消息，并根据特定的规则处理消息。公平性是建立在可追究性基础上的，即如果协议不满足可追究性，就意味着不满足公平性。验证该属性时，在协议每一步都记录下收发消息的双方在收发消息之前和之后对重要信息知晓的状态，如果消息中断，对比此时双方记录的内容是否相同。

（2）认证性需求。认证是对分布式网络系统中的主体进行身份识别的过程，当入侵者修改消息、重发消息、故意发送错误消息、消息不全或在网络数据丢失的情况下，不能导致任意一方支付或产品的损失。认证是最重要的安全性，其他安全性的实现都依赖于认证。发送方与接收方共享一个秘密，通过对拥有此秘密的证明，主体可建立对其的信任。

（3）可追究性需求。可追究是指移动商务交易发生纠纷时，可通过历史信息获取当时交易的情况，从而获得解决交易纠纷的能力。可追究性的两个基本目标是仲裁者验证接收方和发送方提供的证据，即发送方非否认证据和接收方非否认证据，如果仲裁者能够判断出正确的消息来源，协议符合可追究性。

（4）不可否认性需求。不可否认是电子支付商务协议的一个重要性质，其目的在于通过通信主体提供对方参与协议交换的证据来保证其合法利益不受侵害，即协议主体必须对自己的合法行为负责，不能也无法事后否认。不可否认协议主体的目的在于收集证据，以便事后当一方否认时能够向仲裁方证明对方的确发送或接收了消息。证据一般是以签名消息（或多重共享密钥加密）的形式出现的，从而将消息与消息的发送方和接收方进行绑定。

（5）私密性需求。私有交易重要信息不能被其他人截获及读取，没有人能够通过拦截会话数据获得账户信息，同时还需满足订单和支付信息的保密性。

（6）完整性需求。完整性可以发现信息未授权的变化，防止信息的替换。攻击方式是指入侵者截获发送者发出的消息，篡改部分信息（如账户、订单信息等），或重新生成消息，将结果发送给接收者。

二、移动商务的安全问题

移动设备的轻便和易携带特性，在给移动商务提供了一个不受时间与空间限制的环境的同时，也给人们带来了更多的移动商务安全方面的挑战。

（一）移动商务面临的安全威胁

1. 移动设备的安全问题

移动商务所用的终端设备主要包括个人数字助理 PDA、智能手机、便携式计算机、GPS 导航设备等，由于这些终端设备计算能力和存储能力、屏幕显示能力、存储空间、电池续航能力有限，限制了复杂加密程序的使用，使加密和认证等安全措施难以有效执行，从而带来安全隐患。尽管现在移动设备的计算能力已经有了较大的提高，但是移动设备进行大量数学函数运算的能力较弱，与计算机相比还有相当大的距离，而许多安全性相对较好的加密和认证措施都需要客户端有比较强大的运算能力和存储能力。为了降低加密所需的计算强度，同时又保证较高的安全性，移动设备目前主要利用椭圆曲线（Elliptic Curve Cryptography，ECC）加密技术。

另外，移动设备体积小，增加了损坏、失窃的风险。移动终端存储了大量的公司机密信息，但很少有公司将移动终端的安全问题纳入公司 IT 安全考虑的范围，相关的安全制度和安全技术应用也很少，如何保证设备上的信息安全是人们当今面临的重要挑战。

2. 无线基础设施的安全问题

无线基础设施主要包括接入点、路由器、调制解调器、交换机和基站等，其中许多设备都部署在室外公共场所，如咖啡店、机场、公园和社区等，由于价值昂贵，所以容易成为窃贼下手的目标，存在着如何维护和保护的问题。

另外，一些非法的访问者可以很容易地访问这些设备，通过禁止诸如可扩展认证（EAP）或无线等价保密（WEP）等安全机制，来获悉有关配置的信息，并进一步危害网络的安全。

3. 无线网络的安全问题

（1）网络本身的威胁。无线信道是一个开放性的信道，它给无线用户带来通信自由和灵活性的同时，也带来了诸多不安全因素，如通信内容容易被窃听，通信双方的身份容易被假冒，以及通信内容容易被篡改等。在无线通信过程中，所有通信内容（如通话信息、身份信息、数据信息等）都是通过无线信道开放传送的，任何拥有一定频率接收设备的人均可以获取无线信道上传输的内容。对于无线局域网和个人网用户，其通信内容更容易被窃听，因为这些网络通信工作在全球统一开放的工业、科学和医疗频带（2.5GHz 和 5GHz 频带），任何团体和个人都不需要申请就可以免费使用该频段进行通信。无线窃听可以导致通信信息和数据的泄露，而移动用户身份和位置信息的泄露可以导致移动用户被无线追踪，这对于无线用户的信息安全、个人安全和个人隐私都构成了潜在的威胁。

（2）网络漫游的威胁。无线网络中，在终端用户不知情的情况下，信息可能被窃取和篡改，服务也可被经意或不经意地拒绝，交易会被中途打断而没有重新认证的机制。由刷新引起连接的重新建立会给系统引入风险，没有再认证机制的交易和连接的重新建立是危险的，在实际中，连接一旦建立，使用 SSL 和 WTIS 的多数站点不需要进行重新认证和重新检查证书，攻击者可以利用该漏洞来获利。

（3）无线 Ad hoc 应用的威胁。人们经常提及的移动通信网络一般都是有中心的，要基于预设的网络设施才能运行，例如，蜂窝移动通信系统要有基站的支持；无线局域网一般工作在有 AP 接入点和有线骨干网的模式下。但对于有些特殊场合来说，有中心的移动网络并不能胜任，例如，战场上部队快速展开和推进，地震或水灾后的营救等，这些场合的通信不能依赖于任何预设的网络设施，而需要一种能够临时快速自动组网的移动网络，Ad hoc 网络可以满足这样的要求。

Ad hoc 网络和传统的移动网络有着许多不同，其中一个主要的区别就是 Ad hoc 网络不依赖于任何固定的网络设施，而是通过移动节点间的相互协作来进行网络互联的。Ad hoc 网络正逐步应用于商业环境中，比如传感器网络、虚拟会议和家庭网络，由于其网络的结构特点，使得 Ad hoc 网络的安全问题尤为突出。Ad hoc 网络的一个重要特点是网络决策是分散的，网络协议依赖于所有参与者之间的协作，入侵者基于该种假设的信任关系入侵协作的节点，例如，入侵一个节点的入侵者可以给网络散布错误的路由信息，甚至使所有的路由信息都流向被入侵的节点。同样，移动用户会漫游到许多不同的小区和安全域，通信由一个小区切换到另一个小区时，恶意的或被侵害的域可以通过恶意下载、恶意消息和拒绝服务来侵害无线装置。

（二）手机病毒

手机病毒是与计算机病毒一样具有传染性、破坏性的程序，它可利用发送短信、彩信、电子邮件、浏览网站、下载铃声、蓝牙传输等方式进行传播。手机病毒可能会导致用户手机死机、关机、资料被删、向外发送垃圾邮件、拨打电话等，甚至还会损毁 SIM 卡、芯片等硬件。根据金山手机卫士云安全中心监测数据显示，2011 年智能手机安全威胁急速上升，并呈现出三大主要特征，其中包括日均新增手机病毒数量增 10 倍，病毒相关产业获利超 3.6 亿元，超过 600 多万用户通过软件市场、论坛等渠道中毒等，并且在 2011 年随着安卓等智能手机的逐渐普及，以及手机支付等手段不断完善，越来越多的手机病毒开始通过捆绑软件进行吸费等手段盈利。

手机病毒是靠软件系统的漏洞来入侵手机的。手机病毒要传播和运行，必要条件是移动服务商要提供数据传输功能，而且手机需要支持 Java 等高级程序写入功能，现在许多具备上网及下载等功能的手机都可能被手机病毒入侵。手机病毒的传播方式有：

（1）利用短信或电话攻击手机本身。主要以"病毒短信"的方式攻击手机的自身系统，影响其正常使用。如用户在网站上注册了带有病毒程序的短信服务，就会收到由乱码组成的病毒短信，并使用户无法对乱码组成的病毒短信进行继续操作，任何操作都会导致关机等异常情况发生。

（2）利用蓝牙方式传播。"卡比尔"病毒通过手机的蓝牙设备传播，染毒的蓝牙手机会通过无线方式搜索并传染其他的蓝牙手机；病毒发作时，屏幕上会显示"Caribe-VZ/29a"字样，中毒手机的电池将很快耗尽，蓝牙功能丧失。

（3）感染 PC 上的手机可执行文件。"韦拉斯科"病毒感染计算机后，会搜索计算机硬盘上的 SIS 可执行文件并进行感染。

（4）利用 MMS 多媒体信息服务方式传播。针对西门子手机的 Mobile.SMSDOS，病毒利用短信或彩信进行传播，并造成手机内部程序出错，手机无法正常工作。

（5）利用手机的 BUG 攻击。这类病毒一般是在便携式信息设备的"EPOC"上运行，主要表现是持续发出警告声音，将用户信息变更为 Some fool own this，在手机的屏幕上显示格式化内置硬盘时画面只有一个显示，使背景灯持续闪烁，最严重的是使手机键盘丧失操作功能。

（6）攻击和控制"网关"进行传播。攻击和控制"网关"，向手机发送垃圾信息，致使网络运行瘫痪。

（三）无线攻击

无线网络最重要的安全威胁来自于底层的通信媒介——电磁波，因为无线传输中的信号没有明确的边界，因此对于入侵者来说，它是开放的，从而为入侵者嗅探信号带来方便。无线网络典型的安全威胁包括泄密、破坏数据的完整性和拒绝服务等。非授权的用户若获得了对系统的访问权限，可能会破坏系统数据，消耗网络带宽，降低网络的性能，阻止授权用户访问网络，或利用代理去攻击别的网络。

（1）窃听。无线网络是利用电磁波进行传播的，当前的无线网络技术几乎没有提供控制覆盖区域的手段和方法，尤其是在手机网络这样的大区域蜂窝网络内，根本无法对无线介质进行控制，所以无线技术一个最普遍的问题是其无线信号很容易受到拦截并被解码，在网络上进行窃听的设备往往与网络接入设备一样简单。利用无线网卡可以在无线 LAN 附近接收数据，而使用天线和放大器可以让攻击者远在几十千米外接收 802.11 网络的信号，从而窃听无线信号。许多普遍使用的网络协议以明文的方式传送用户名和密码等敏感信息，攻击者可能会使用这些捕获的数据取得对无线网络的访问权；即使通信是以加密形式进行的，窃听者仍然可能获得密文形式的通信内容，将其保存下来并进行破译。

（2）通信干扰。通信干扰是指通信链路在正常发送和接收数据时受到了其他因素的干扰而无法使用，干扰方式主要有以下 3 种：

① 客户端干扰。干扰者利用干扰设备对客户端进行干扰，中断其对正常网络接入点的连接，从而为自己冒充客户端提供机会。更高级的攻击可能会将客户端重新连接到欺诈站点。

② 基站干扰。干扰者利用干扰设备对基站进行干扰，从而为自己冒充合法基站提供机会。

③ 拒绝服务干扰。干扰者利用大功率的干扰设备使得整个区域（包括客户端和基站）都被干扰信号淹没，以至于没有基站可以相互通信。这种攻击关闭了特定区域的所有通信，从而使得通信服务无法实现。

（3）插入和修改数据。攻击者在劫持了正常的通信连接后，在原来的数据上进行修改或者恶意地插入一些数据和命令进行攻击的方式称为插入攻击。插入攻击同样可以造成拒绝服务，攻击者可以利用虚假的连接信息使得接入点或基站误以为已达到连接上限，从而拒绝合法用户的正常访问请求。

与插入攻击很类似的是中间人攻击（Man-in-the-Middle Attack，MITM 攻击）。MITM 攻击通常会伪装为网络资源，当客户端发起连接时，攻击者拦截这个连接，然后冒充客户端与真正的网络资源完成这个连接并代理通信，此时，攻击者能够在客户端和网络资源中间任意地插入数据，修改通信内容或者窃听会话。

（4）欺诈客户。攻击者可能会模仿或者克隆客户身份来获得对网络的访问和业务的应用，同时也可能模仿网络接入点来假冒网络资源，导致客户会毫不知情地连接到伪装接入点并泄露一些敏感信息，从而造成对客户的欺诈。由于目前很多的无线局域网都是开放的，攻击者可以匿名访问不安全的接入点，获得免费匿名接入互联网的机会，接入网络后攻击者又可以对其他网络进行恶意攻击，如果网络管理员不采取应对措施，将不得不为通过他们的网络对其他网络进行攻击所造成的损失负责。

三、移动商务的主要安全技术

随着手机网民数量的增加，手机将成为未来电子商务应用最为广泛的终端之一，而安全技术正成为移动商务发展的最大瓶颈，同时，由于移动商务在传输技术和终端的处理能力上与传统电子商务存在巨大差距，传统电子商务中的安全技术不能照搬到移动商务中，因此研究适用于移动环境的电子商务安全技术，对于移动商务的推广与普及非常重要。

（一）安全技术概述

1. 数据信息安全原则

企业移动商务环境涉及移动终端、企业认证服务器、应用服务器、无线网络、互联

网以及可信任的第三方服务器，其安全威胁可能来自于移动终端、无线基础设施、无线网络、黑客等。为保证企业移动商务的安全运作，企业移动商务系统必须遵循以下的信息安全原则：

（1）接入控制。通过授权等安全机制来保证有合适权限的用户才能访问相应的数据、应用和系统，使用相应的功能。

（2）数据完整性。利用信息分类和校验等手段保证数据在整个商务活动过程中没有被修改，所收到的数据正是对方发送的数据。

（3）不可否认性。通过数字签名等手段来保证商务活动各参与方对整个商务活动过程中的指令和行为不能抵赖。

（4）数据保密性。通过一些加密手段来保证数据在整个商务活动过程中不被未经授权的人员读取。

（5）身份认证。系统应该能够通过密码、标识或数字认证等对用户的身份标识进行认证，确保这一身份标识的确是代表了合法的用户。

（6）身份标识。对于每一个用户，应该都授予一个唯一的用户 ID、识别名称等对其身份进行标识的要素，以保证用户身份的可识别性。

2. 移动网络安全

移动通信技术从基于模拟蜂窝系统的第一代移动通信技术发展到当前的基于宽带 CDMA 技术的第三代移动通信技术（3G）的过程中，移动网络的安全机制不断完善。

第一代移动通信系统几乎没有采取安全措施，移动台把其电子序列号（ESN）和网络分配的移动台识别号（MIN）以明文方式传送至网络，若二者相符，即可实现用户的接入。用户面临的最大威胁是自己的手机卡有可能被克隆。

第二代数字蜂窝移动通信系统采用基于私钥密码体制的安全机制，在身份认证及加密算法等方面存在着许多安全隐患。以 GSM 为例，在用户 SIM 卡和鉴权中心（Authentication Center，AUC）中共享的安全密钥可在很短的时间内被破译，从而导致对可物理接触到的 SIM 卡进行克隆。此外，GSM 系统没有提供端到端的加密，只对空中接口部分，即 MS（Mobile Station，移动台）和 BTS（Base Transceiver Station，基站收发台）之间进行加密，在固定网中采用明文传输，这给攻击者提供了机会。另外，GSM 网络没有考虑数据完整性保护的问题，难以发现数据在传输过程中被篡改。

第三代移动通信系统提供了双向认证机制，在改进算法的同时把密钥长度增加到 128bit，还把 3GPP（The 3rd Generation Partnership Project，第三代合作伙伴计划）接入链路数据加密延伸至无线网络控制器（Radio Network Controller，RNC），既提供了接入链路信令数据的完整性保护，还向用户提供了可随时查看自己所用的安全模式及安全级别的安全可视性操作。

3. 端到端安全

在移动计算环境中，由于移动终端计算资源的有限和移动网络安全机制的缺陷，移动终端上的信息安全和移动网络中的信息传输安全成为其薄弱环节，因此，对于移动安全的研究焦点集中在移动终端上的安全和移动网络中信息传输的安全上。

在移动计算环境尤其是移动商务环境中，参与活动的各个主体属于不同的拥有者，执行着不同的安全策略，如某个用户通过移动终端发出一个信息，该信息将经过 ISP、电信运营商（甚至会跨越多个不同的运营商）和商家。对移动商务用户来说，在整个传输过程中希望能够得到自己所期望的安全保护，因此，业界采用端到端的安全策略来保护移动商务安全。信息在传输过程中是透明的，即信息只能被接收方所理解，第三方即使截获了信息也不能获得机密信息。

实现端到端的安全通常有两种思路：一种是在收发主体之间建立一个安全通道，对所有的信息采用同样的措施进行安全保护，如 TLS/SSL 协议；另一种是对需要保护的内容，采用一定的安全机制进行保护。在移动应用中，采用保护内容而非连接的方式有很多优势。但在移动终端上实现对内容的保护，还需要解决以下问题：

（1）信息传输的格式和安全标准。统一的信息传输格式和安全标准对各系统之间协同工作带来很大的便利。

（2）如何在资源有限的移动终端上，进行高效或者用户可以接受的安全操作。

（3）移动终端本身在计算环境下的安全性。

（二）移动商务安全技术体系

无论是移动终端还是移动网络，移动商务的各个层次都存在着很多安全风险，因此必须从系统的角度考虑移动商务的安全问题。中国移动通信研发中心将移动商务技术体系结构分为移动承载层、加密技术层、安全认证层、安全协议层和应用系统层五个层次，如图 6-1 所示。

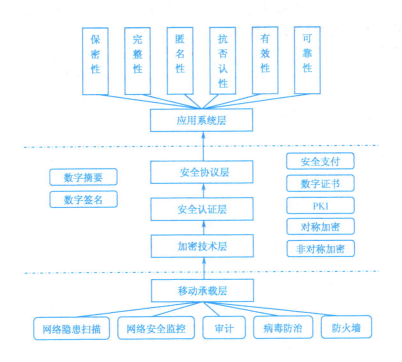

图6-1　移动商务安全技术体系

从图 6-1 中的层次结构可以看出，下层是上层的基础，为上层提供技术支持；上层是下层的扩展与递进；各层次之间相互关联成为统一整体，实现移动商务系统的安全。移动商务系统是依赖移动网络和互联网实现的商务系统，需要利用互联网基础设施和标准，所

以构成移动商务安全框架的底层是移动承载网络，包括有线网络和无线网络，它是提供信息传送的载体和用户接入的手段，是各种移动商务应用系统的基础，为移动商务系统提供了基本、灵活的网络服务。

为确保移动商务系统的全面安全，必须建立完善的加密技术和认证机制。在图 6-1 中所示的安全框架体系中，加密技术层、安全认证层、安全协议层，是为电子交易数据安全而构建的，其中，安全协议层是加密技术层和安全认证层的安全技术的综合运用和完善。

1. 加密技术层

加密技术是实现网络信息安全的基础，也是保障信息安全的核心手段之一，按发展进程分类，加密技术的发展经历了古典密码算法、对称密钥密码算法、公开密钥密码算法三个发展阶段。加密技术起源于古典密码，它是基于字符替换的密码算法，但现在已很少使用了。目前广泛使用的是对位进行变换的密码算法，这些算法按密钥管理的方式可以分为两大类：对称密钥体制与非对称密钥体制。

（1）加密技术。加密技术是电子商务采取的主要安全保密措施，是最常用的安全保密手段，它利用技术手段把重要的数据变为乱码（加密）传送，到达目的地后再用相同或不同的手段还原（解密）。加密技术包括两个元素：算法和密钥。算法是将普通的文本（或者可以理解的信息）与一串数字（密钥）的结合，产生不可理解的密文的步骤，是用密钥来对数据进行编码和解码的一种算法，在安全保密中，可通过适当的密钥加密技术和管理机制来保证网络的信息通信安全。密钥加密技术的密码体制分为对称密钥体制和非对称密钥体制两种，相应地，对数据加密的技术分为两类，即对称加密和非对称加密。对称加密以 DES（Data Encryption Standard，数据加密标准）算法为典型代表，非对称加密通常以 RSA（Rivest Shamir Adleman）算法为代表。对称加密的加密密钥和解密密钥相同；非对称加密的加密密钥和解密密钥不同，加密密钥可以公开而解密密钥需要保密。

（2）对称加密技术。对称加密采用了对称密码编码技术，它的特点是文件加密和解密使用相同的密钥，即加密密钥也可以用作解密密钥，这种方法在密码学中称为对称加密算法。对称加密算法使用起来简单快捷，密钥较短，且破译困难，除了 DES，还有 IDEA（International Data Encryption Algorithm，国际数据加密算法），它比 DES 的加密性好，而且对计算机功能要求也没有那么高。IDEA 加密标准由 PGP（Pretty Good Privacy）系统使用。

目前，常用的对称加密算法有 AES、DES、3DES、RCZ 和 RC4 等。对称加密算法运算速度较快，在运算速度较低的移动终端上也有较好的实现。移动商务与传统有线的电子商务采用的加密技术是相通的，只是对于移动商务来说，选择加密算法应该在加密强度和算法运行所占有资源之间进行平衡。

（3）非对称加密技术。1976 年，美国学者 Dime 和 Henman 为解决信息公开传送和密钥管理问题，提出一种新的密钥交换协议，允许在不安全的媒体上的通信双方交换信息，安全地达成一致的密钥，这就是"公开密钥系统"，相对于"对称加密算法"这种方法也称为"非对称加密算法"。与对称加密算法不同，非对称加密算法需要两个密钥：公开密钥（Public Key）和私有密钥（Private Key）。公开密钥与私有密钥是一对，如果用公开密钥对数据进行加密，只有用对应的私有密钥才能解密；如果用私有密钥对数据进行加密，那么只有用对应的公开密钥才能解密。因为加密和解密使用的是两个不同的密钥，所以这种算法称为非对称加密算法。

非对称加密体系广泛用于 CA 认证、数字签名和密钥交换等领域。非对称算法密钥管理相对简单，可以安全、方便地实现数字签名和验证，不足之处是达到相同安全强度所需的密钥长度远超过对称密码算法，因此受制于处理能力。目前，互联网环境中商品化的公开密钥体制几乎都是 RSA 加密体制，每一个非对称密码算法都依赖于某种实际处理过程的不可逆性，尽管从原理上说有很多种可能，但目前理论上认为安全的非对称密码都使用数论。

2. 安全认证层

安全认证层提供了实现用户身份认证的相关安全机制，主要包括消息摘要、数字签名、数字证书和 PKI 等技术。

（1）消息摘要。消息摘要是一种确保消息完整性的功能。消息摘要获取消息作为输入并生成固定长度的位块（通常是几百位长），该位块表示报文的指纹，消息摘要函数是单向函数，从消息生成指纹是很简单的事情，但生成与指定指纹匹配的消息却很难。消息中任何一位更改都将引起指纹中巨大的更改（理想的比例是更改指纹中 50% 的位）。比较常用的消息摘要算法是 MDS 和 SHA，其中 MDS 是 128 位算法，SHA-1 是 160 位算法。在日常生活中，通常用对某一文档进行签名来保证文档的真实有效，防止抵赖行为的发生，在网络环境中，可以用电子数字签名作为模拟，报文发送方从报文文本中生成报文摘要，并用自己的专用密钥对这个摘要进行加密，形成发送方的数字签名，然后这个数字签名作为报文的附件和报文一起发给接收方。把 Hash 函数和公钥算法结合起来，可以在提供数据完整性的同时保证数据的真实性，完整性保证传输的数据没有被修改，真实性则保证是由确定的合法者产生的 Hash，不是由其他人假冒的，把这两种机制结合起来就可以产生数字签名。报文接收方从接收到的原文中计算出报文摘要，接着再用发送方的公钥对数字签名进行解密，如两个摘要相同，那么接收方就能确认该数字签名是发送方的，该技术能实现对原报文进行鉴别和不可否认性。

（2）数字签名。数字签名（又称公钥数字签名、电子签章）是一种类似写在纸上的普通的物理签名，使用公钥加密领域的技术实现，用于鉴别数字信息的方法。一套数字签名通常定义两种互补的运算，一个用于签名，另一个用于验证。它是非对称加密技术中的一种技术。

简单地说，数字签名就是附加在数据单元上的一些数据，或是对数据单元所作的密码变换，这种数据或变换允许数据单元的接收者用以确认数据单元的来源和数据单元的完整性并保护数据，防止被人（例如接收者）进行伪造。因为只有发送方才知道私钥，所以接收方可以确保消息在交易支付过程中，利用认证中心签发的数字证书证明参与方是真实的。

（3）数字证书。数字证书是由权威机构—— CA（Certificate Authority）证书授权中心发行的，能提供在互联网上进行身份验证的一种权威性电子文档，人们可以在互联网交往中用它来证明自己的身份和识别对方的身份。

数字证书是用来唯一确认安全电子商务交易双方身份的工具，由于它由证书管理中心

做了数字签名，因此任何第三方都无法修改证书的内容，任何信用卡持有人只有申请到相应的数字证书，才能参加安全电子商务的网上交易。数字证书一般有4种类型：客户证书、商家证书、网关证书及 CA 系统证书。

数字证书颁发过程一般为：用户首先产生自己的密钥对，并将公共密钥及部分个人身份信息传送给认证中心；认证中心在核实身份后，执行一些必要的步骤，以确信请求确实由用户发送而来，然后认证中心发给用户一个数字证书，该证书内包含用户的个人信息和他的公钥信息，同时还附有认证中心的签名信息。

（4）PKI。PKI（Public Key Infrastructure，公钥基础设施）是一个用公钥概念进行技术实施和提供安全服务的具有普适性的安全基础设施，它是提供公钥加密和数字签名服务的系统或平台，目的是为了管理密钥和证书。一个机构通过采用 PKI 框架管理密钥和证书可以建立一个安全的网络环境，它由公开密钥密码技术、数字证书、证书发放机构（CA）和关于公开密钥的安全策略等基本成分组成。PKI 主要包括四个部分：X.509 格式的证书（X.509 V3）和证书废止列表 CRL（X.509 V2）、CA 操作协议、CA 管理协议、CA 政策制定。

PKI 是国际公认的互联网电子商务的安全认证机制，PKI 技术采用证书管理公钥，通过第三方权威的、可信任的认证中心（CA）把用户的公钥与其他标识信息（如身份证号码）捆绑在一起以验证用户的身份。CA 是数字证书的签发机构，它负责审核主体（如用户、服务器等）的身份，并为其生成一对密钥，用户可以利用 PKI 平台提供的服务进行安全通信。PKI 系统的主要实体包括认证中心、注册中心（RA）、证书库和客户端软件。

3. 安全协议层

安全协议层通过对加密技术和认证技术的综合运用，形成了相关的安全协议。安全协议是以密码学为基础的消息交换协议，其目的是在网络环境中提供各种安全服务。安全协议的安全目标是多种多样的，例如，认证协议的目标是在协议主体之间安全地分配密钥；电子商务协议的目标除了认证性、非否认性之外，还有可追究性和公平性。电子商务中著名的安全协议有 SSL/TLS 协议、WTLS 协议和一些安全支付协议，如 SET 协议和 Net bill 协议。不同的交易环境和业务模式，对安全协议有不同的具体要求，因此，在移动商务环境中可能会根据特定的应用设计不同的安全协议。

（三）WAP 安全架构

WAP（Wireless Application Protocol，无线应用协议）是有线网络和移动通信网络的桥梁，大量的无线终端通过 WAP 可以获取互联网上的大量信息资源，同时，WAP 的安全性也受到了人们的广泛关注。在无线网络环境中，无线终端的数据处理能力有限，无线网络的带宽窄、时延长、稳定性差，这些原因导致了传统的有线网络安全解决方案不能在无线网络中得到应用，因此，WAP 安全结构有其特殊性，WAP 中的所有安全问题均以 WAP 安全结构为基础。

WAP 安全结构由 WTLS、WIM、WPKI 和 WML Script 四部分组成，每个部分在实现无线网络应用的安全中起着不同的作用。基于 WAP 的安全结构组成如图 6-2 所示。

图6-2 WAP安全结构体系组成

其中，WPKI作为安全基础设施平台，是安全协议能有效履行的基础，WPKI可以与WTLS、TCP/IP、WML相结合，实现身份认证、私钥签名等功能。基于数字证书和私钥，WPKI提供一个在分布式网络中高度规模化、可管理的用户验证手段。

网络安全协议平台包括WTLS协议以及有线环境下位于传输层上的安全协议TLS、SSL和TCP/IP。安全参与实体作为安全协议的实际应用者，相互之间的关系由底层的安全协议决定。

（1）网络服务器认证。有一些应用环境要求在移动终端和网络服务器之间进行安全传输，由于有线和无线网络之间的所有转换都发生在WAP网关中，实际上并不存在真正的从移动终端到网络服务器的加密。这一条安全连接被分成两部分：WTLS保证移动终端和WAP网关之间的无线安全传输；SSL/TLS保证WAP网关和网络服务器之间的有线安全传输。

为了建立SSL连接，网络服务器将自己的数字证书发送给WAP网关来证明自己的身份，WAP网关利用对服务器证书签名的根CA证书验证网络服务器的证书。其整个过程如图6-3所示。

图6-3 用SSL实现有线安全连接

（2）移动终端认证。在许多情况下都需要验证用户的身份，例如网络购物、办理信用卡等。图6-4表明了在WAP中实现移动终端认证的整个过程。

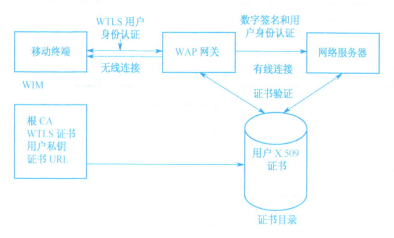

图6-4　移动终端身份验证和签名

有两种方式可以实现移动终端身份认证：一是 WTLS 终端之间的 WTLS 客户端证书认证；二是用 WML Script 中的签名函数 SignText 实现终端和网络服务器的安全连接。

这两种方法都要求移动终端有一个私钥和一个用户证书 URL。私钥必须保存在终端，通常保存在 WIM（Wireless Identity Module，无线身份识别模块）中，因为 WIM 是一个防篡改硬件。一般都将 WIM 做在 SIM 卡中，称为 S/WIM 卡，也就是两卡合并，而不是在一个移动终端中装入两张卡。

由于用户证书（移动终端证书）被 WAP 网关和网络服务器验证，也就是在有线环境中进行验证，因此用户证书可以是 X.509 证书。这样又产生了一个问题，X.509 证书的尺寸较大，不太可能存储在 WIM 中，为了解决这个问题，WAP 中规定 WIM 中存储的不是终端的证书，而是证书的 URL，而证书则集中存储在证书目录中，当 WAP 网关和网络服务器需要验证移动终端身份的时候，根据 WIM 中的证书 URL 到相应的位置获取证书。

（3）WAP 网关认证。它使用与网络服务器非常类似的方法，当建立 WTLS 连接的时候，WAP 网关首先将自己的数字证书发送给移动终端来证明自己的身份，移动终端必须事先拥有对网关证书签名的根 CA 证书，用根 CA 证书来验证网关证书。其整个过程如图 6-5 所示。

图6-5　用WTLS实现无线安全连接

一般来说，根 CA 的 WTLS 证书保存在移动终端的 WIM 中。与有线网络安全连接最大的不同是，移动终端的存储能力和计算能力有限，因此采用了一种新的证书格式——WTLS 证书。WTLS 格式证书是对 X.509 证书的简化，证书尺寸比 X.509 证书小得多，更适合移动终端的有限存储资源，而且 WTLS 采用椭圆曲线密码算法（Elliptic Curves Cryptography，ECC）代替了 PKI 中的 RSA 算法，使得密钥长度大大缩短。

（四）WLAN 安全架构

1. IEEE 802.11 标准中的安全机制

无线局域网络（Wireless Local Area Networks，WLAN）是以无线连接至局域网络的通信方式，它采用的是 IEEE 802.11 系列标准。802.11 标准中有三种最基本的安全机制：

（1）采用服务区别号 SSID。服务区别号（Service Set Identifier，SSID）相当于一个简单的口令，只有与无线访问点 AP（Access Point）的 SSID 相同的移动终端才可以接入该网络。如果把 AP 配置成向外广播其 SSID，则任何没有指定配置的 SSID 的移动终端都可以收到 AP 的 SSID，并接入 AP，此时这种安全机制不起任何作用。在一般情况下，WLAN 中的多个用户都知道 AP 的 SSID，泄密的可能性很大，因此这种措施的安全性很低。

（2）使用 MAC 地址访问控制列表（MAC Access Control List，MAC ACL）。与有线网卡类似，无线网卡也具有一个唯一的 MAC 地址，所以在 AP 中可以手工维护一组允许访问的移动终端的 MAC 地址列表，进行物理地址过滤。

（3）使用有线等价保密（Wired Equivalent Privacy，WEP）。它保证了信道上传送数据的安全，另外，无线局域网的网络管理员分配给每个授权用户一个基于 WEP 算法的密钥，可有效阻止非授权用户的访问。

2. 无线局域网的安全性分析

（1）无线局域网本身的缺点。在无线局域网中限制网络资源的物理访问是困难的，而在有线局域网中比较容易解决。无线电信号可能传播到办公室外面，入侵者可以在建筑物外面来访问无线局域网，也可以窃听网络中传输的数据，只不过入侵者需要获得这个无线局域网的网络访问代码。

①拒绝服务攻击。无线局域网存在一种比较特殊的拒绝服务攻击，攻击者可以发送与无线局域网相同频率的干扰信号来干扰网络的正常运行，从而导致正常的用户无法使用网络。

由于无线电波本身的特性，无线局域网非常易于受到拒绝服务攻击。如果攻击者有功率足够大的无线电收发器，就能轻易产生干扰信号，导致用户的无线局域网无法使用这个无线频道。这种设备可以在大部分电子商店购得，价格也不贵，许多无线电爱好者能自己制作这样的设备。而防止这种攻击是非常困难和昂贵的，唯一的解决办法是将无线局域网放置在一个电磁屏蔽建筑内，这种方式不太现实因而很少使用。这种攻击存在一定的缺点，就是确定攻击源比较容易，所以攻击者在被发现前，只有比较短的时间可以使用。

②置信攻击。在无线局域网中还有一种特别的置信攻击，攻击者可以将自己伪造成无线接入点 AP。因为无线工作站通常将自己切换到信号最强的网络，如果失败了才尝试下一个网络。如果攻击者拥有一个很强的发送设备，他就可以让无线工作站首先尝试登录到攻击者的 AP，这存在两种可能：一是攻击者可以让合法用户登录到它的网络，然后伪装成合法的网络，来发现口令和密钥；二是攻击者可以拒绝合法的登录尝试，但是记录下所有的登录信息，然后通过分析这信息来发现密钥和口令。

第一种方法比较难于实现，因为这需要非常了解无线网络服务的详细信息，而且也很

快会被检测出来。第二种方法，只需要与被攻击网络设备兼容的硬件设备和特殊的天线就可以了，而且非常难于被发现。无线工作站通常不报告这种失败的登录尝试，因为在正常环境下，也可能产生很多这样的事件，要想防止这种攻击，只能采用有效的认证机制来避免口令和密钥被攻击者破解。

（2）访问控制机制的安全缺陷。攻击者可以很容易地探测到网络名称，获得共享密钥，从而连接到"受保护"的网络上。即使激活了 WEP，这个缺陷也存在，因为管理消息在网络里的广播是不受任何阻碍的。

① SSID 的安全性。无线接入点（或多组无线接入点）可以用一个服务集标识 SSID 来配置，与无线接入点有关的网卡必须知道 SSID 以便在网络中发送和接收数据。利用特定无线接入点 AP 的 SSID 来做存取的控制，理论上是一个不错的安全保护机制，它强制每一个无线工作站都必须与 AP 具有相同的 SSID 值，但是，如果在无线网卡上设定其 SSID 为"ANY"时，它可以自动搜寻在信号范围内所有的 AP，并试图建立关联。所有的网卡和无线接入点都知道 SSID，SSID 通过明文在空中传输，甚至被无线接入点广播，无论关联是否允许，是否知道 SSID 是由本地网卡或驱动程序控制的，整个系统中都没有提供任何加密措施。

② MAC 地址访问控制表。在理论上，如果使用了有力的身份表达式，访问控制表就能提供一个合理的安全等级。然而，MAC 地址访问控制表并不能达到这个目的，有两个原因：其一是 MAC 地址很容易被攻击者探测到，因为即使激活了 WEP，MAC 地址也必须暴露在外；其二是大多数的无线网卡可以用软件来改变 MAC 地址，因此攻击者可以窃听到有效的 MAC 地址，然后进行编程将有效地址写到无线网卡中，从而伪装一个有效地址，越过访问控制，连接到"受保护"的网络上。

（3）无线局域网身份认证机制的缺陷。802.11b 标准分两个步骤对用户进行认证，首先，无线接入点必须正确应答潜在无线工作站的密码质询（认证步骤），随后通过提交无线接入点的服务集标识符 SSID 与无线工作站建立联系（称为客户端关联），这种联合处理步骤为系统增加了一定的安全性。一些开发商还为客户端提供 SSID 序列供选择，但都是以明文形式公布的，因而带无线卡的协议分析器能够在数秒内识别这些数据。

认证步骤与实现 WEP 加密一样，依赖于 RC4 加密算法。产生的问题不在于 WEP 不安全或 RC4 本身的缺陷，而是在执行过程中：无线接入点采用 RC4 算法，运用共享密钥对随机序列进行加密，生成质询密码；请求用户必须对质询密码进行解密，并以明文形式发回无线接入点；无线接入点将解密明文与原始随机序列进行对照，如果匹配，则用户获得认证。这样只需获取两类数据帧——质询帧和成功响应帧，攻击者便可轻易推导出用于解密质询密码的密钥串。

WEP 系统内建有完整性校验功能，能部分防止这类采用重放法进行的攻击，但完整性校验是基于循环冗余校验（Cyclic Redundancy Check，CRC）机制进行的，很多数据链接协议都使用 CRC，它不依赖于加密密钥，因而很容易绕过加密验证过程。

另外，攻击者还能运用一些常见的方法（现成工具），对信息进行任意更改，因而对更改信息与原始信息的校验没什么两样。数据完整性校验失败不仅意味着攻击者能够修改任何内容（如金融数据中的十进制小数点的位置），而且攻击者能够借助校验过程推断出解密方式的正确性。

一旦经过适当认证和客户端关联，用户便能完全进入无线网。即使不攻击 WEP 加密，攻击者也能进入连接到无线网的有线网络，执行非法操作，或扰乱网络主管的正常管理工作。攻击者可能向网络扩散病毒，植入"木马"程序，或进行本地或远程 DOS 攻击。

（五）WPKI 安全架构

WPKI（Wireless Public Key Infrastructure，无线公开密钥体系）是将互联网电子商务中的 PKI（Public Key Infrastructure，公开密钥体系）安全机制引入到无线网络环境中的一套遵循既定标准的密钥及证书管理平台体系，用它来管理在移动网络环境中使用的公开密钥和数字证书，能有效建立安全和值得信赖的无线网络环境。

WPKI 并不是一个全新的 PKI 标准，它是传统的 PKI 技术应用于无线环境的优化和扩展。将 PKI 技术直接应用于移动通信领域，存在无线终端的资源有限、通信模式不同等两方面的问题，为适应这些需求，出现了 WPKI 标准，它是对现有 PKI 标准的扩充和修改，使之更适合于移动通信网络环境，它是 WAP 安全结构的一个组成部分。

1. WPKI 结构

WPKI 采用非对称密码算法和原理来提供移动通信网中的安全服务，包括身份认证、数据完整性和加密等服务。WPKI 中同样采用证书作为密钥对的管理手段。可以说 WTLS、WIM 和 WML Script 都是在 WPKI 的基础上运行的，WPKI 是 WAP 安全的基础。

图 6-6 表明了 WPKI 的结构及工作流程，从中可以看出上半部分与 WAP 体系结构相同，下半部分描述了 WPKI 证书签发过程，移动终端在与有线网络服务器连接之前必须先得到 CA 颁发的证书。详细工作流程是：

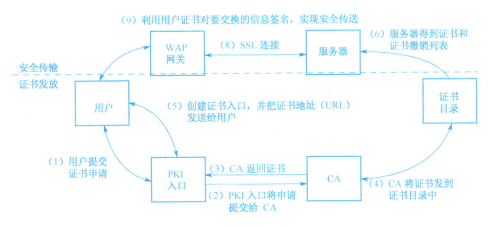

图6-6　WPKI结构及工作流程

（1）用户向 PKI 入口提交证书申请，PKI 入口类似于 PKI 中的 RA；

（2）PKI 入口对用户的申请进行审查，审查合格后将申请交给 CA；

（3）CA 为用户生成一对密钥并制作证书，将证书交给 PKI 入口；

（4）CA 同时将证书发布到证书目录中，供有线网络服务器查询；

（5）PKI 入口保存用户的证书，针对每一份证书产生一个证书 URL，将该 URL 发送给移动终端。这个证书 URL，就是证书在证书目录中的地址；

（6）有线网络服务器下载证书列表并备用；

（7）移动终端和 WAP 网关利用 CA 颁发的证书建立安全的 WTLS 连接；

（8）WAP 网关与有线网络服务器建立 SSL 连接；

（9）移动终端和有线网络服务器实现安全信息传送，如果服务器需要用户的证书验证用户签名，那么用户将证书 URL 告诉服务器，服务器根据这个 URL，自己到网络上下载用户证书；如果用户需要服务器的证书验证服务器的签名，那么服务器将证书通过空中下载，存储到用户的移动终端中。

2. WPKI 安全通信模式

WPKI 中定义了 3 种不同的安全通信模式：①使用服务器证书的 WTLS Class2 模式；②使用客户端证书的 WTLS Class3 模式；③使用客户端证书合并 WML Script 的 SignText 模式。

Class1、Class2 及 Class3 是定义在 WTLS 中的安全需求，如表 6-1 所示。Class1 虽然有定义，但是它只能完成密钥交换、加密和计算消息校验码三个基本功能，并不能保证 WAP 的安全，所以在 WAP 中不采用。

表 6-1　WTLS 的安全需求

特征	Class1	Class2	Class3
公钥交换	必需	必需	必需
服务器证书	可选	必需	必需
客户端证书	可选	可选	必需
共享密钥握手	可选	可选	可选
压缩	—	可选	可选
加密	必需	必需	必需
MAC	必需	必需	必需
智能卡接口	—	可选	可选

目前，WPKI 正处于产品开发和大力培育市场的时期，国内外对 WPKI 技术的研究与应用处于不断的探索之中，由于一些条件和因素的限制，WPKI 技术的进展相对比较缓慢，离真正的普及应用可能还会有一段相当长的距离。随着手机普及率的升高和移动商务服务的多样化，作为无线网络通信中交易环境的守护神，WPKI 的市场应用会有很大的发展潜力，其技术会进一步成熟和完善。

任务实施

1. 选择一个具体的移动商务项目，试分析该项目目前所采用的安全技术体系和存在的安全隐患。

2. 根据以上分析结果，针对所选的移动商务项目，设计一个较为完整的安全技术方案。

3. 按照所设计的安全技术方案，给出具体的硬件系统配置和拓扑图。

4. 按照所设计的安全技术方案，给出具体的软件系统设计及系统软件设置方案。

5. 按照所设计的安全技术方案，对所需费用进行大致的预算。

6. 按照所设计的安全技术方案，书写移动商务安全技术方案书。

任务拓展

一、手机病毒带来的危害

（1）导致用户信息被窃。越来越多的手机用户将个人信息存储在手机上，如个人通信录、个人信息、日程安排、各种网络账号、银行账号和密码等，这些重要的资料，必然引来一些别有用心者的"垂涎"，他们会编写各种病毒入侵手机，窃取用户的重要信息。

（2）传播非法信息。彩信大行其道，为各种色情、非法的图片、语音、电影传播提供了便利。

（3）破坏手机软、硬件。手机病毒最常见的危害就是破坏手机软、硬件，导致手机无法正常工作。

（4）造成通信网络瘫痪。病毒感染手机后，强制手机不断地向所在通信网络发送垃圾信息，导致通信网络信息堵塞，这些垃圾信息最终会让局部的手机通信网络瘫痪。

（5）产生额外的费用。病毒会通过订制服务、自动拨打声讯电话、发短信等方式，套取高额费用。

二、案例阅读

全国一周百万部手机感染僵尸病毒，耗话费 200 万元

电影里人被僵尸咬到后也变成僵尸咬人的情节，上演了"手机"版本，据悉，在2010 年 9 月的第一周，全国就发现将近一百万部手机感染"手机僵尸"病毒。2010 年 11月 7 日，央视《每周质量报告》报道了"手机僵尸"病毒的危害和成因，这种病毒能够自动向手机中的联系人发送广告短信，并通过短信进行连续传播，具有很强的攻击性。

（一）感染方式：捆绑插件发毒信

专业人员发现，手机里一个名为手机保险箱的应用软件中捆绑着一个小插件，其实是一种手机病毒。中了病毒的手机，首先会将手机的 SIM 卡标识等配制信息上传到黑客控制的服务器中，黑客可以通过服务器下发手机，控制手机随时给任何号码发送任何内容的短信。这种病毒具有罕见的攻击性，所发出去的一些短信里面的链接也藏有病毒，一旦其他的人收到短信，单击"链接"按钮，会被安装上类似的病毒，中毒后的手机又会去攻击别人的手机。

（二）僵尸传播：类似传销组织

这种病毒的传播特点有点像传销组织，一级感染一级，时间越长，被感染和控制的手机就越多，它呈现指数级爆炸型增长，仅 2010 年 9 月的第一周就发现全国将近一百万部手机感染这种病毒，并且，僵尸手机病毒很难被用户和运营商发觉。

（三）利润 10 倍：渠道商或为元凶

由于互联网环境开放，很多人可以冒用 IP，在论坛上发布带有病毒的软件供人下载，因此要追查病毒的制造者和传播者很难。技术人员发现，在中了"手机僵尸"病毒的手机发送的短信中，有一大部分是广告短信。据悉，游戏等网站往往把短信宣传交给渠道商

来做，而渠道商有可能是这种病毒的元凶，业内人士介绍，渠道商发送一条短信要花费0.03～0.05元，每次一般要发送10万条，成本约为3000元，收益大约为6000元，而通过在短信中植入"手机僵尸"病毒，同样花费3000元的成本，发送出的短信通过自动传播，能带来10倍，即6万元的利润。100万部手机每天耗费用户话费约为200万元。

（四）变种病毒：能灭杀毒软件

除了"手机僵尸"病毒，目前，网络上还出现了病毒的变种，这种病毒能够在手机锁定的状态下自动发送信息，很难被用户察觉。另外，越来越多的手机病毒不但能逃过运营商的围追堵截，甚至能够将杀毒软件杀掉。

（五）病毒预防：加强保护措施

用户在通过手机上网下载软件、歌曲等时应选择正规网站，最好能下载一个手机杀毒软件，将手机像电脑一样保护起来，遇到自己不知如何解决的问题最好直接找手机售后服务中心进行处理；智能手机用户不要轻易打开短信中含有网络链接的内容，如果手机用户感觉话费支出异常，应及时与手机运营商客户服务部门联系，以取得相应的帮助。

三、思考与练习

1. 思考题

（1）移动商务有哪些安全需求？

（2）移动商务面临哪些安全威胁？请举例说明。

（3）简单描述 WAP 安全结构体系组成。

（4）简述 WPKI 的工作流程。

（5）采用各种安全防范技术之后的无线局域网是否完全安全？为什么？

2. 技能训练

根据自身实际，选择一个熟悉的移动商务项目，分析其所采用的安全技术体系及存在的安全隐患，并在此基础上，设计较为完整的安全技术方案，给出硬件系统和软件系统配置，进行初步预算，书写移动商务安全技术方案书。

任务二　移动商务立法保障

任务描述

企业拟开展网上促销活动，活动的前期宣传主要通过手机短信和移动商务网站进行，请对宣传活动中所涉及的法律问题进行分析，并具体说明活动过程中需要注意的法律问题。

知识准备

一、移动商务的法律问题

（一）移动商务的不良短信问题

1. 移动商务不良短信的分类

移动商务不良信息包括垃圾短信、谣言短信、色情短信及其他违法短信等。

（1）垃圾短信。在移动通信给人们带来便利和效率的同时，也带来了困扰人们生活的垃圾短信广告。垃圾短信使得人们对移动商务充满恐惧，而不敢在网络上使用自己的移动设备从事商务活动。目前，还没有相关的法律法规来规范短信广告，运营商只是在技术层面来限制垃圾短信的群发，国家有关部门正在起草有关手机短信的规章制度。

（2）谣言短信。手机短信与其他媒介相比，有独特的表现形态和作用方式，且渗透力和影响力与日俱增，但是，随着短信的不断发展，其副作用也日益显现，其中，含有谣言的短信层出不穷，其大范围传播在一定程度上造成了不良的社会影响。手机谣言短信是指在特定的环境下，以手机短信为媒介传播的有关受众关注的事物、事件等未经证实的消息。手机短信谣言可以从多种方式与角度进行分类，从造谣者的动机来看，有攻击性、牟利性、煽动性之分；从造谣和传谣者的主观程度来看有故意性和无意性之分；按照产生的影响有宣传性、牢骚性、误解性、攻击性、牟利性之分；从时间上有短期性与长期性之分；从后果上有有害性与无害性之分等。

（3）其他违法短信。已有案例表明，有人大量转发恐怖短信，如何时何地将有恐怖活动、何时何地将发生地震等，造成部分人群恐慌，社会危害较大。

2. 移动商务不良短信的特点

手机短信谣言与普通谣言在本质上是类似的，但由于其借助手机传播，所以手机短信谣言又有其特性，具体来讲有以下几点：一是在特定人群中传播；二是以人际传播形式为主；三是传播内容难以监管；四是传播的延续性强；五是受众对传播内容的认可度高。

手机短信谣言之所以能够形成并得以传播，既与特定时期的特定环境有关，又与社会的特定事件有关，也与社会成员自身的识别能力和道德素养有关，同时还与谣言传播者的传播动机、传播过程和传播目的有关，加之在信息时代话语霸权遭遇强大的挑战，完全限制消息的传播是不现实的，所以更应该加强信息公开的力度与范围，避免受众对手机短信谣言的依赖性。

尤其重要的是，目前的法律面对短信谣言确实存在着取证难、制裁难的困境，一旦发生问题，很难追究个人对谣言的传播是否负有主观责任。从过去发生的谣言短信事件来看，一个共同的特点是，公共信息及时到位，便会迅速中止谣言；公共信息倘若迟到，就会助长谣言的声势。

3. 移动商务不良短信的治理

面对新的形势，如何进行有效的信息监管，使信息监管既不侵犯公民正当权益，又能维护社会稳定，已经成为摆在各级政府部门面前的一个新课题。

（1）完善手机短信立法。目前，我国还没有出台针对手机短信的专门法规，相关部门要追谣、查谣，对恶意传播者予以惩罚，必须以法律为最终依据，所以，健全和完善与手机短信谣言相关的法律，可以从根本上加强对传播者的约束力，进而遏制并减少手机短信谣言的传播。实际上，我国并不缺乏对于信息传播的法律规定，依照《治安管理处罚法》和《刑法》，编造实情等恐怖信息进行传播，扰乱公共秩序的，需要承担行政责任；严重扰乱社会秩序的，需要承担刑事责任。《电信条例》也规定，任何组织或者个人不得利用电信网络制作、复制、发布、传播"谣言、扰乱社会秩序、破坏社会稳定"的信息。如果危害严重，造成大范围人口的无序流动、恐慌，就危害了国家的安全，在这种情况下应该按照《刑法》进行判刑。对于有害短信，国际上许多国家已经采取了法律手段来规范短信

息服务，不过在我国，手机仍处在被动接收短信阶段，如何帮助用户不接收或少接收那些不良短信息，在法律上需要认真规范。

（2）加强政府信息的公开渠道。手机短信谣言的传播，很多情况下是由于政府没有建立起相应的信息发布机构，没有对信息进行透明、及时、权威的发布，所以，对于受众普遍关注的模糊的社会事件，要及时地加以详尽的通报，不要认为传播事实会影响社会稳定，相反，只有遏制真实信息的传播才会导致手机短信谣言的传播，问题是，有多少手机用户知道转发没有核实的消息有可能违法，在这种情况下，保证公共信息的及时公开，是正确的应对之策。

（3）建立手机不良短信的监督机制。国家可以成立专门的机构，负责有害短信的咨询、举报、调查；可以建立公共舆论监测制度，争取在谣言泛起之初，就对相关问题有所知觉；可以设立便利的查询举报制度，鼓励民众积极举报，及时传播正确信息，同时对不良用心者也能起到震慑作用。目前，在技术层面上，很难做到在开放的通信平台上对传播内容进行屏蔽和过滤，因此通过移动通信技术对手机短信的监管难度较大，对于手机这种新媒介，需要在管理中采用一些新办法。

（4）铲除不良短信产生的社会土壤。一般情况下，传播范围广、影响力大的手机短信谣言与现实生活有一定的对应性，是现实生活中非正常事件、传播者的压抑及不满等的影射与放大。形形色色的社会问题，是滋生手机短信谣言的土壤，因此要从根本上解决问题，必须找到其影射的现实问题，并及时、合理地加以解决，从而消灭其传播的源头与动力。对于手机用户而言，应树立一定的责任感，尽量减少传播未经核实的消息，即使要传播，也应注明"未经核实"的字样，避免自己成为谣言蔓延的帮凶。随着信息公开制度的完善，公共信息的谎报、瞒报、不报情况已经得到有效纠正，但怎样使这些信息更快速、更便捷地传达给群众，是政府迫切需要解决的问题，只有解决了这个问题，才能真正有效地遏制谣言短信的传播。

（5）用户行为自律，自觉抵制短信谣言。谣言止于智者，关键在于手机用户要提高自身的识别能力。政府要增加信息透明度，尤其是关系公众安全方面的信息，让老百姓信任政府，自觉抵制谣言，不信谣，不传谣。除了造谣短信的原创者，很多市民都是转发短信，善意提醒朋友同事，他们在主观上没有恶意，法律上一般可以不予惩罚，如果达到一定的社会危害性，就应该给予一定的处罚。广大公民收到造谣短信或真实性不确定的信息后，不要再向他人传播，以免触犯法律。

（二）移动商务的隐私侵权

1. 移动商务面临的隐私问题

隐私权作为一种基本权利，是指公民享有的私人生活安宁与私人信息依法受到保护，不被他人非法侵扰、知悉、收集、利用和公开的一种人格权。隐私权是公民的人格权利中最基本、最重要的内容之一，伴随着人类对自身的尊严、权利、价值的认识而产生。随着隐私权的不断发展与完善，隐私权保护的内容也渐趋丰富，不仅强调个人和生活事务不受公开干扰，而且强调个人资料的支配控制权。

随着移动通信技术的日新月异，手机已不单纯限于通话，除了传输量大增的文字短消息，彩信更是随着照相手机的推出而广为流行。手机添加了拍照功能，眼前的景物可以轻易地在弹指间大量发送出去，虽然满足了迅速、便利、传真的需求，却也引发人们产生新的忧虑。网络时代隐私权的侵权方式表现出与传统侵权方式不同的特点，形式、手段更加多样化，并且更难设防，更难控制。一般认为，移动商务隐私权侵权的主要方式有：

（1）利用移动终端通过移动互联网非法进入个人计算机系统；

（2）未经许可截取、浏览、持有、篡改他人的短信、电子邮件等；

（3）擅自在移动博客、广告上宣传、公布他人隐私；

（4）利用移动终端非法搜索、获取、利用个人数据；

（5）垃圾短信的发送。

网络上已经出现了专门出售个人资料的公司，他们通过各种渠道收集了很多人的资料，然后明码标价公开出售，对个人隐私权的保护构成了极大威胁。

2. 移动商务应用的隐私侵权威胁

（1）定位业务的隐私威胁。定位是移动业务的新应用，其技术包括：全球定位系统GPS，这种技术利用三颗以上GPS卫星来精确定位地面上的人和车辆；基于手机的定位技术TOA（Time of Arrival，到达时间），该技术根据从GPS返回响应信号的时间信息定位手机所处的位置。定位服务在给我们带来便利的同时，也影响到了个人隐私。利用这种技术，执法部门和政府可以监听信道上的数据，并能够跟踪一个人的物理位置；如果定位技术被恐怖分子利用，他们通过定位通信用户的位置，可以对其实施抢劫和绑架等犯罪活动。

（2）搜索业务的隐私威胁。大部分搜索引擎在用户使用其服务时，都会记录用户的IP地址、搜索的关键词、从搜索结果中跳转到哪个网站等信息，通过数据挖掘等技术，搜索服务商可以从这些信息中获得用户的身份、用户的爱好以及在网上的行为等隐私信息，并可能使用这些隐私信息进行商业活动。

近年来出现的"人肉搜索"利用现代信息科技，变传统的网络信息搜索为人找人、人问人、人碰人、人挤人、人挨人的关系型网络社区活动，它在伸张正义的同时，也极易侵犯公民的隐私权、名誉权等合法权益。有人曾说，"人肉搜索"的出现预示着人们隐私的终结。

（3）数据挖掘业务的隐私威胁。数据挖掘（Data Mining）简单说是从大量的数据中，抽取出潜在的、有价值的知识（模型或规则）的过程。这些知识是隐含的、事先未知的，并且是可信的、新颖的、潜在有用的、能被人们理解的模式。数据挖掘技术越来越完善、先进，甚至可以使用"蜘蛛"、"网络爬虫"、"机器人"等数据挖掘技术搜索竞争者的网站信息，事实上是对他人网络隐私的侵犯。不论如何，数据挖掘唯有在互联网上受到可以被接受的安全水平、隐私以及知识产权保护，才能发挥作用。

（4）P2P业务的隐私威胁。P2P（Peer-to-Peer，对等联网，或点对点）就是人可以直接连接到其他用户的计算机去交换文件，而不是像过去那样连接到服务器去浏览与下载，另一个重要特点是改变互联网现在的以大网站为中心的状态，重返"非中心化"，并把权利交还给用户。在现实生活中人们每天都按照P2P模式面对面地或者通过电话交流和沟通，通过移动终端的P2P交流活动，会散播个人信息或侵犯个人的安宁而造成隐私侵权。随着移动商务的发展，移动终端之间的P2P交流活动会大幅度增加，人们对由此引起的隐私威胁应有所注意。

（5）短信业务的隐私威胁。垃圾短信令手机用户不胜其烦，其中除了很多为商业促销

广告外，还暗藏着诸如陌生短信骗取话费、短信中奖、故意诈骗、诱骗犯罪等欺诈陷阱。垃圾短信中，通信运营商、服务提供商、内容／服务提供商构成了一个完整的利益链，在短信群发设备研制者、销售者、个人信息销售者的推动下，产业链日益完善。垃圾短信是典型的侵犯消费者权益的行为：首先消费者的个人资料被泄露，侵犯了消费者的隐私权；其次垃圾短信侵犯了消费者的安宁权，用户有时候半夜收到垃圾短信，有时候在开车时收到，已经影响了人们正常的工作和生活。虽然垃圾短信是免费的，但这种未经同意擅自向他人发送垃圾短信的行为，属于消费者权益保护法上的强迫接受服务行为。

（6）手机博客业务的隐私威胁。博客带来了痛快的写作快感，也带来无数的文字纠纷，无论是博客侵权的官司，还是博客上不负责任的言论，已经让中国的官方开始探索是否可以实行实名博客。实行博客实名制就是要求每个人为自己所说的话负责，防止某些人不负责任地乱揭别人隐私，维护网友的权利，大大减少博客里的不良信息、肮脏言论，起到净化网络空间的作用。

3. 移动商务隐私问题的规范

对于隐私权保护在网络时代出现的种种新问题，欧美等网络业较发达的国家已积累了许多先进的经验，目前比较有代表性的保护模式包括以美国为代表的行业自律模式、以欧盟为代表的立法规制模式及一种"技术及消费者自我主导"模式。

在我国，对隐私权的保护来源于《宪法》：第 38 条规定公民的人格尊严不受侵犯；第 39 条规定公民的住宅不受侵犯；第 40 条规定公民的通信自由和通信秘密受法律的保护，这三条规定是我国隐私权保护的宪法渊源。另外，《民法通则》第 101 条规定了公民的人格尊严受法律保护，这是对名誉权的规范，但在司法解释中认为这里包括对隐私权的保护，因此被认为是公民隐私权保护的间接规范。目前我国关于隐私权的内容、类型、体系、保护等还主要停留在理论上，在民法上还没有形成一个完整的体系。

（三）移动商务的知识产权侵权

网络在为人们提供便捷舒适的生活的同时，也给人们提出了信息的使用和保护的问题，尤其是网络环境下知识产权的保护，已成为各国政府必须解决的一个迫切问题。知识经济时代的到来，使知识产权的保护面临着全新的问题，这些问题主要集中在计算机网络的应用上。正是由于计算机网络的迅速发展，导致数据信息共享的需求，发生了与知识产权特性的强烈冲突。知识产权最突出的特点之一是它的"专有性"，而网络上应受到知识产权保护的信息公开的、公用的，很难受到权利人的控制。"地域性"是知识产权的又一特点，而网络传输的特点则是"无国界性"。

移动商务活动中涉及最多的是知识产权问题。在网络传输的电子商务中，已涉及版权产品的无形销售，产生了版权保护的新问题，特别是已经产生了在网上的商标及其商业标识保护、商誉保护、商品化形象保护等与传统保护根本不同的新问题，因此电子商务在网络环境下，已对我国著作权法和商标法产生了较大的影响。

随着知识产权保护国际化进程的加速，世界各国越来越重视电子商务环境下的法律问题。首先要解决网上交易的法律地位问题，电子商务中交易各方签订的电子合同必须具有法律效力，使合同双方受法律的约束，同时也使其利益得到保护；其次要投入较大的成本，集中力量修订我国现有的知识产权法律，特别是著作权法和商标法。

（四）移动商务合同法律问题

移动商务的特点是其交易合同在互联网与移动通信网上订立，如何通过短信传输的方式缔结合同，并且使合同缔结方式被法律所承认，是移动商务面临的基本法律问题。

1. 要约邀请与要约

根据《合同法》第13条规定："当事人订立合同，采取要约、承诺方式。"因此，移动商务中的电子合同也应当遵循要约、承诺的合同缔结模式。以下是几种在移动电子交易中可能出现的情形。

（1）消费者通过直接发短消息的方式订购。例如消费者欲购买某一商品，在搜索目标之后，网页上出现了消费者想要选购的商品，此时在网页上会出现商品的图片，并介绍其外形、大小、质量、颜色、价格、产品等，而在网络商店中所陈列的并非实际的货物，所以不应将网络商店所列出的商品看成一种"要约"；再者，用户通过网络在计算机或者具备上网功能的手机上浏览网络价目表，是因为网络商家将这些信息通过服务器传送给消费者的，若依我国《合同法》第15条的规定或可解释为一种商业广告的要约邀请，因此网站上看到的广告及价目表，应属要约邀请（除非商业广告的内容符号要约规定的，才视为要约）；直到买方回应了该广告表示其欲购买该商品，才表示是要约，而等卖方接受了这一要约并作出承诺时，合同才成立。

（2）数字化商品。例如，网站向手机用户提供铃声、图片或者游戏下载服务，此时消费者在选购数字化商品时，可以在线试听、试玩，其对商品的选择程度并不亚于在现实商店中购买陈列在橱窗或者货架上明码标价的真实物品，所以，应当视为要约。由于数字化商品的易复制性，决定了商家不会因为大量消费者订购同种物品，而导致无商品可卖的情况发生，承认其为要约，不会使商家承担违约责任。

（3）双方当事人以短消息方式表达意思时。如果某人收到一条消息，而该意思表示仅针对该个人，且具体内容确定足以解释为要约的内涵，此时该消息就应被解释为要约；然而，如果通过短信群发功能向许多人发送某一商品的广告，此时因为该意思表示是针对不特定的多数人，故仅能解释为要约邀请；如果这个信息的内容具体且发给第一个回复此短信息的人，此时已是针对某特定人士，即应解释为要约。总之，是否为要约须根据具体情况来加以判断。

综上所述，网站上的广告或者手机短信息的广告，其目的仅在于唤起消费者的购买意愿，基本上应属要约邀请而非要约，只有经消费者按键或者发短信息表示接受该要约邀请，才构成要约，而后再由网络商家承诺之后，合同才成立；对于数字化商品，如果商家提供视听、试玩的机会，基本上应与货物标定价陈列无异，可视为要约。若消费者利用鼠标按键确认或以其他类似方式将数字化商品下载，可认为是意思表示的实现，且此时视为合同成立。

2. 要约与承诺

我国规定合同的缔结方式必须采取要约、承诺的方式，而合同的形式有书面形式、口头形式和其他形式。对于以电子方式传输为要约与承诺的意思表示，及以电子方式存在的合同的法律效力的确认，《合同法》第11条规定："书面形式是指合同书、信件和数据电文（包括电报、电传、传真、电子数据交换和电子邮件）等可以有形地表现所载内容的形式。"因此，《合同法》承认经由电子方式成立的合同的效力。

《合同法》第16条规定："要约到达受要约人时生效。采取数据电文形式订立合同，收件人指定特定系统接收数据电文的，该数据电文进入该特定系统的时间，视为到达时间，未指定特定系统的，该数据电文进入收件人的任何系统的首次时间，视为到达时间。"所以，通过短信息订立合同时，要约以短信息到达移动设备终端时开始生效。

在缔约过程中，一方当事人由其计算机程序或主机独立发起意思或回应意思，也就是说计算机程序或主机需要在其程序设计的范围内自动进行"意思表示"，而当事人则完全不介入意思表示的过程，此即所谓"电子代理人"。在网络上也有可能由交易的一方列出一定的最低接受条件，由两台主机依据其预先格式化的程序进行交易而缔结合同，而其协商或议价过程乃至最后交易的完成都可能完全不以人为方式介入。以计算机程序或电子化系统缔结合同，在现实社会中实为已存在的现象，故其重点应在于规范这种自动化的交易，以及更审慎地考虑处理网络交易中"本人"及"代理人"的法律关系及责任问题。当我们说根据法律"代理人应当承担民事责任"或"代理人负连带责任"时，这个代理人应该是拥有这部机器的人。

3. 承诺生效的时间及地点

在电子商务中，收受电子文件的时间与地点很难确定，但这却往往关乎承诺生效的时间与地点。事实上，在网上交易的环境中，"承诺"并非清楚可辨，而必须根据具体情况来决定。因此，就产生出这样一个问题：下载软件或者电子文件的行为是否构成"承诺"？一般而言，在用户经由网络下载电子文件而与供应商建立合同关系时，供应商经由网络对用户迅速传送移动设备终端应用软件及其他产品，这种合同可以下列三种方式订立。

（1）供应商可经由网络向客户提供相关的产品条款，客户必须在详细阅读并决定接受该条款的约定后，才被允许进行资料下载的动作。这种动作应该被视为是一种承诺，因此，这类合同条款应具有法定效力。

（2）供应商可在其网络上将促销商品的相关合同条款呈现于网络，并显示"一旦用户使用了或安装了所促销的商品，即表示接受了合同条款"。在此情况下，如果用户使用或安装了相关商品，自然应视为一种承诺。

（3）在网络上的电子文件并未提示任何使用须知，针对这种情况，应当参考当事人双方之间的约定或是业界一般做法作为事实认定的依据。

4. 电子错误

在电子传输过程中发生错误时，由于其传输高速、瞬息的本质，所造成的错误比传统的有纸贸易难于察觉也难以及时修正。为了避免消费者在从事网络交易时因电子错误而丧失其撤销或解除合同的权利，UCITA（Uniform Computer Information Transactions Act，统一计算机信息交易法）在第118条加入了保护消费者的特别规定，为消费者提供了一个抗辩的理由，以使消费者敢于利用电子交易。

该法规定，若因资信处理系统、电子传输或者消费者使用系统发生错误，且未提供合理的方式去侦测、修正或避免错误的发生时，该错误称之为"电子错误"。此时，消费者不受其所不欲发生、且因电子错误所产生的电子信息的约束，但是必须符合一定条件。

一般而言，电子错误由于两种原因造成：其一，电子传送系统或信息处理系统本身所造成的无法预见的电子错误，这显然是属于超出消费者自身所能预见及控制的情况；其二，由消费者本身所导致的电子传输错误。在第二种情况下，若按普通法的规范，消费者很可能因为其单方的错误，而必须对后果承担责任，但 UCITA 的规定为消费者创设了一种保护方式，消费者有权抗辩自己不受该电子信息的拘束。该规定启发了企业经营者在设计程序时必须设计更正错误的程序，对于消费者也可增加保护。应注意的是，如果电子系统向消费者提供了更正错误的合理方法，而消费者却未予更正的话，就不能称为电子错误了。

在符合我国现行法律体系、站在保护消费者利益并减少纠纷的前提下，网络商店在提供消费者购物时，应设计一些供消费者确认的选项，即消费者在确认其交易的意思表示前，应有几个程序以供其做确认的动作，而非仅以一次的按键即完成所有程序，这样可避免消费者因一时疏忽或按错键而受拘束，对于双方当事人而言才属公平。

（五）移动商务支付的法律问题

1. 移动商务支付的特点

移动商务支付，又称移动电子支付，是指用户使用移动电子设备通过移动运营商向约定银行提供的计算机网络系统发出支付指令，由银行通过计算机网络将货币支付给服务商的一种消费支付方式。具体地说，移动电子设备持有者购物消费或缴费时，只要输入特定的银行卡号和金额，将支付请求通过短信息发送到银行，银行在进行审批划账之后，通过短信息反馈到特约商户或特约商户指定的银行，商户使用无线或有线 POS 打印出消费收据，完成交易，用户就会获准得到所需要的商品和服务。整个过程全部实现电子化。

我国目前的消费支付方式有现金、支票和信用卡三种，随着技术的进步，手机等移动电子设备支付将成为支付方式中非常重要的一部分。将移动电子设备与银行卡结合起来，用户随身携带支付终端，可以在任何时间、任何地点用移动电子支付方式办理消费、缴费和转账等业务。在整个移动电子支付过程中，如何确认各方法律关系以解决在移动电子支付中可能产生的矛盾和纠纷，以及如何确定相应归责原则显得迫切且现实。

日本和韩国企业以其在移动终端的业务创新著称，除了最基本的非实物消费外，手机支付在超市购物、餐馆消费等领域也得到了相当普及的应用。韩国三家主要移动运营商 LG Telecom、SK Telecom、KTF 分别大规模开展了以红外线为接入方式的移动支付业务，其普遍的做法是，运营商联合相关的行业和企业共同提供与推广便利店购物、在线购物、电子客票购买、身份认证、移动证券金融等移动支付服务。日本的主要运营商 KDDI、NTT DoCoMo 依据用户需求分别开发了互联网支付产品、声讯支付产品和移动支付产品。

美国的手机支付虽然是最早出现的，但没有受到太多重视与关注，直至 2005 年 12 月，Nokia 和 Visa、Chase 银行合作进行 NFC 测试，包括使用 NFC 手机在特许经营店和服装店购买商品，下载电影内容、手机铃声、壁纸、屏保、明星及艺术家的剪报。2006 年 4 月，Nokia、G&D 和万事达国际组织合作完成基于手机支付的空中发卡及个性化解决方案 MasterCard PayPass，并在美国得到广泛应用，移动支付业务才逐渐发展起来。

欧洲的银行信用体系完善，多采用信用卡，而网上支付、移动支付更多与后付费业务绑定，国际长途电话卡种类丰富。欧洲应用最广泛的移动支付业务包括购买火车票、商店支付、停车费或洗车费支付等，Vodafone（沃达丰）的移动支付品牌 M-pay 通过在电话账单或预付费卡中扣费实现在线小额支付，可以购买铃音、游戏、娱乐、新闻气象等信息服务内容。欧洲的移动支付运营商，如法国的 Orange、西班牙的 Telefonica、德国的 T-Mobile 和英国的 Vodafone 为了联合推动移动支付业务的发展，建立了移动支付服务

协会，旨在促进各国运营商移动支付业务互操作，并希望结成同盟，共同提供跨国界的移动支付业务。

2. 移动商务支付的法律关系

移动电子支付过程中，主要涉及移动运营商、银行金融机构、商户和用户等四方当事人。银行在这四方当事人中角色最为重要，按流程，银行又分付款行、收款行和中间行。用户、移动运营商、银行与商户间存在移动电子支付基础法律关系；用户与商户之间是买卖合同关系。

用户有权向移动运营商发出信息指令；移动运营商有义务将用户的信息在指定的时间传输到付款行；用户有义务向移动运营商支付相应通信费用。银行与移动运营商每完成一笔交易，商户应向移动运营商支付一定手续费，而各个银行也将根据总的转账额度从移动运营商处获得手续费。

中间行有按照前手指令完成资金划拨的义务，对于因自身或后手的原因根本没有履行、迟延履行、未完全履行指令造成损失的，中间行应当向前手承担违约责任，并有权根据原因向后手追偿。

用户与付款行是委托支付合同关系，用户应当事先与银行签定《委托移动电子支付协议》；协议应当由银行起草标准的合同格式，用户开户同时签定协议书，明确双方的权利义务关系。一旦资金划错，除非能够证明免责，银行应当首先进行赔偿，然后向后手追索；如果各中间银行不能确认差错原因，损失应当按照《民法通则》的规定由各方公平分担。在整个移动电子支付过程中，如何确认各方法律关系以解决在移动电子支付中可能产生的矛盾和纠纷，以及如何确定相应归责原则显得迫切且现实。

3. 移动商务支付纠纷的举证与归责原则

移动电子支付是新的支付方式，会出现资金划拨迟延或资金划拨错误，造成损失的现象。由于支付环节涉及服务器、互联网、无线传输、管理软件等先进技术，一般用户无法承担举证责任，因此应当实行特殊的过错责任原则即过错推定归责原则。首先从违约事实和损害事实中推定致害当事人一方主观有过错，由其承担举证责任；如果不能证明自己有过错，则推定成立，由其承担相应法律责任。

（1）用户否认发出指令的情形，银行负举证责任。在移动电子支付环节中，银行无法当面确认指令发出者是否是真实用户，只能通过事先约定的安全程序，如密码或其他手段进行身份验证，因此只要付款行能够证明指令发出人使用了约定的密码或其他身份验证手段通过安全验证，付款行就有理由认为该指令是由真实用户发出的。不管指令由谁发出，其后果应当由真实用户承担，银行对该指令进行处理所产生的后果不承担法律责任，但所举证据不能仅以银行出具查询操作流水数据为标准；如果银行不能证明，则应当承担责任，但仅限于承担返回扣款、支付利息的责任。

（2）用户指认银行未按指令支付情形，用户负举证责任。在移动电子支付中，银行只能收取很小比例的手续费，银行不可能也不应当对未按照指令适当执行支付命令而引起的间接经济损失负责。银行在整个移动电子支付环节中只发生支付法律关系，不能要求银行对用户、商户之间的间接经济损失承担赔偿责任，否则会导致银行卷进商业风险与商业合同的纠纷中，这显然不符合移动电子支付的法律性质，因此，如果银行未按照指令适当执行支付命令，银行应当承担的违约责任应限于退还收取的划拨费用或补足差额，赔偿用户资金利息损失，但不承担赔偿客户商业性间接经济损失。

4. 移动商务支付纠纷案件的管辖

管辖是法院受理争端的权限依据，在移动电子支付法律关系中，普通的纠纷仍适用我国《民事诉讼法》规定的管辖原则。提供移动电子支付服务的网络服务器、计算机终端等电子设备所在地银行也许只是营业所或分理处，不具有独立法人主体的资格，而用户发出指令地有可能是移动运营商网络覆盖下的各地。确认管辖地应当具备稳定性和关联性这两个特点，移动电子支付纠纷案件中，提供移动电子支付服务的网络服务器、计算机终端所在地很好地满足了这两个特点，因此，应当以提供移动电子支付服务的网络服务器、计算机终端所在地法院管辖移动电子支付纠纷案件。

（六）移动商务认证的法律问题

无线设备一个特有的威胁是容易丢失和被窃，当移动设备丢失或被盗后，虽然通过简单的方法可立刻进行挂失，但因为没有保证安全的建筑物和其体积太小，无线设备的丢失和被盗很难预防。目前手持移动设备最大的问题是缺少对特定用户的实体认证机制。

1. 传统电子商务中的身份认证

针对电子商务中交易当事人的身份认证，许多国际组织和国家已经制定了有关的法律，其中包括1998年联合国国际贸易法委员会制定的《数字签名统一规则》，1998年欧盟公布的《欧盟电子签名法律框架指南》和1999年通过的《数字签名统一规则草案》，1998年国际商会制定并通过的《数字签名法》、1998年新加坡的《电子交易法》，2000年美国的《电子签名法案》，以及于2005年4月1日起施行的《中华人民共和国电子签名法》等。所有这些有关电子商务的立法都确立了数字签名的法律效力和电子认证机构的地位，并以此来确认交易当事人的身份。数字签名和认证制度具有易更换、难伪造、可进行远程线路传递的优点，保障了网上信息传输的安全性、真实性和不可否认性，以其低成本、安全可靠性有效地解决了交易当事人身份认证的困境，其先进性与合理性是其他制度所不能比拟的。

2. 移动商务中的身份认证

从移动商务的网络结构分析，有可能遭受攻击的地方主要有：移动终端与交换中心之间的空中接口；移动网关与应用服务提供商之间的传输网络。一方面，虽然GSM采用了比较先进的加密技术，可是由于移动通信的固有特点，手机与基站之间的空中无线接口是开放的，这给破译网络通信密码提供了机会；信息一旦离开移动运营商的网络就已失去了移动运营商的加密保护，因此，在整个通信过程中，包括通信链路的建立、信息的传输（如用户身份信息、位置信息、用户输入的用户名和密码、语音及其他数据流）存在被第三方截获的可能，从而给用户造成损失。另一方面，在移动通信系统中，移动用户与网络之间不像固定电话那样存在固定的物理连接，商家如何确认用户的合法身份，如何防止用户否认已经发生的商务行为，都是急需解决的安全问题。移动网关一般实现信息格式的转换，但也有的移动网关（如WAP网关）对信息进行加密、解密处理，因而整个移动商务的安全链条就存在安全断点。如何解决好移动支付的安全问题，并且通过宣传培养用户通过移动终端进行消费的信心，是决定移动商务下一步发展的关键。

在无线世界里，由于空中接口的开放，人们对于进行商务活动的安全性的关注远超过有线环境，仅当所有的用户都确信通过无线方式所进行的交易不会发生欺诈或篡改，进

行的交易受到法律的承认和隐私信息被适当的保护，移动商务才有可能成功和推广。在有线通信中，电子商务交易的一个重要安全保障是 PKI（公钥基础设施），在保证信息安全、身份证明、信息完整性和不可抵赖性等方面 PKI 得到了普遍的认同，起着不可替代的作用。PKI 的系统概念、安全操作流程、密钥、证书等同样适用于解决移动商务交易的安全问题，但在应用 PKI 的同时要考虑到移动通信环境的特点，并据此对 PKI 技术进行改进。WPKI（Wireless PKI）技术满足移动商务安全的要求，即具有保密性、完整性、真实性、不可抵赖性，消除了用户在交易中的风险。

（七）移动商务安全的法律问题

建立正常、有序、规范的网络交易环境和网上交易秩序是加快电子商务发展的重要的环境建设内容，也是维护消费者权益，打击网上交易违法行为，规范网上交易秩序的重要举措。联合国下属机构国际电信联盟特别向世界发出警告，要求各国注意阻碍电子商务发展的网络风险，针对这种情况，为净化网络环境，我国有关方面联手开展了一些相关的工作，取得了一定的效果。

2006 年 12 月，北京市工商局电子商务监控系统一期工程建成，包括新浪、搜狐、淘宝、易趣网站在内的 6 万多家北京电子商务网站被纳入监控范围。工商部门利用搜索引擎和其他技术手段，通过设置违法关键词来筛选网上违法经营行为，24 小时实时监控电子商务违法行为，该系统重点监控的内容包括虚假广告、传销、不正当竞争、合同欺诈和无证经营等违法行为，对确保正常的网上交易秩序，维护网民正常、合法的交易行为，加强网上交易中的监管，防范电子商务交易中的网络风险，打击网上钓鱼等各种网络骗子起到重要的作用。

（八）移动商务证据的法律问题

1. 移动商务证据的内涵

在证据信息化的大趋势下，以计算机及其网络为依托的电子数据在证明案件事实的过程中起着越来越重要的作用。广义的电子证据是指以电子形式存在的、用作证据使用的一切材料及其派生物，或者说，借助电子技术或电子设备而形成的一切证据；狭义的电子证据基本上等同于数字证据。电子证据是现代高科技发展的重要产物和先进成果，是现代科学技术在诉讼证据上的体现，它与其他证据相比主要有以下特点。

（1）电子证据具有数字技术性。它技术含量高，具有高度的科学技术性，物质载体是电脉冲和磁性材料等。从技术上说，电子证据具有数字信息的准确性、精密性、迅速传递性等特点。

（2）电子证据具有脆弱性，易被伪造、篡改。由于电子证据均以电磁浓缩的形式储存，电子数据和信息的无形性使得其易被毁灭与变更，而其真实性也大打折扣。

（3）电子证据具有复合性、表现形式的多态性与丰富性。由于多媒体技术的出现，信息在电脑屏幕上的表现形式是多样的，其呈现出图、文、声并茂形态，甚至人机交互处理，与其他证据相比，更具表现力。

（4）电子证据具有间接性。在现阶段由于电子证据的公信力有限，很多情况下，电子证据常作为间接证据来使用，并不能单独、直接地证明待证事实，必须与其他证据相结合，此外，电子证据由其本身的特点决定了它具有无形性、易收集性、易保存性、可反复重现等特性。

214

一项电子文件要具有充分的证据力，必须符合法律所规定的如下要求。

（1）客观性。又称实质性。证据必须是客观存在的事实，电子文件的客观性在于其内容必须是可靠的（非法虚构、篡改的数据电文没有客观性），必须保证信息的来源和信息的完整性是可靠的。为保证储存的公正性，可由具有较强公信力的第三方机构提供服务。

（2）相关性。又称关联性或者证明性，即证据同事实具有一定的联系并且对证明事实有实际意义，这就必须对诉讼有关的诸多数据进行重组与取舍，而要保证重组后的数据与诉讼事实具有本质上的联系，就必须保证重组方法和过程的客观性、科学性和合法性，只有紧密围绕事实，严格按照操作程序进行的重组才能符合这一要求。

（3）合法性。又称有效性或者法律性，即证据必须是依法收集和查证属实的事实。对数据的固定、收集、存储、转移、搜查等行为必须依法进行。

2. 移动设备的取证方法

同时提供对掌上电脑和手机的取证功能——功能强大的掌上电脑专业取证设备，具有对使用 Palm 和 Windows CE/Pocket PC 操作系统的掌上电脑进行数据获取、数据搜索和生成报告的功能，系统用于获取手机中的用户数据和部分型号手机的未分配空间数据。由于不同手机的使用方式和注意点不同，因此对每种手机都要谨慎操作。

（1）手机电子证据。手机取证的电子证据主要来自手机内存、SIM 卡、闪存卡，移动运营商网络以及短信服务提供商系统。手机内存随着手机功能的不断加强，可存储的信息量越来越大，这些信息成了潜在的电子证据，主要包括以下几种：①手机识别号：GSM 手机的手机识别号是 IMEI，CDMA 手机的手机识别号是 ESN 号；②电话簿资料；③发送、收到或编辑存储的短信和 MMS 信息；④图片、动画和声音；⑤语言、日期与时间、铃声、音量和短信等的设置信息；⑥拨出、接收或未接收电话的记录；⑦日历中的日程安排信息；⑧被存储的可执行文件和其他计算机文件；⑨GPRS、WAP 和 Internet 的设置信息以及上网的缓存记录。

以上信息在不同的手机中格式和内容可能有所不同，而且这些信息一般都能被删除，也可以利用软件或由手机制造商来恢复。

（2）手机取证要点。取证分析是对所有潜在的电子证据进行分析，找出案件线索或有效证据。手机取证分析时，应做到以下几点：①尽早关闭手机，以免破坏数据；②单独分析手机内存、SIM 卡、闪存卡等证据介质，以免破坏数据；③从用户或移动运营商处获取访问代码，用专用软件分析 SIM 卡；④用取证软件分析闪存卡；⑤镜像备份手机内存的原始数据，然后对备份数据进行分析。

（3）手机内存分析。一般来说，手机内存中的数据是利用手机操作系统或手机制造商提供的接口软件来读取的，但这样操作有可能会破坏原始数据，且不能恢复被删除的数据，最好的方法是像计算机取证软件如 Encase 那样镜像备份手机内存的数据，然后进行数据提取与分析。

获取手机内存的镜像备份，目前可以使用两种方法：一是从手机上卸载手机内存芯片后读出数据，但这样会毁坏手机；二是用专用导线接入手机系统主板，然后快速读出内存芯片的内容，但由于手机类型繁多，对技术要求很高。

3. 移动商务证据的效力

（1）对电子证据的审查判断。根据我国《电子签名法》的规定，对电子证据的审查判

断应从以下几个方面入手。

① 电子证据的生成。即要考虑作为证据的数据电文是怎样形成的：如数据电文是在正常业务中按常规程序自动生成还是人工录入的，自动生成数据电文的程序是否可靠，有没有受到非法干扰；由人工录入数据电文时，录入者是否按照严格的操作规程，采用可靠的操作方法合法录入；该电子证据是在正常业务中制作的，还是为诉讼目的制作的，前者的可靠性要高于后者。

② 电子证据的传送与接收。数据电文通常要经过网络的传递、输送，所以要考虑传递、接收数据电文时所用的技术手段或方法是否科学、可靠，传递数据电文的"中间人"（如网络运营商等）是否公正、独立，数据电文在传递过程中有无加密措施，数据电文的内容是否被改变等。

③ 电子证据的存储。即要考虑作为证据的数据电文是怎样存储的：如存储数据电文的方法是否科学；存储数据电文的介质是否可靠；存储数据电文者是否公正、独立；数据电文是由不利方存储的还是由有利方或中立的第三方存储的，不利方存储的数据电文的可靠性最高，第三方存储的数据电文的可靠性次之，有利方存储的数据电文的可靠性最低；存储数据电文时是否加密，所存储的数据电文是否被改动等。

④ 审查电子证据的内容。审查并判断电子证据是否真实，有无剪裁、拼凑、伪造、篡改等，因为电子证据的内容可以通过技术手段修改，要借助科学手段加以鉴别。对于自相矛盾、内容前后不一致或不符合情理的电子证据，应谨慎对待，不可轻信。

（2）电子证据的证明力认定。电子证据的证明力，是指证据在证明待证事实上体现其价值大小与强弱的状态或程度，即证据力。考察电子证据的证明力，是要认定电子证据本身或者电子证据与案件中的其他证据一起能否证明待证事实，以及在多大程度上能够证明待证事实。电子证据证明力认定的基本原则有以下几个。

① 自由认证为主、参照标准为辅的原则。一方面，法律对在什么情况下电子证据有多大的证明力不作出硬性规定，坚持自由认定，完全由法官凭个人意志予以判断；另一方面，通过国家法律规定认定电子证据证明力的标准，以及各机关或行业组织颁布的各种电子技术或信息技术运行的标准等，指导、约束并帮助法官对电子证据的认证。

② 平等赋予的原则。在当前的法律环境中，主要给予电子证据与传统证据以平等的待遇，不能因不信任而不愿意使用电子证据，或者不敢赋予电子证据以足够的证明力。

③ 综合认定原则。电子证据无论作为直接证据还是作为间接证据，都不能单独地发挥证明力，而是与其他的证据一起发挥应有的证明力。只用一个电子证据定案的情况是极为罕见的。

二、移动商务立法问题

1. 移动商务急需立法

目前，几乎没有移动商务方面的法律、法规，而传统的商务和电子商务的法律、法规不能完全适用移动商务，如移动设备的实体认证、签名确认、账单、发票等。手机垃圾短信、短信谣言、短信色情信息、短信违法信息使得人们对移动商务充满疑虑，而不愿在网络上使用自己的移动设备从事商务活动。目前，虽然还没有相关的法律法规来规范短信广告，但是移动运营商有义务限制垃圾短信的群发，国家有关部门也应尽快制定有关手机短信的规范、制度。对有害短信，国际上许多国家已经采取了法律的手段规范短信息服务，手机用户不再被动接收信息。欧盟各成员国、日本、韩国出台了相关制裁手段，以遏制商业和不健康短信蔓延的势头。

在我国，手机仍处在被动接收短信的阶段，如何帮助用户防范不良短信息，在法律法规上还有待完善，传播违法短信的，目前可以依照《治安管理处罚法》和《刑法》处理，扰乱公共秩序的，需要承担行政责任；严重扰乱社会秩序的，需要承担刑事责任。《电信条例》规定，任何组织或者个人不得利用电信网络制作、复制、发布、传播"谣言、扰乱社会秩序、破坏社会稳定"的信息。我国应该进一步立法，除了制定移动商务的基本法，也应对手机媒体和网络传播短信进行规范。对于主观上故意，造成一定损失和社会动荡的短信作者应该追究刑事责任；对于不理性的随意转发谣言短信，视情节轻重可以追究其行政责任。

移动商务的应用刚刚开始，移动信息服务、移动定位服务、移动支付服务、移动搜索服务、移动支持服务等越来越扩展和深入到各行各业以至整个社会生活中，其中的法律问题将不断涌现，所以应该在立法方面有所准备。

2. **移动商务中的未成年人保护立法**

随着生活水平的提高，越来越多的青少年拥有手机、PDA 等移动设备。移动游戏对青少年具有较大的诱惑力，而在什么类型的游戏适合青少年这一问题上，不同的国家和地区有着不同的法律规定，在移动游戏领域也出现了相应的隐私和法律问题。

在美国，游戏实行分级制度，哪一级的游戏适合儿童玩都有着详细的规定；在法国、韩国和日本，对于限制儿童接触不良网络游戏方面通过技术屏蔽、税收和家庭公约等途径进行法律和制度上的管制。为了引导未成年人的网上娱乐活动，我国相关部门鼓励社会各方面"积极创作、开发和推荐"适合未成年人使用的网络游戏产品，净化网络文化环境。2005 年 8 月，文化部游戏产品内容审查委员会正式公布了第一批适合未成年人使用的网络游戏产品。

任务实施

1. 对移动商务营销活动所涉及的法律问题进行调查。
2. 根据企业移动商务活动实际，分析在移动商务活动中需要注意的法律问题。
3. 制订方案，说明在企业活动中需要注意的法律问题。

任务拓展

一、各国移动商务的立法情况

（一）美国

在美国，有各式各样的联邦与州法主管个人识别信息的收集与使用，其中大多数法律仅适用于政府实体或特定产业。有两部法律与移动商务关系较为密切。

其一为 2000 年 4 月 21 日起生效的《儿童网上隐私保护法》。这部旨在保护儿童隐私的法律规定，网站在收集 13 岁以下儿童的个人信息前必须先征得其父母的允许，否则，

每违规一例将被处以 11000 美元罚款。

其二为 1999 年的《金融服务现代化法》。该法要求所有金融机构透露的用户信息、策略和习惯必须保护非公共的个人信息隐私。非公共的个人信息包括任何由用户提供的个人确认信息、从金融机构交易的结果以及从金融机构获得的产品或服务。

（二）欧洲国家

一些欧洲国家的立法已经对移动商务进行了规范。为了有效地管理短信服务，德国国会在 2003 年通过了"联邦反垃圾邮件法案"（包括短信），规定向用户发送推销商品和服务的手机短信均要征得用户的书面同意，从 21 时至次日 8 时发送的广告需要再次征得用户同意；如果发送涉及色情等非正常信息，均被视为违法行为，将追究其刑事责任。德国政府和监察部门还成立了一个"联邦手机短信处理中心"，用来处理有关违规者并解答普通用户的问题，同时向用户宣传怎么杜绝垃圾短信，对于滥发包括色情信息在内的垃圾短信者，德国政府将处以最高 5 万欧元的罚款。德国规定，各运营商和短信广告商必须签订杜绝滥发短信行为协议。为此，各运营商纷纷创新短信管理技术，用户可以自动屏蔽那些一天内发送量超过上百次的短信。

（三）印度

为了制止垃圾短信对手机用户带来的侵扰，印度采取了双管齐下的对策。首先，对那些垃圾短信制造者采取法律手段，2006 年 2 月 8 日，印度最高法院向政府发出一封法律建议信，要求议会和政府就阻止垃圾短信尽快制订相关的法律条文和政策规章，以便使法院在处理此类案件时有法可依；其次，各运营商正在逐步完善"黑名单"制度，如果发现某一用户成为大量垃圾短信的集中地，便会将其列入"黑名单"，取消手机入网的资格。除此之外，部分运营商还利用一些如关键词屏蔽过滤、禁止大规模群发服务等手段，通过各种方法堵塞垃圾短信的传播渠道。

（四）中国

在我国，鉴于垃圾短信泛滥，运营商只是在技术层面来限制垃圾短信的群发，原信息产业部已于 2004 年 4 月 15 日颁布了《关于规范短信息服务有关问题的通知》，要求基础电信企业清理没有许可的信息服务经营者，建立约束机制。

二、案例阅读

电子商务签名法颁布后第一案

（一）案情描述

2004 年 1 月，杨先生结识了女孩韩某。同年 8 月 27 日，韩某发短信给杨先生，向他借钱应急，短信中说："我需要 5000 元，刚回北京做了眼睛手术，不能出门，你汇到我卡里。"杨先生随即将钱汇给了韩某。一个多星期后，杨先生再次收到韩某的短信，又借给韩某 6000 元。因都是短信来往，两次汇款杨先生都没有索要借据。此后，因韩某一直没提及借款的事，而且又再次向杨先生借款，这次杨先生提高了警惕，于是向韩某催要借款，但一直索要未果，于是起诉至北京市海淀区法院，要求韩某归还其 11000 元钱，并提交了银行汇款单存单两张。但韩某却称这是杨先生归还以前欠她的款。

在庭审现场，杨先生在向法院提交的证据中，除了提供银行汇款单存单两张外，还提交了自己使用的号码为 1391166×××× 的飞利浦移动电话一部，其中记载了部分短信息内容。后经法官核实，用杨先生提供的发送短信的手机号码拨打后接听者是韩某本人，而韩某本人也承认，自己从 2004 年 7 月开始使用这个手机号码。

（二）法庭判决

法院经审理认为，依据 2005 年 4 月 1 日起施行的《中华人民共和国电子签名法》中的规定，电子签名是指数据电文中以电子形式所含、所附用于识别签名人身份并表明签名人认可其中内容的数据；数据电文是指以电子、光学、磁或者类似手段生成、发送、接收或者储存的信息。移动电话短信息符合电子签名、数据电文的形式，同时能够有效地表现所载内容并可供随时调取查用，能够识别数据电文的发件人、收件人以及发送、接收的时间。经法院对杨先生提供的移动电话短信息生成、储存以及传递数据电文方法的可靠性，保持内容完整性方法的可靠性，用以鉴别发件人方法的可靠性进行审查，可以认定该移动电话短信息内容作为证据的真实性。根据证据规则的相关规定，录音录像及数据电文可以作为证据使用，但数据电文直接作为认定事实的证据，还应有其他书面证据相佐证。

杨先生提供的韩某使用的手机号码发送的移动电话短信息内容中载明的款项往来金额、时间与银行个人业务凭证中体现的杨先生给韩某汇款的金额、时间相符，且移动电话短信息内容中亦载明了韩某偿还借款的表示，两份证据之间相互印证，可以认定韩某向杨先生借款的事实。据此，杨先生所提供的手机短信息可以认定为真实有效的证据，证明事实真相，法院对此予以采纳，对杨先生要求韩某偿还借款的诉讼请求予以支持。

（三）案例分析

在本案例中，法官引用了电子签名法的有关规定进行裁判，通过对本案的描述，依据电子签名法，本案中的手机短信可以作为证据。

电子签名法的核心内容，在于赋予数据电文、电子签名、电子认证相应的法律地位，其中数据电文的概念非常广泛，基本涵盖了所有以电子形式存在的文件、记录、单证、合同等，可以将它理解为信息时代中所有电子形式信息的基本存在形式。在电子签名法出台之前，缺乏对于数据电文法律效力的最基本的规定，如数据电文是否符合书面形式的要求，是否能作为原件，在什么样的情况下具备什么样的证据效力等，十分不利于我国信息化事业的发展，甚至可以说，由于缺乏对于数据电文基本法律效力的规定，所构建的信息社会缺乏最基本的法律保障。

三、思考与练习

1. 思考题

（1）移动商务的应用必然会引起个人的隐私保护问题吗？为什么？用实例来说明。

（2）移动商务的立法必要性体现在哪里？以生活中遇到的实例来解释。

（3）以身边的实例来说明移动商务安全的必要性。

2. 技能训练

根据自身实际，选取一个具体的移动商务活动，分析活动所涉及的法律问题，并具体

说明在活动过程中需要注意的法律问题，制订具体方案，撰写方案书。

项目总结 •••

　　主要介绍移动商务面临的安全需求等安全问题，移动商务的主要安全技术、隐私问题和法律保障以及立法的必要性。通过本项目的学习和实践，旨在对移动商务中的安全保障和法律保障等相关问题有比较全面的了解；能对实际的移动商务项目安全技术体系进行初步的分析，并制订初步的安全方案；能对具体的移动商务活动所涉及的法律问题进行分析，并拟定具体活动中所要注意的法律问题。

参 考 文 献

[1] 王汝林. 移动商务理论与实务 [M]. 北京：清华大学出版社，2007.

[2] 杨兴丽等. 移动商务理论与应用 [M]. 北京：北京邮电大学出版社，2010.

[3] 杨林，陈炜. 移动商务基础 [M]. 北京：首都经济贸易大学出版社，2008.

[4] 秦成德，王汝林. 移动电子商务 [M]. 北京：人民邮电出版社，2009.

[5] 鲁耀斌，邓朝华，陈致豫. 移动商务的应用模式与采纳研究 [M]. 北京：科学出版社，2008.

[6] 傅四保，杨兴丽，许琼来. 移动商务应用实例 [M]. 北京：北京邮电大学出版社，2011.

反侵权盗版声明

电子工业出版社依法对本作品享有专有出版权。任何未经权利人书面许可，复制、销售或通过信息网络传播本作品的行为；歪曲、篡改、剽窃本作品的行为，均违反《中华人民共和国著作权法》，其行为人应承担相应的民事责任和行政责任，构成犯罪的，将被依法追究刑事责任。

为了维护市场秩序，保护权利人的合法权益，我社将依法查处和打击侵权盗版的单位和个人。欢迎社会各界人士积极举报侵权盗版行为，本社将奖励举报有功人员，并保证举报人的信息不被泄露。

举报电话：（010）88254396；（010）88258888

传　　真：（010）88254397

E-mail：　dbqq@phei.com.cn

通信地址：北京市万寿路 173 信箱

　　　　　电子工业出版社总编办公室

邮　　编：100036